江山作品系列 14

善 恶 论

江 山 / 著

人民出版社

内容提要

善恶之象充满了世界，善恶之思亦充斥着人类的文明史。何为善？何为恶？向来说法凌杂，且常常巉牙锋对。本论以为，有绝对之善恶，有相对之善恶。若本原意志所为之阳动显化作为，即以其实自证其真的法门与过程，便是由绝对善恶承载的；而经由感觉智设定，理智修饰的善恶，则是相对的善恶，它虽然表征着绝对的意义和价值，可其或然性、不确定性、假幻性十分明显。是以，我们常言的善恶，必得致之具体的场景中，才能给出理解和研究，并且，这样的理解亦必须以绝对的善恶为底蕴和依凭。

智慧参与的善恶恰恰是由智慧决定和引导的，因此，智慧的质量决定着善恶的样态。感觉智支配的善恶，多的是各自（自我）的据判，故会纷争不已，以此它成就了人类的窝里斗现象；理智调理的善恶，更多会寻求公共的利好，其杰出成果即人类的正义之思和科学理性；性智觉悟的善恶，可解除自我的虚假，终证成原意志自证其成的完整与全义。

寻由智慧的不同品地，人类已然形成了有所分别的善恶观和文化体系，其主要者有四：西方的正义之善和物理之善，印度的智慧之善，中国的心性之善。

目　录

第一章　世界之所以

　　世界之语，依理可说为三界：宇宙世界①、相世界、本原世界。此三界简约之即，在界、相界、体界。若反转表达可谓之体、相、在，或体、存②、用。亦可表说为原、因、果。

　　三界说，并非说有三个世界，或说世界可裂为三块，而当理解为义理解释和表达的便宜用语。相反，世界本身不可分割，她混元一体、体用不二、存有同一。这才是其质要。此意明示，世界是内部的，有无均是自身。以此，我更愿意用原、因、果来论说世界。

　　原因果之论，综其意指有二，一是指线性结构，即由原点矢向终点的因果关系，此种因果关系多见于有形世界或宇宙世界内部，是有形者之间的常见态；原因果关系的另一指意是循环结构，即原、因、果之间循环导向，其中，结果返还至原或因是其主要，此种构型的因

----

　　①　宇宙世界亦可称为物质世界，或称形固世界、实在世界、有形世界，或称世间。
　　②　称相为存，可见之老子和王弼的学说，特别是王弼，他定义了存的意义："存而不有，没而不无，有无莫测，故曰似存"。说见楼宇烈：《王弼集校释·老子注第六章》转引赵秉文引王弼注，中华书局1980年版，第13页。此外，战国楚简《恒先》则称相为或："有或焉有气，有气焉有有，有有焉有始，有始焉有往者"，又说："有出于或，生出于有"。说见《上海博物馆藏战国楚竹书（三）》，上海古籍出版社2003年版。

绪　论

　　世间常有善恶之论，想来多不得要领，不明正义，自忖经年，特造本论叙说大意。

了全力资助和帮助，人民出版社和责任编辑江小夏君提供了方便和辛勤的劳动，我在此一并敬致谢意。

足无谨识

2017 年 9 月秋分日

自　序

《自然神论》写完后，我给自己放了两年假。两年中，我确实没有认真做事，只偶尔看看闲书，不过思维好像无法放假，它还在不停地想着问题。其中想得最多的是善恶。这是一个老话题，前人多有说法，开始我也没想要写成文字，后来渐渐觉得有写的必要，于是，收假以后，我便着手写这个小册子。断断续续写了两年，总算完成了。我深知，这本书可能非常不合大众的口味，倒不是文字或语言问题，而是它所表达的观念与思想，可是，我还是要如此地说和写。因为，这样的观念与思想总是逃不出我们的必由之路。今天的不理解、不接受，并非就意味着明天、后天的不认同。我希望且肯定会有人与我同思同想。

本论属文之时，吾友觉寒兄曾与我有过会商，他表达了一些写作方面的意见；另外，我的学生李平、叶树勋诸同学亦参与过讨论，提出了不少学术性的意见；还有，我的学生樊雪英同学帮我录入了一些文稿，在此，我一并致谢。

本书的成功出版，我的朋友樊晓华、李平、李磊、韩梅诸君给予果关系多见于有无之间，或本原世界、相世界、宇宙世界之间，它们相互循环，而又以有形世界向本原世界的返还式自证为其绝对。

此绝对表明，线性结构的因果关系其实只是相对而有的世界关联现象，它得受制于循环结构的因果关系，没有循环结构因果关系的预设，便不可能有线性结构因果关系之现象。要约言之，循环结构的因果关系决定任何线性结构的因果关系。故知，所谓原因果之论，亦即是说，世界的内部性是由逻辑过程来贯通的，而且，此逻辑过程指向某既定的前途：还原证成或还原自证。

世界是内部的，世界亦是还原自证的。此乃世界之为世界的两大要义，它们笼统了世界的全部因为所以。因故亦知，所谓善恶之论，当由此要义开题，方有贯通。

诸善恶论说中，有一说为体善说，意即，世界的本体、本原是善，所谓恶只是实在世界中的事。若孔子、柏拉图、柏罗丁、孟子，以及晚起的犹太教哲学、基督教哲学之类。依义理真义论，体善说其主观动机颇为到位，而其本真之意则有所失当，故不若另外一说。此另外一说当称为无善无恶说。无善无恶说由印度奥义哲学和中国老子所立创，其意深玄幽眇，与本真义似是。

窃以为，若得说善恶之大要，还得从三界说入题。

世界若何，向来众说纷纭，为便宜行事，我在此处先制出一副《世界图》以供诸君参酌。

下图的寓意中，本原、本体的辨析，尤为重要。

应然的义理叙说，其本体不当一语框定，还得析出层次，所谓有体、无体说是其要。

无体，乃本体最简当之称谓，亦称无，与有相对。无，本意无显示、无表达、无性质之谓，她空无自寂，无限无对，漠然不动，只能

世界图

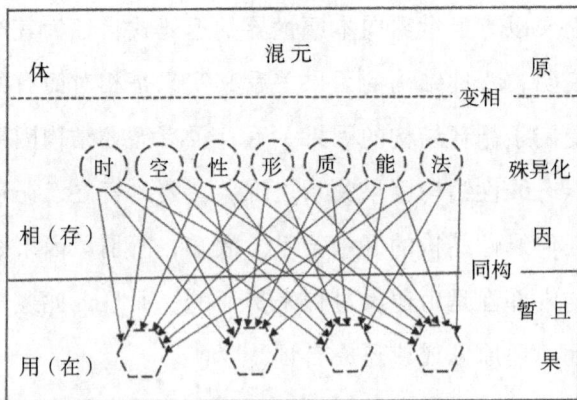

用空、无这样的称名方可会意。故知，无本属形容词之列，后来转为名词，成为本体的别称。是以有空体、无体、原体诸说。

当此空无绝对之际，世界并没有意义和价值，亦无可以言说之对象。微妙玄兀之中，空无本原真如念起，决意以其实自证其为真，于是，空无因真如而变异，动念为了有体、性体、心体、在体、形体。体由虚无自异为有实之变态，可说之为本体的诈念自衍。故此有体亦是体，只是她明示了真如意念：自证其真。

如此即知，无体与有体均是同体，所差仅在于是否显示了真如意念。此真如意念亦称本原意志或原意志。

总凡所谓有体、无体和原意志诸名，实即本原之称的不同表述，不可二致。当然，既有不同的表述，也非无因由。一者可得解释和理解的方便，二者也表明，正是本原的同体异态，才有世界的因果关系和过程的端始。

如是便知，本体的自念诈起方变异出了后续纷杂繁芜的因、果世界。此意是理解和解释世界的先决前提，无此理解必无世界的完整。本体、本原即世界的原，所有的因、果均是此原的自衍与自化，当为不刊之论。

真如念起，是世界阳动的开启。若以阳表念起的特定性，则可说，空体之义当即阴本。这样，世界之所以实即阴本阳动①，或说，所谓世界是由阴本和阳动同构而成的。阳动的本意是自证，所以，它不是阴本的外在现象或行为，而恰是原意志的自表。只是，阳动现象和行为为阴本的已发，所以得特别理解和解释，否则不能完说。

这里，已发者是指，阴本诈出了真如意念，并以显化的方式将自己有形化，追求以其实自证其真的意义与价值。此阳动、阳假、形化即我们常说的有。有，是与无相对应的，意指有显示、有表达、有性质、有限制之义。故知，阳动虽为阴本的诈起，可其旨要却大义无限。

大要说，阳动当有如下精意。

一者，它是虚无的显现，所以显化、创化、生化是其要；

二者，它得有假借和依托，所以实在、固化、实化是其所凭；

三者，自证非是一掷之为（既没有上帝掷色子，也没有上帝），它得有过程和逻辑为其成就，所以，过程化不能缺失；

四者，显化要依实在、形固成立，而实在、形固又必有惰性滞碍之负性，所以，要想自证成立、过程完整，还得施诸诸实在以动因，让凭形载而有的流化自证过程成为自动、自为的现象，而动因之设，则非恶而无他。

此意之表，是依阳动而有的观察，究其实则知，自证是原意志的自意念，显化是原意志的自推怂，形物是原意志的自依载，过程是原意志的自证方式，而所谓自动、自为，乃至于自觉者，均是原意志的

---

① 阳动之说，可参见拙作《自然神论》第二章第二节，中国经济出版社 2014 年版。

自我作为。

其中，最为直接者，当算某在（或称智在）的智慧，可说是原意志本身的直接分载别致。正是它对自身的记忆与还原之向，方构成为物在世界还原证成的最大动因。可见，所谓阳动、形物、恶因之类，均是原意志的假作。以此可说，阳动即阳假。

体界的分层异表，让我们理解了阴本阳动的本意，而要确知阳动与还原自证，还得进而理会有体的分殊与同构、互养。

前说阴本无有价值、意义，价值与意义之出，全在阳动或阳假过程本身。何有此说呢？窃意以为，阴本所以无有价值与意义，实在于本原的混元无分，而但凡说及意义与价值，一定是差别状态下的异意表示。已知，世界之差别的发端是与本原的阳动显现同步的，是本原差异别致的结果，或说，没有别致异性，便没有世界的特殊性、特定性，而意义与价值正好是特殊、特定的显示状态。以此，本原的自衍与显现，除却必得被分殊异性所载藏外，还得有相关此样态的理解和把握，或得有相关此种样态的称谓，这个称谓即相——本原转变成了相。如是知闻，所谓特殊性、特定性恰是与相相关联的。

相是体的分殊与多维化，意在别析出差异别性的特性、特殊。或说，体是完整无差的，而相恰正是将此完整别析为不同态的殊性，以分庋之法分别敛藏完整的一部分。结果是，相既是体的分殊，故同一不二，又是体的分庋，故别异特性。职此即知，相之于体的分庋敛藏，是为了形成诸因的特性、殊性。

应该说，正是此特性、殊性预设了阳动的专攻、专属、专有之势，它们的动能构合才是世界得以显现的关键。或说，无此专攻、专属、专有，世界只能是混沌无分，无所事功，唯有殊异的锐进，才能成就和保证载体与过程的阳动践履。故知，被显现着的阳动在化是此特性（相）的构合之所使，或即说，此差异别性的特性、特殊恰是在之所以为在的因由所以。以此方有说，相乃诸在成其为在的前件、质素。是此诸质素、前件或因缘的杂合、构合、巧合、互助、互养，才成就了在与物，亦以之形成诸在的势、情、境、场、所、向、态之法门。

相是体的分殊，亦即体原的殊异分度，这些分度者可强说为性、形、质、能、法、时、空诸名。这些各具殊异的相或存分殊了混元无分的原或体，因之成为了原下位的重要范畴，是为世界的因。从中，我们不难理知，原因之因，便是世界的殊异性。正是诸殊异性之间的同构与互养、互助以及互限、互克，才生（显化）出了有形与万物，才有了诸在。

由原的混元而至因的分殊，可说，世界阳动的大势已成，所待者，惟果的出现。所谓在、有、用、是、物之谓，便是此果的不同称名。果非孤因所造，而是诸因、诸相的同一与同构。

此同构、同一有四义得申明：

一是其暂且，它是说没有永恒、永远的同一、同构，所有的在或果均是诸相互助、互养、互限的临状性现象。

二是诸在的差别分致，不在有无诸相的参与，而是参与方式和量维的多寡，或说是诸相的相互作用关系、状态，或互养、互助、互限差异所致的结果。

三是世间多有诸在的同构与叠加、化合，其实仍是假借，它们不过是诸相同构的特殊形式。

四是务必理知，诸相同构所成就的在或果，不论它是什么，它只是诸殊性、特性的构合，故不能等同于原的完整，原的完整是混然未分的完整，而在或果的构合只是诸特性、殊性的敛聚，二者不可同语。

原、因、果的关系链，决定了世界还原自证的必然性：果承载因之势、能、性，得以显化、自足；因担负原之本意，别致分殊，以此推衍阳假实证；原真如念动，决意自证。

故知，所谓世界，即原意志以其实自证其真的具体过程与法门。此中当然包括了诸在、果的自足逻辑：诸在的自足与完善正是原意志全义显现的凭借。以此言，说原意志即善，当是。

第二章　善恶的本义

明了世界构成及因为所以的要义，方能确知世间善恶之事：没有本原的真如念起，没有诸相的分殊异化，没有诸在的各自固化，或说没有阳动自证的必然和其过程，便无有善恶。

故说，单就阴本而论，本原无善无恶，只是混元寂寞的空无。然，原意志既已动念实化、显化自己，以自证其真，则亦知，此真如大念即善，亦即恶。以此而论，说本原即善，亦算合理命题。合理非即真理。当说本原即善时，多半是推见而得出的结论，其实它本身是无意义的命题，因为无有分殊的本原或阴本，只是空无，这样的空无很难用善恶来定义。此意味着，善的意义还当另有绎表，才能完整。

何为善呢？以下五义尤当理会。

定义一，善是本原以其实自证其为真的绝对必然性。

定义二，善是此自证还原过程的完整。

定义三，善是诸在相互作用关系中的利他意愿与付出，其表现之要，便是在界中的亲恐性原则。

定义四，善是参与自证过程的智在对此自证必然性的觉悟与践履，抑或是分载之智慧对原意志自身记忆的完整与全义。

定义五，记忆的完整与全义，即界域的虚化之善，意指，智慧可畅通于无所不在之所，诸相的互养、互助真实化。

此五义中，一、二、四、五之善为绝对善，不可逆改，知或不知，觉或不觉，均无改其必然性。定义三之善确有相对性，可此善并非可有可无之善。依理言，正是此相对之善才能完满阳动自证过程，尤其是它与定义四之善相关联后，更当如此。或可说，相对之善正是自证的内涵所在，没有此善的衍绎，便无有成善的可能性。

前说本原真如动念，发动了以其实自证其真的阳动过程。这里，实即实在、定在、形在。由是便知，所谓自证，恰是由有形与实在来承载的。或说，没有实在、有形的参与和承载，自证不能成立（属绝无可能之事）。正是因为此，吾等方知，何以善出现了前说的定义三与定义四的涵义。进而或可说，定义一、定义二之所谓善，必须要由定义三、定义四的善来承载、参与，方能成为善。此意指明，善必须践履和具体化，否则无善可谈。

上言诸义之外，还有一义须得明了。这便是，自证的方式和过程既然只能是实在或形化的，就无法避免其负性的表达与意向，这样的负性作为、现象或负面性，很多时候是逆向善的，尤其是逆向具体的善和可践履的善，此逆向者即恶。于是，我们的世间又必然是，善不会也不能孤步独行，它无可逃地有着对应、对立，甚或反对者，而且，此对立者还会终身相伴。这表明，真如念起不仅是显现了善，也同态地彰显了恶。或说是，善与恶的相关性支持了阳动自证的过程与必然。此亦表明，所谓完善，除却上述的智慧对本原记忆的完整之外，消解在化过程和状态中的恶，尤其是因界域而有的恶，亦是完善之至务。

善恶的本义是世界的基设，当然就是我们理解世界的前提。以此，下述的意义理当昭明：

其一，在化与善的相对化，即意味着善化的过程不只有善独领风骚，恶也是此过程的参与者。以此故知，善化或完善过程之必然性，是离不开恶的，没有恶的参与，过程便不得衍进，在亦无法显现。如是我等得会知，完善是包括恶的，无恶之善是一厢情愿之善。

然则其二，在化过程中的恶虽有必然性，却无绝对性，它的价值是成就善，故其负性也是必得化解的，若无有化解，恶会逆转反致，滞碍过程的衍进，让恶成为善化过程的顽固抵抗者。是以亦知，化恶向善、隐恶扬善是此世间参与自证完善的责任和使命。

正因为此，所以我们说，阳动过程及其意义和价值的显现不是直线运动，而是非线性或曲线运动。进而或可说，这也是阳动自证的价值和意义，故当认真对待之。

第三章　形固、界域中的恶与善

在化的世界为什么会出现善的负性象呢？这是由在的特殊性所决定的。为此，我们先来看看何为在。

A. 在是诸相的同构与暂且。

说在是诸相的同构、同一，首先表明了它与原、因的同一性；其次亦意味着，诸相参与同构显在之时，亦将各殊异性构合起来，成为了实在。只是，这样的同构非是永恒，亦非无限的，它们不过是一种暂且的构合，以应呈现之需，或承续过程之需，一当此等价值终了，诸相会自行涣散，同构之在以此还原归虚。故知，我们期于在的永恒、无限之欲，实是感觉智的幻想。

B. 在有先天的局限性。

如上之意，诸相参与同构显在，实是将各种殊异性并入进来。问题是，殊异性之为殊异性，就在于它的特殊与不完整，由这些特殊和不完整构合的在，实即部分之和。依理，部分之和不为整体，尤其不能理解为完整的整体，相反，各殊异性均以自性的方式和动势参与在的同构，此正是我们世间的实情。或即说，各自以己之长和之短参与着在的显现，诸在当然只能是短长参差了。这样的长与短于在言，既是所长，也是所短，长可助其所能，而短则会带出麻烦。不能回避的是，任何在从一开始就被这样的长短所制——限定成为了在本身。以此即知，凡在便是有限制性或局限性的。

亦可说，限制性成为了在的弱点和陷阱，亦是在的负担和包袱。此表明，若前所说，原是完整的，其完整性是她包含了所有，这是一种无缺的完整，而果或在的同构则不然，它们是各种特性、殊异性（因）的构合，貌似与原的完整相同，其实，这种由分度的特性、殊异性，即诸因构合的同一，不是无缺的完整，反而是各种特性、殊异性的放大，亦即是缺陷和有限性的固化，结果是，依所以有而论，果与原同一不二，但要说及之所以有，果恰是有限与缺陷的实在状态。

此义必致所闻：同一不二是静态的命题，自证还原才是动态的必然。

C. 在是各自的。

所谓各自，是说，凡在或有形的物均是被分割、隔离的，没有分割和各自就不为在。世界之原本是诸相混元，无有分割、隔离，所以彼世界没有冲突、纷争，而在界则不然，一当同构成立，即是分割与各自的开始。在的各自化，亦意味着有形世界的界域化，而界域恰是让混元的世界分明别析：各自为己的因由。这样的明晰的确让世界从此在了，然，在了的另一面便是，界域、各自之间的对立、对抗、冲突，如此的不和谐正是在界的普遍现象。

D. 在还必得摄养以为在。

各自为在或在了，实只是静态的观察与描述，若以动态说事，则知问题比各自为在更复杂。因为，每个在不只是在了，还要在下去，而在下去比在了要难得多。何以说呢？我等固知，在下去不是在的孤立行为，反恰是诸在间的互助、互养、互限现象。或即说，每个在若得在下去，必得先有摄养的先决前提，若不摄养，便不可在下去，而摄养，在在界的环境中，它又是被在本身扭曲和变通的。其意要约之即，诸在本当以相为养，可以相为养源，却有摄养者之摄养能力的先决，一般情形下，在是没有或欠缺直接摄相以为养的能力的，于是，它们只得变通方式，以求在下去。如何变通呢？表象化的法式是以在为摄养对象，即通过摄在而摄相，并以此实现摄养以为在或在下去的需求，所谓"以在养在"，即此。

这一变通的后果于在言非常严重，它使本来的各自为在状态，复出现了在下去的竞争与冲突，而且，这样的竞争与冲突，非只是一般利益的冲突，而是在与不在，即生与死的竞争、冲突。

涉及生与死或在与不在，是在界的绝对问题，除非你不想为在，否则，均会为在下去而拼搏。这种绝对性铸就了在的两难生境：一是要在下去，而在下去的压力恰是在之为在的包袱与负担，特别于个体之在言，这样的压力与被迫是逃无可逃的；二是，离开在的立场理解此象态则又知，在下去的竞争与冲突（具体的恶），其实也正好是阳假自证过程的真实化。

此说的涵义复有二。

其一，说诸相的在化，或说世界在了，即意味着过程的局域性固滞化——每个在均愿意执已然为真实，反对自在的毁灭、消散——而大化流行、阳假显化恰恰是以幻灭、毁败为方式的。这说明，固滞与自执正是阳假大化逻辑的反动。逆之即，世界的在了与我执、固滞是在的固有特性，它不以世界的完整和全义为依皈，除非出现直接和强大的外因或外力推动。这样的推动因只能是在下去的竞争与对抗，只有这样的恶因才能遏制在的惰性，使之以在或界域的方式去参与世界的还原证成大流。

其二，它亦是说，诸在之间的竞争、对抗不只是还原自证的大

流、大势，也是在本身自足、完善的方式。何以说呢？还原自证所以
有在化、显化、界域化的结果，其意非以这样的化本身为目的，而是
以在、显、域为方式和凭借的，目的是要以其实显现真和完善。或
说，诸在完整显现原意志的全义，才是真正的善，而此善，绝非静止
的在、一显而在的在可以担当，诸在自身的自足、完善亦是此终善、
完善所必要求的。其中，某些在一定也会在这样的自足过程中率先自
善起来，成为诸在成善的先锋者、带领者（这样的先锋者、带领者
已称为智在）。

　　这里，诸在的自足、完善，特别是智在的完善、自足非是固定显
现的，它亦将由诸在的在下去冲动与竞争、对抗来推怂。如此的竞
争、对抗，可以表现为体型、结构的强化，亦可表现为秉持、具有的
增益，以致特异化。诸在中的个体和族群是此特异性的直接推手，因
为特异化极有利于在下去的欲求，而此又恰正是特异性固化成为特定
化、专门化的动因（物理学视此为进化）。

　　然而，从过程和整体的角度观察，我们也会获得另外的结论：进
化的后果恰恰可能是特定性、特异性的异化。如智在，为了更有利地
在下去，它强劲地增益了其所秉持的性相，而性相实乃最似原意志的
相，结果是，性相不断地专门化、固化，从而显现出了此世间的一种
新现象：智能①。如果说，性相是最似原意志的相，则知，智慧恰正

---

　　①　一般言说的智能有广义、狭义之分。广义的智能可以包括智慧，而狭义的智能仅
指灵长类动物的脑力功能。这样的智能可致学习、模仿，以及制造工具、表达情感、欲求
之类，却不具有逻辑推理和判断能力，特别是因果关系的推理、建构能力。智能是性相聚
敛和选择的结果，或可称为其最高成就，然而，它依然不是真正的智慧，二者之差不是进
化所能解决的问题。因为，智慧是原意志的分裁，而智能只是性相的优选结果。二者于承
载处的确有汇聚和交合，可这样的汇聚与交合其实只是智慧的坎陷。智慧既已坎陷于智能
之中，当然就与之有混同状态。进而亦知，正因为有了此坎陷与混同，才设定了智慧的使
命与价值：反转引导性相还原原意志自身。

是原意志本身，只是它被分裁承载了，让我们有了自以为己属的假象，心安理得地窃为私用。智在何以会成为诸在的先锋和带领者呢？正是它秉承了智慧。智慧之于还原自证的价值和意义在于，通过记忆自我（原意志）自身而理解、觉悟世界的真实与全义，亦自觉践履此自证其真的使命和责任。

E. 以智慧说世界则还有别致，智慧确是原意志自身，可其分裁，特别是它被形在所承载，这让它与自己有了障隔，当然也因之设定了它的使命：记忆出自身的完整，还原归真。问题在于，记忆完整之前，所有的智慧行为均有可能失缺于原意志，这即会发生智慧记忆的不完整之恶。

以此故知，诸在间的在了和在下去竞争、对抗之类的恶因，也恰是还原自证大流得以推涌的机巧：诸在的自足、完善可成就还原自证的终善。

相、存、因本是分殊混元本原的，结果却是完整性被分戾为了各种殊异性，而在正是这些殊异性的同构、同一。必得再次强调的是，混元未分的完整性与各种殊异性的同一并非相同概念，前者是绝对和无所不包的完整，后者的同一则是缺陷、差别的构合，其所带来的后果是界域化和各自的对垒。正因为此，我们或可说在是对还原自证大流的固滞、逆反，不过，这样的评价只是其一。

其二，还原自证是由在、形、有诸象态参与实现的，此参与带来的后果是：首先，流化、还原是在化的，故有代传、进化、衰变诸象态；其次，各自之在也必须自足、完善，从而适应在化之大流。

这意味着，我们对善的理解还必须具体化，即在在化中去理解善。依据此立场，我们再来梳理在与善恶的话题，可得如下见解。

A. 在是绝对、无限或完整之体的显现和界域化，或说在是界域化的本原，故在与体是自我关系，不可外在或两在理解；然，在亦是殊异性与有限性的同构，诸相间的互限、互克关系，必致诸在的残缺与错落。此表明在有先天的缺陷，其要是与体的障隔，以及诸在之间的分割。与体的障隔，易致断裂本原，而假形固之各自以为执；诸在的分割，则无免冲突、竞争的极端化。须得说明的是，此障隔是因形而有的障隔，并非真的割断或分离而有的障隔，不过，此种形化的障隔的确易致在者的误判：各自的绝对。是以不能轻视。

B. 在的各自、殊异、界域化其实是假象，真相是诸相的互养、互助，此互养、互助可致诸在自足、完善，而诸在的完善，正是原意志还原自证的凭借。职此故知，界域化、殊异性成就了在，无此便无在，然，在本身并非目的，它只是参与者，其所参与的便是原意志自证其真的绝对善，诸在的共同参与汇成此自证其真的大流。

C. 如前述，在即界域化的因由，是此界域限制了原的绝对性、完整性，此界域化不只是让任何在不能等值地表达原的绝对性、完整性，而且，也让在了和在下去成了诸在的负担、责任，甚至于极端化的欲望、我执。依此说即知，所谓恶就是被限制起来的善。此善恶之义，貌似抽象，实却关乎每个具体的在，包括我们自己。

D. 殊异性、界域化的在具有两面性：其正，它可显现本原，并通过自足、完善的方式参与到自证还原的大流中，从而成就原意志的绝对善；其负，它亦可逆反必然，固滞过程，坚守形我，成为善的反面恶。其中，具体或个体的在，更容易表达其负向性，执假而为，所以，我们的世界中，恶更具普遍性。

E. 在是原意志自我的显现，此显现因为界域和殊异性而有缺陷，出现了善的反面恶，出现了我执、固滞诸象，又该如何消解此负向性或恶呢？不二法门所由有三：

一是利用恶之间的竞争，消解惰性、固滞，淘汰多余者，逼使诸在参与过程和完善，亦让诸殊异性、特定性泛化，回归非形固的完整性，以致善渐慢显现；

二是让原意志的直接分载者智慧，因缘拔出，超越感觉智和理智，渐进性智，使之记忆、觉悟原自我，一当记忆完整之时，即原意志全义的完整；

三是理解物性，明了物理，透过形物的障隔，善物以为用，养物而不害物，弃以在养在的简陋，归以相养在的完满。

此法门约略之可说为，以恶制恶之法、以善诱善之法和以善养善之法。

F. 恶是界域化、形固的必具结果，然，具体的在只能是暂且，此亦即说，很多时候恶是相对的。此相对有三义：

一是说，作为承载本原之善意的在，虽有恶的表达，可善是决定性的，恶只是表象，很多时候，恶有阳动之动因作用；

二是说，具体之在所为的恶作（如摄养之恶、固滞之恶），并无关原意志自证其真的大流，反而应视为善化大流的自证方式；

三是说，诸在之间的恶作是相互的，是否为恶要依判断标准的设定，不同标准之下，结论是完全不同的。

由此，我们不能偏简论事，妄说唯一之论，得明了恶的多样性特征，在多样性、多维态的视界中理解恶。

至此，我们已大概地知晓了善与恶的指意：我们所说的善恶其实是阳动过程中发生的价值现象，所谓善意即，还原自证即善，世界的全义即善，智慧记忆出原意志的完整即善，消解自我即善，去识还原即善，化除界域即善，以相养在即善；而所谓恶即，形化或界域化的固滞、制限即恶，摄养不周、以在养在即恶，智慧坎陷、被物载所役或记忆不完整即恶，执自我、执感觉、执功利、执界域即恶。

第四章　善恶的通识解

我们已然知晓了善恶的大意。或可说，上言的恶是世界的原恶，上言的善是世界的原善，这样的善恶是有形世界得以显现的由路，不容主观价值去评判。以此，我们必须明了，这种原善与原恶的关联性恰好是我们这个世界构成本身。从中，我们既不能忽略它们之间的相对性，也应该理会它们必然发生的因由所以。只有这样，我们才能对世界有较准确的把握。问题是，这样的叙说颇嫌抽象，很难为经验常识理解，故得有所分解和条析。

前言阳动还原自证的过程中，为抑制各自的固滞、懒惰之欲，原意志施诸诸在以竞争、对抗之法，以此淘汰多余者、过恶者。此等作为实是以压迫之轭保障过程的绝对性，所以，我们将此称为以恶制恶。以恶制恶的确是最有效的制控法宝，它可以确保过程的完整性，同时，它也可以推进在的多样化、多维化衍绎。以恶制恶之法是如何有效推进诸在的多样化、多维化的呢？这是我们理解恶的价值，当然也就是善的价值的重要路径，故值得玩味。

现代物理学已告知我们，宇宙世界的基础性构件其实非常简单，甚或是单一的，它们被称为超弦①。超弦有开弦与闭弦之分。纷纭复杂、气象万千的物化世界都是这些弦的构成结果。

经验会知我们，物化世界是异常复杂或差别参差的，那么，同样的构件何以会至于此呢？个中的玄机有二，一是，诸相之特异性的不同（量维与方式的）构合，会直接导出不同的结果，而超弦和后续而有的，如夸克、中子、质子、电子、中微子、渺子（μ）、陶子（τ）诸费米子②，还有 Z 玻色子、W 玻色子、介子、胶子、光子、引力子诸玻色子③，以及希格斯粒子等，均是此各种特异性的不同承载（此话题先且不表）。

二是，每个在为了更好地在下去，或说为了在着的高效与各自的最优化，它们必得最优地保持和强化最有利的特异性，从而获得在下去的先机，这样，各自的固滞与自利便会以特异性专门化的方式表现出来。故知，特异性的强化与别出是世界多样化与多维化的主因。

在的界域化，让诸在有了致命的缺陷。此缺陷主要有二，一是各自的分割，以至于相的流转受阻，这便给养的供给带来了困境，于是，在下去的欲求变成了赤裸裸的生死搏击、竞争；二是各自着的在，在分割着你我的同时，也极大地限制了各自的行为能力，本来可以直接摄相以为养，却难乎成真，几乎所有的各自都必得变通行

----

① 超弦之后的世界也不复杂，以构件言，主要是夸克，正是上夸克、下夸克的不同组合，方造就了质子和中子，而原子便是由质子、中子和电子构成的。

② 费米子，构成物质的材料粒子。基本费米子：夸克和轻子，其中，夸克 12 种：包括上夸克（u）、下夸克（d）、奇夸克（s）、粲夸克（c）、底夸克（b）、顶夸克（t），及它们对应的 6 种反粒子；轻子 12 种：包括电子（e）、渺子（μ）、陶子（τ）、中微子 νe、中微子 $\nu \mu$、中微子 $\nu \tau$，及对应的 6 种反粒子。

③ 玻色子，传递作用力的粒子。基本玻色子：胶子（8 种）——强相互作用的媒介粒子，自旋为 1H；光子（1 种）——电磁相互作用的媒介粒子，自旋为 1H；玻色子（3 种）——弱相互作用的媒介粒子，自旋为 1H；引力子（1 种）——引力相互作用的媒介粒子，自旋为 2H，尚未被发现。此外还有希格斯玻色子，它是所有物质粒子获得质量的粒子。

为——通过摄在而摄相——方可谋求到在下去的机会，而此变通恰好成为了诸在以恶相向的原因：摄在而摄养。

可以说，这是一种灭掉他在才能保证己在在下去的由路，属低端的在象。于是，在下去的问题就不可简单论事，一个恶评即了。此恶中还包含了在的自足与完善，即作为原意志显化之在，必得迁升自我的在下去或摄养的能力，使之可以渐进完善。下面的图表提供了我们这个世界的图像：

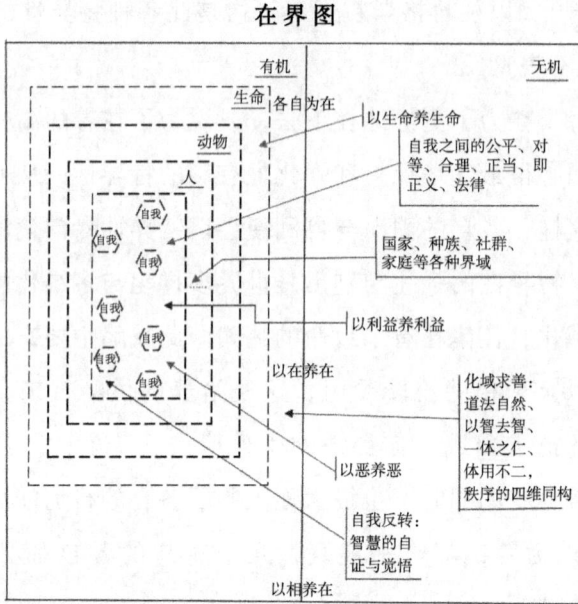

在 界 图

若将上图简化之，亦可作如下表达：

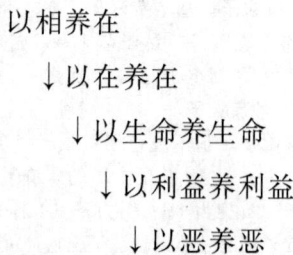

　　　　以相养在

　　　　↓以在养在

　　　　　　↓以生命养生命

　　　　　　　　↓以利益养利益

　　　　　　　　　　↓以恶养恶

依诸在必得在下去为论，我们这个世界最合理、最完善的状态应然是"以相养在"。因为，我们的世界之所以阳动，以因说事，主要便是诸相之间的互养、互助。或者说，阳动的实质就是诸相的互养、互助，其他只是此实质的假象。这样的互养、互助既能够满足诸在在下去的需求，也可以实现诸在的自足与完善。个中，相作为世界之因，它不是在，所以，以相为养不会导致诸在之间的冲突、搏击，故可免除有形世界的负性现象。

因相为在，而相又是原之完整性的分殊——此分殊是说，诸相实只是原之各种殊异性（包括特殊性、局限性、界域性）的分庋——这便进而规定了诸在的缺陷，即，在正是各种殊异性的同构。这些特殊性、局限性、界域性会自限诸在的存在能力，而此恰是实在世界的事实。依由来论，诸在的局限性、界域化是由诸相的殊异性、互限性牵制的。可说没有相的专门化、殊异化、互限之为，便不会有在的局限性、界域化。故知，诸在的问题（包括能力与恶作）本质上不由自身决定，它们只是一种逻辑衍绎的状态和过程。当然，我们也不难从中看到这种衍绎的后果：至少从表象看，很少有在可以直接摄相以为养。结果是，为了在下去，诸在只得变通它们的摄养方式，转而以摄在为求养或在下去之法，这就是"以在养在"。这样的变通不只是表现了摄养能力不充分的问题，更麻烦的是它直接导致了有形世界的竞争与冲突。如果说在化即是原恶，那么，摄在以为养便是此原恶的强化。

问题还在于，有形世界的逻辑似乎很反逆，如果我们仅从线性角度观察，则知，它所表现出的结果的确有进化的样态，如从无机到有机，以至生命现象之类，而如果再观察所谓高级之在的行为特征，则又知，愈是高级的在其行为愈具有恶的表征。

这种现象之最典型者，便是生命世界中的恶象。它的负性表达似乎为他者所不及，于是，我们就有了"以生命养生命"的命题。此命题是说，生命之在的在下去，不以一般的在为养源，而是以其同质的他生命体为养源。这种同质相为养的方式最直接的后果是，养资源的稀缺。养资源的稀缺无异于给诸生命体强加了在下去的紧箍咒，使在下去的求养行为变成了严重激化的冲突、对抗，乃至生死之搏。这里，如果我们再加入考虑几乎所有的生命体都有程度不同的痛苦感觉的事实，则更加明了，生命世界的恶化实在是太过残酷①。

然，这还不是终点，更恶的结果还在衍绎，接下来我们碰到了人类。它是生命体中的一个类，其殊异处在于，它秉承了智慧，并且以此智慧为手段、方式去实现在下去的需求。这样的作为为什么要被形容为"以利益养利益"呢？且看下说。

理解此命题，先得看智慧是什么。

我们通常所说的智慧，应该只是智慧的表象或假象。或者说，具载在每个人头颅中的大脑功能，其可资以实现我们获得养源（包括财富、利益、食物、权力）的能力与机巧，其实不过是智慧的表象、外在，可置之于感觉智和理智的类型，而智慧，除却这两个类型外，还有一个本质的内具，这便是性智，或称性智觉。性智之所由，即原意志本身的分载，只不过，它为理智和感觉智覆盖深埋，一般情形下很难显现出来，故不为我们知晓，而它才是真正的智慧，余者若理智（更不用说感觉智）只是智慧的假象。智在之为智在，正是此性智经

①　导致这种残酷的物理原因是，生命者 DNA（脱氧核糖核酸）为了有效地控制生命体，它先天地设置了生命体求养的边界——只能在生命世界中求养——于是，所有的生命体均不能在设定的界域之外去摄养，而界域内的摄养则意味着，每个生命体逃无可逃地必得参与生死的竞争。故知，生命世界中的负性恶是生命体不可回避的。然而，正是这种恶导致了生命体的进化与迁升。

过炼化、历练、自足、完善的过程后，它能够记忆出原意志自我，从而自证世界的全义与完整。这才是阳动自证成善的根本。

由此可知，我们的大脑并非私有财产，而应该是世界的公产。依公产共享的法则看，我们将智慧用于在下去的自私目的，应当属窃用行为，只是在智在自足完善之前，这样的窃用也算理所当然罢了。

智慧的窃用，首先是帮助我们提升了摄养能力，其中，方式的翻新与工具的精专化是其主要。结果，我们将养源置于了更加功利的境地，养源的简单价值被复杂化为了利益，于是我们便看到了新的风景线："以利益养利益"。这里，利益变成了目的，而不只是生存的凭借。既是目的，当然就成了追求的对象：欲望的物化，人为物役。可以说这是智在者在下去的异化现象。之所以有此异化，完全拜智慧所赐。

我等素知，感觉智和理智所理解的在下去与养源，并非仅指一般的活着或在着，它将在下去的意义理解为了自我的延伸，如长生不老、转世、下一代或下几代等载体。以此主导，养源的意义也延伸出了财产、财富、利益、好处等。于是，养源的占有也变成了积累、囤积、奢侈、享乐之类。至少，农业文明以来，我们的智慧（感觉智、理智）在此方面可谓做足了文章，甚至于像政治、经济、科学、技术、宗教这样的基本人类行为，也都转化为了占有与满足欲望的手段、方式。可见，我们的养在智慧的包装下，变成了在着的利益与权利，而非简单地在下去。人类为此演绎出了文化、学说、思想、理论和意识形态，可以大张旗鼓地将私欲和恶行说成正义与德性[1]。

人类所为，远非上言的在下去异化所能尽表。我们窃用智慧去实

---

① 此见可参见意大利学者 G.维柯的《新科学》38、132、133、136 诸段，人民文学出版社 1986 年版。他说，上帝被迫承认人类的恶行为道德。

现在下去的方式与行为，足以让本已残酷不已的生命世界更加地负性化。这样的负性现象，居多时候，我们要用一个更极致的词才能形容，这个词便是恶。于是，我们又看到了人世间的怪现象："以恶养恶"。为什么说它是以恶养恶呢？我们的经历中不难获得此说的证据：为了权力、利益、身份、职务、名誉之类的占有，不惜用战争、抢劫、犯罪、暴力、欺诈等行为和方式去达到目的，其所制造的流离、死别、折磨、痛苦实在难以尽书。以此不难理解，人类之在下去的求养事功很多是用恶的方式来实现的。这的确是需得认真思考的在象。

从应然的"以相养在"到实然的"以恶养恶"，我们看到了实在世界中的表象：恶的复杂化、极致化。抑或可说，我们看到了在，特别是人的堕落。

当然，这样的表述并不完整，堕落之外，至少还有两说必得表达。第一是，恶的极致化、复杂化是由复杂的在者表现出来的，而在者的复杂化恰正是诸在自足、迁升的结果，此即意味着，完善的过程必然有恶化或恶作的伴随；第二是，恶堕落至以恶养恶，实已触底，亦即我们的世界已难再堕落了，依据物极必反的法则，极恶的反转已铸成定势，其中所包藏的要害是，人类或智慧的价值取向：反恶为善，践履还原证成的责任和使命。

除却此自足完善与固滞之恶的不可分割外，我们还会看到，诸在之间的竞争与对抗，其实也是诸在得以类型化和千差万别的直接原因。诸在不停地强化最有利的特异性，最终致使了体型和体能的专门化，由此，物的种类和类型出现了，形物世界也因之丰富多彩，特别是其中的生物世界更加繁茂别致。我们固知，形固世界的最大特色就是多样化与多维化，而此多样化与多维化之所由，恰恰主要是此各自之恶所致的，这实在是我们应该更进体察的问题。

在、形固或各自是由恶导出的，没有恶所支持的固化、显化，阴本所期的阳动与自证，断然不会成真。有鉴于此，我们可以将此各自、形固、自足、完善之恶称为世界的差异性原则，它是我们理解世界的重要基设。

然则，世界的阳动自证绝非此一基设原则即可厘定，诸在与各自的自足、完善还有他然的道理支持其中，这个道理的大意可称为互养自足与共同绎化。

共同、相互之辞义，本身含有共同体、关联体之意。广义言说，所谓在、形物，其实也即是显化者的共同体。因为，依因果关系论，所有的在均是本原的显现，这表明它们的来源同一；依构成成素论，所有的在均是相同的相维合成，此表明诸在的质地并无本质的不同①；依相与关系论，所有的在均由相（存、或）供给养源，这表明在的存养方式并无本质差别；依价值取向论，所有的在都直接或间接承载原意志还原自证的使命和价值，这表明，在的意义取向是同一的……如此之类无不昭明，诸在之间理应和睦共处、使命协同，只不过，在的界域化，让诸在有了致命的缺陷，以致恶象淫溢。

现在不难明了，形物世界的本意并非为了恶，而是为了善：和睦共处、使命协同、承载自证。不巧的是，本原的显现方式中包含了无可更改的缺陷：界域的禁锢。正是此界域让本来的善意无法直接表达，而必得变通为它的反面恶方可延展，于是，我们的世界才让恶充斥其间。

---

① 此论题若往后推演，则知，形物世界有 113 种元素，其中自然生成且可持续的元素约 80 余种，而其实，真正对宇宙物质有构成意义的不过 20 种左右元素，进而已知，构成有机物的大约只有 10 种左右元素。从这里我们不难知晓形物构成的相似性。

当然，此说还有他论，即，在界之所以有此变通和恶化表现，也在于，承载还原自证的诸在非是在了即可完成使命，设若它们本身没有充分地自足与完善，便不可能真正地承担起整体性的自证成善的使命，亦可说，这也是一种必然，可谓之为次级必然；进而，此自证过程中还有这样的必需：诸在的领袖者也是必得选择和锤炼的，没有合格领袖者的引领，诸在的自足与完善只会成为盲动的在下去，而与原意志所志定的自证成善的终极必然无关。以此，我们也必知闻，世间之恶，既不是简单的客观结果，也不是无奈的主观负担，恰恰应该是世界自证过程和阳动求真的动因，此动因激励着诸在的进取与发奋，是以当然。

明了了恶的合理性、当然性，再来反观善的意义与价值，或许更加周到。诸在之所源、所形、所依、所向均为同一或相似，此表明诸在本意相通，所谓差异只是表象。与上言的世界的差异性原则相对应，这可以称为世界的本质性原则。

受此本质性原则约束，我们更多地看到，首先是诸在的同构性。意即，所有的在均是诸相的同构，或说诸因的暂且同一才有了在，故在的本质并没有差别，有差别的只是诸因或诸相的量维和构合方式。此意还意味着，世界上没有单一因或相的在。

其次是形物世界的模糊性。所谓各自（西方人称为点-子，此观念可称为点-子模型）只是假象或想象。比如我们所说的原子，它们并不是一个一个的子，而是一团由核心吸引的电子云状物（现称电子云），其边界十分模糊。

再次是形物或各自之间的关联性、共享性。若分子结构中的价电子所支持的共价现象，正是此关联性、共享性的典型表达，可以说，没有价电子便没有原子之间的结合。

复次是诸在自足、完善的相互性、同态性。宇宙世界中，从星系到生物种类，甚至于分子、原子，其衍绎和进化几乎都凭借了类型化的方式，没有任何一个在可以单独完成衍绎和进化或完善的过程（即使夸克也没有单独存在的），这种现象被称为共同进化。与之相关，世间诸现象也充满了聚落表征，所谓物以类聚，人以群分，即此。

详察万有，亦不难发现，此共同进化之善作，不只是发生在同种类的物种之间，还可以发生在不同种类的物种之间，如诸多元素的共生现象。

差异性原则和本质性原则共同表达了阳动过程，特别是诸在显化的相同意义：充分地实现诸在的自足与完善，以至于原意志自证其真之必然性的实现。以此命题为基说可知，所谓善恶，并非绝对的反对者，它们更多是相对应的两面，具有很明显的关联特性，孰为善恶，其实很难在此论域中获得答案。我们相关善恶的种种强化表述，应该是智慧于此论题所附着的观念性或感觉性评价，它们并不代表善恶之真实。

理解了善恶的表里依违，可以充溢我们之于善恶的平常心态，不过，相关善恶的理解，还得从二致性、亲恐性、相对性三义继续解析。

二致性，是一种反向性的概念，意指事物的逆向极端性。很多时候，善恶就具有这样的二致性。经验中我们经常会遇到这样的现象，善有可能导不出善，反而制造了恶，而恶亦可能回避了恶，反而引发了善。此现象发生的要津是行为者机能、本能或主观上有内外之别。亦即说，他有存在的界域（如同类、族群、信仰团体之类），界域之内是善化的，为善所笼罩，一当越出界域，行为就会反向表达：以恶相向。这种现象，就是善恶的二致性。二致性的发生，原因就在于对内的善。此善因为足以让域内的各自在下去，所以它是目的性的，然，此目的性又必得求助于他摄去实现，于是，对界域之外的恶性行为就成了必然，由之的后果是：善制造了恶。

善恶二致性属普遍性现象，或可说是善恶的基本表征。经验世界中，二致性支配了在的许多行为，并且，随着形在之质地的提升，这样的行为表征会愈益突出，及之生物世界，特别是动物世界中，此二致性几成铁律，延至人类社会，人们关于善恶的理解几乎离不开二致性。顺此思路观察人类的善恶现象，我们很容易发现此二致性被强化的极端态。

在此状态中，天然的各自和动物的血亲群率先成为了二致性的界域，经由智慧的修饰和做功，这样的界域不断地被人为建构，诸如种族、国家、社团之类，无不成就着各种变换花样的奇异二致性。其中，善恶的分致、两判令天然世界不为闻想。甚至于这样的二致现象还被冠冕堂皇地冠上了各种主义、主张和学说、理论的标签，从而为各种恶行提供合理性、合法性的支援与解释。

说及世界的善恶，二致性之外还有一基设性的表征，这便是诸在之间的亲恐性。所谓亲恐性意指，在有亲其所亲、恐其所恐的天然倾向。这里，前者之亲是动词，意即亲善；后者则是名词，意指无害、互助、交缘者。故亲其所亲即，亲善、亲爱那些与己无害、交缘相福的他在。同理，这里的恐，前者指恐惧、害怕、排斥；后者指那些与此相关的对象。亲恐性源发于摄养以为在的需求。在摄养方能在下去，而其摄又必得是摄在以为养的前提下，在与在之间，其相对便有了两种可能性，一是不相为摄，二是相为摄。前者之间，因为没有摄的危险与威胁，故可相安无事，甚或可互引为援；后者之间则相反，互为养源或恐惧对象，必至相互冲突与对抗。这样的情态，便至形固世界罗致出了亲恐性现象。

亲恐性表征至少可从夸克的世界观察到，以至原子以后的世界，它几乎成了物质构成的主要依据之一。这说明，亲恐性不只是诸在如何为在的法则，也是形固世界如何构成的依据。从某种意义上言，后者之于世界的意义可能更重要。

比如，我们经常会问，我们的世界为什么是这样，而不是那样的？可以说，不那样的原因就在这亲恐性之中。"世界的这样"即物质构成的样态（物态），它是指不同构件（比如元素）之间的结合，可以形成不同的物态。物理化学家告诉我们①，若拿 9 个碳原子和 20 个氢原子相联接，其方式有 35 种之多，此即说，它们的结合可产生 35 种不同态的物质实体（分子）。若拿 40 个碳原子和 82 个氢原子相排列组合，其方式则有 60 万亿种之多，即有 60 万亿种物质形式因这些结合而存在这个世界上。这还远不是事情的结局。我们知道，世界上已知元素有 100 多种，如果每种元素的若干原子与他元素的若干原子相互之间都如此这般地任意组合，那么，其方式和实体种类就只好用无限或无穷大来形容了。这一陈述还没有下降到电子、中子、质子等更微观的层次，若果以这些粒子的任意组合为设计，形在世界将不堪设想。

此外，我们所说的选择与进化其实也与此亲恐性相关。依据理论计算②，在原始地球上合成具有易感性的核苷酸（生命的基质脱氧核

① ［英］A.G.凯恩斯：《生命起源的七条线索》，中国对外翻译出版公司 1995 年版，第 25～26 页。

② ［英］A.G.凯恩斯：《生命起源的七条线索》，中国对外翻译出版公司 1995 年版，第 67 页。

糖核酸（DNA）的节链），其成功的概率是 10^{109} 分之一，也就是必须做 10^{109} 次试验，才有一次成功的机会。就算 1 秒钟做实验 1 次，从地球形成到现在也只完成了大约 10^{15} 次实验，还有（$10^{94}-1$）×10^{15} 次实验等待着去完成，这个时间量显然比可观测宇宙的时间更长。它说明，若等全部试验做完才产生核苷酸，不要说地球，就是宇宙也几乎不可能。然而，地球生命至少已有 35～38 亿年的历史。此乃明白地告诉我们，生命呈显的试验并不如理论计算的那样繁杂，而是相当简并了的，以致时间被无情地超越了。是什么力量促成了这种超越呢？显然是亲恐性所致的合理、有序之原序机制，堵死了试验过程中绝大部分无效的概率，只以很少或唯一的有效试验就完成了生命呈显的事实。

这样的例证应该不胜枚举。因为恶所致的排斥让我们的世界简单，同理，因为善所致的亲合也让我们的世界有了秩序，这便是亲恐性的真实价值。

亲恐性之外，我们还必须理解善恶的相对性。善恶的相对性，不只是说它们之间可以相互解释和定义，也在于，它们的功能、价值和作用方式很可能完全同一。依善恶之间可以相互解释和定义言，我们所说的善恶居多时候不便绝对判断。比如猫捉老鼠的事件，孰为善恶呢？评价者站立的立场是很重要的，如果是猫的立场，此事是善；反之，在老鼠看来，此事绝对是恶；而假定评价者既非猫，又非老鼠，他的评价可能不会用善恶来定义此事，他会很客观地理解这种现象，不予价值判断。当然，客观的理解有时也相当不易，特别在人类感觉智的作用下，更是如此。

意如前言，因为有感觉智，甚或理智的支援、帮助，人类在不易客观的同时，亦可能助长和修饰恶的作为，让恶变得更加复杂和极端。即便如此，我们亦会坚定地看到，智慧更具有形固的穿透力和还原趋向，在此必然性的作用下，善恶的相对性会更多地表现出它们价值和功能的同一性与同构性。在此必然的显现中，上述的二致性、亲恐性只算是低端现象，人类和他所秉承的智慧有更高的价值向往：人道大同、天人合一。人类，不论东方或西方，终将跃出二致性的藩篱，为化域求善、以善化善之大业。

善恶之解义可为三说：

其一是，真如念动诈起，此为善恶之由原；

其二是，诸相分殊特化、专门化，将各种殊异性别致为世界生成的质素、因由，而此殊异性、限制性即可说为，它们为世界的善恶之显、之作准备了前件、要素，是为善恶之因；

其三是，诸在由各种殊异性、限制性的诸相同构、同一，其各自的固化，终于让善恶成了事实，是为善恶之果。

如此之说，当即我们理解善恶的主要涵意，是以明确之。

说善解恶，除却上言的解义外，事实中的善恶还有多种解说的可能性。如解义之善恶三说，可为绝对意义的善恶之解，而形在世界中的善恶，特别是如何在下去中的善恶，则有相对为说的必需。其中如各自的固化、自利、贪占、滞纳诸般恶作，以及再其中经由智慧修饰、做功的恶行，它们恰正是善恶大化过程和必然性的歪曲、变态，实已失去了善恶的本意，是为负性之恶作，故当由在者，特别是其中的觉悟者自觉更正之、救赎之。

第五章 智慧与善恶

说及善恶，无法不缀系智慧，其中因由不难辨析。大抵而论，诸生命载体中可用解释之法道明善恶者，非本类群莫外，所以如此，全在于我们的构成中多出了一样特殊的具有，这便是智慧。智慧之所以非本论主旨，故暂且搁置，所当辨理者，是善恶与智慧的关系，或说，经由智慧介入后，善恶的形态与质地的变异以及结果状态。

第一节 智慧是什么？

本论主旨虽不说智慧的因为所以，然，若要说清楚善恶与智慧的关系，却非有相关智慧的理解与解释不可，是以略备文辞，说说智慧的大意。

智慧之特殊，在于它能以条理、逻辑、形容、比拟、参照、记忆诸方式，将感觉和经验化的东西陈述、重现出来，从而形成看法、评论、模型、规范、学说、命题、义理、体制，以此获得行为的依据和世界的意义。

智慧的殊异，让我们的世界有了奇异与全新的状态。

首先，诸在之中，有一种或一类在可以超越在物理结构——单由物理属性所控制——之外去存在，去行为。

其次，它也让世界从单一的物理状态（所谓客观之说即此）中多出了一个由智慧所理解（所谓主观之说）的世界，这极大地强化了世界的复杂化程度。

再次，所谓善恶及其论理，也因之复杂化——由智慧所造就和影响的善恶更加表达了善恶的奇异性。

最后，当然也是最重要的，世界的还原证成过程会由此而成为真实。

智慧的诸般结果和表象，已被充分地印证在了我们的世界中，常见的二元或多元论、断裂与分割诸说，正是这种印证的成例，相反，智慧的真义却被深埋隐没。这样的状态其实也不难理解，我们毕竟是在中之物，是在化的结果，既为在，就无免在或物的限制、禁锢。以此论智慧则知，无论智慧的真义是什么，它都无法避免在或物的拖赘与制限。于是，我们之于智慧的理解便要从这在或物的承接处开始。

智慧由在或物承载，并非说智慧与在、物是两个世界的东西，它们均是本原自己，所不同只在于，显化了的成为了在，进而成为了载体，保持了本身的便是智慧，成为了被承载者。

说智慧是本原（亦可变称为原意志）本身，正是世界的真义。它们之间的同一性、同质性，既说明了世界是内部化的，是同一不二的，同时亦表明，世界是自证还原的过程及其实在化。世界所以能够自证其成或自证其真，全在于原意志既呈显为了在或物，以此便有载体、承担，同时它又被承载着，并制控载体的价值取向与方向。其中，在化必有缺陷的前提，决定了世界不可能只是物或在，更应该有它自身（本原及其意志）的绝对性，此绝对性必定会支配在化或物化的世界。于是，从形式逻辑的角度解说，原意志是被分裁着的（至少某部分如此），这个分裁着的原意志便是我们所说的智慧。

这样，我们由之有了讨论智慧之为智慧的可能性：依其是原意志的分裁言，它是原意志本身，所以，智慧是世界内部化、一体化与还原自证之必然性所在，它通过对自身（即本原自我）的记忆与回归，实现世界之真的完整及证成；依其必得凭借在或物的承载论，它亦必然要受到在或物的制限，或反作用挟制（此即智慧坎陷①），从而表达出世界的缺陷与负性，是以便有了物理之恶以外的能动之恶。据此理，我们可将智慧分别为感觉智和性智（觉）。

感觉智是受物理构造影响而表现出的一种能动能力，属智慧的表浅层。其所浅，有时几乎可以混淆动物本能，与冲动、欲望无异。当然，既已名之为智慧，它更多应该是生存、生活经验的系统化与选择、判断的条理化。感觉智的基设来之于在的特性：各自为在和摄养以为在。其中，各自是其全部价值与行为使动的根据。

智慧的加入和其能动的能力，终于使在的各自特性固化成了一个重要范畴：自我。自我的在下去与在得好是感觉智的价值基础，所以，围绕着自我的预设，感觉智必得有自私、自利、自维，及占有、猎获的谋划、筹算、取舍、付出诸为。故可以说，感觉智是满足自我之所在、所存的智慧。

感觉智是因构造而有的智慧。这表明，它首先得受构造或物理左右，故其所显示的作用与功能更多属于物理价值；同时，它也得优先满足载体的在下去的需求。这其中，载体的在下去与在得好，可能直

---

① 此乃智慧坎陷第一义，指智慧陷入了物理或感觉的陷阱，无法不受其挟制、歪曲的情态；智慧坎陷的第二义，是指智慧最终会超越物理与感觉，觉悟和记忆出原意志自身，并与之同一不二，以及进而引导物与在以相养在、以物善物、化除界域的必然性。

接影响到智慧这个被载者的价值表达。以此，我们便不难知晓感觉智的价值定位与功能域。

大体言，感觉智的价值与功能域主要有两处，一是作为载体的群体（类），会据此成为诸在中的殊异者；二是作为载体之个体，据以满足实现自我、自足自我的需求。以满足需求言，此处所谓实现自我、自足自我主要是物理性的，几乎不及于精神领域。其大意如下：

为了在下去，所有的在必得发奋自维，服从亲恐性（亲其所亲，恐其所恐）的法则，依势求在。内中，依据构成的不同，诸在的亲恐选择是有等级差别的：那些地位更为基础性或构件性的在，多半直接依赖物理性的法则（狭义）即可实现其在下去的需求；而诸多由构件复合而有的在，则需要有化学性的法则予以支援；再进而，如若化合作用更加复杂，生命之在呈显出来，则其求在的依据便是生物性的法则；及之智慧的载体如本类群出现，情形则更加别致，它的生存实现是依感觉智来支持的，其中所具有的判断与选择能力的特殊，为他生物所不有。

生物之在的求在依凭，是感觉或感知化的，它通过观察、触摸、嗅辨以及经验和生存本能、环境条件诸般要素的综合，获得在下去的便利与机会。与任何物理、化学性的依凭相比较，这些不只是更加复杂，更容易显现在的殊异性，其更大意义应还在于它的能动性的表达。而能动在世界的阳动链条中是极为殊异和重要的环节（其他阳动环节包括：相动、域动、特动、智动，能动居域动和特动之间）。然而，动物们的能动是有严重局限性的，它只能算是一种使动的能动，而非主动或自觉的能动，这便极大地限制了动物们在下去的空间和可能性，以致它们只能按照设定好的方式和行为模式去求在。

与使动的能动相异，感觉智的内涵虽几乎都是感觉化的，也是经验依赖的，可其要津却大不一般。它所依据的经验、本能只能算作材料，更重要的是后面的推理、分析方式与作为。正是智慧的推理、分析的能动性，才帮助我们完成了判断和选择，从而实现了有利于我们的生存。故知，这个推理、分析、比较、摹仿、判断和选择的结果，最终让我们从动物，甚或从灵长类中分离出来，成为了独具智慧的在者。故知，智慧的殊异性较之任何物理性、物性、在性言，是不可同语的。

肤浅的观察中，我们容易有这样的看法：孤立的动物行为与人类行为几乎不分彼此，甚至于动物的诸多行为要强过人类的外在行为。某些动物行为学家还坚持说，动物，尤其是灵长类动物一样具有人类的摹仿、比较、推理、选择能力。此言或不虚，然，智慧所定义的推理、分析、比较、选择能力与由本能、经验支使的同语能力是不一样的，其中，线性和非线性的思维运作及其过程是它们的分界点。

动物，它们所有的能力是建立在线性基础上的，这些能力与行为不能转弯和跳跃运作，而人类的思维则可以回转、跳跃、类推、想象、虚拟、梦幻，进而建立模型，演绎结果。比如火，它的伤害力让所有的动物畏之如芒，甚或人类也曾是怕火的，然而，动物、人与火的关系却有天壤之别。有些动物经过训练，可能对某一样或几样固定的火能够不惧怕，如马戏团的动物们，可动物无论如何都无法驾驭火。人类则不然，它从自然之火中获得了利益，并且学会了如何生火、保存火、使用火的本领，学会了如何回避火的伤害的方法之后，就不再止歇过驭火之便，一直从自然之火到当下的核能之力，进而还造就出了恢弘的文化与文明。可见，智慧之使动载体，与物性、在性之使动物体是有本质差别的。

正因为智慧之价值、功能非物性、在性所能比，所以它的载体，即人得之以为己用，让其自我的向往与其欲求获利非凡，远远地超出了一般动物在下去的期许。以此言，我们或许有一结论：智慧作为原意志自身的分裁，应是世界公共的，只是阳动和自证其真的过程中，它假了人作为承载者，于是，载体便得近水楼台之利，据之以为己用。此用，就世界的完整性言，其实亦是原意志自证其成之必然性的显现，而若从发生的状态看，却难免有被窃用之嫌——以智慧之力实现载体自我之欲求的最大化。这或许是一种恶，不可回避之恶。

质之上言即知，感觉智虽假动物本能、经验充数，然其质量却大异于动物本能、生物机能，其意义和价值不只是以特异之功帮助人实现了在下去的需求，并且在一定程度上固化了自我的观念和预设，而此观念和预设的重要性在于，它几乎决定了人类自有智慧以来主要的历史内容和存在格局。当然，满足人类自我的欲求之外，感觉智更重要的价值是标示人的殊异性。可以说，人之所以为人，全在于它是由智慧支使的在或物。

载体的限制与宰持，使感觉智成为了固化自我，滞截私欲的工具，它让人类在生存本能之外多出了满足生存之欲的特殊能力，其假窃之嫌实是非常明显的。如若说，智慧仅此而为，当不得称其为智慧。经验有知，以生存之实现言，它是无需智慧帮助的，诸般动物没有智慧的支持，照样生机勃勃，繁杂绵延，即证。这意味着，即使是表象化如感觉智这样的智慧，其被窃取私用，也只是假象化的显现，它的本意有待再思考。

智慧是什么？非载体之制限所能明示，迁就载体的物理需求，只能算是最外在的副业。这种副业的正当性在于，载体的自足与完善更有利于智慧之价值与功能的表达。以此为意，上言的智慧为存在之功用（实即载体对智慧的窃用）之说，也算合理合适，可理解为过程中的环节，不可轻去。只是，这样的宽解不是智慧之义的全部，我们必须要有更深刻、更真实、更完整的诠释，方能知何为真智慧。

我们所言说的智慧，本即原意志的分裁别载，故当说为原意志自身。这分裁着的原意志亦与诸在同一同体，是世界本身的构成者，不过，它实有其独异性。这些独异性包括：它没有隐显之分、之变，始终是本原自身；它是诸在的决定者、引领者；它的相化表达最相关者是性相，所以诸在之构成中性相最能与之拟似；或可说，正是性相的具有才使诸在有了可通约性。如此描述表明，原意志（或智慧）与诸在既同一又相异。同一是说它们都是本原本身的显态和非显态；相异是说，非显化的原意志是显态的决定者、引导者，当然也是被（自己）成就者。

原意志与诸在的这种同一而又别异的关系，以及性相所承接的通约性，正是世界具有价值取向且自动践履、自证其真的预设基础。这其中，智慧是具体的操作者、掌舵者。这个操作者的全部使命和责任就是，引领因显现而有缺陷的在的世界还原本原自身，成就世界的完整与完善，成就世界的全义。当然，智慧与原意志虽是同一体的不同表述，可逻辑上还是可以见出它们之间的差别，这样的差别亦有待我们去理会。

大要言，原意志具有抽象意义上的完整性、绝对性。此完整与绝对表明，它是无需承载和依托的，而其分裁之后，那些被命名为智慧的原意志则有了一种需求，这便是载体的承载与假借，结果，原意志的绝对性、完整性便因分裁而有了局限性——载体的物理结构和功能条件（泛而称之即物理性）会遏制或改变、歪曲智慧的完整性、绝对性。我们前面说及的感觉智即此被遏制和改变的结果。不过，有此变态只是其一，另外必得明确的是，智慧既是原意志自身，它就有还原自身的必然性，纵使深陷载体之中，亦无碍此必然大势。甚或可以进而理知，这样的深陷亦非负性向，它的陷入恰正是引领载体和诸在还原自证的恰当方式——同化的经历正好同步自足：相与游离，同态经历，渐行渐觉，终致化解同归。此意正是我所说的智慧坎陷。

人的特殊性正在于，它不只是诸相的同构者，甚或说它不只有物理性，不只是被性相关联着，而且，它更有幸成为了原意志的载体。这样的殊异让它灵秀而出，是为诸在的领袖者。然而，与所有的在一样，物理需求与向往的优先性，同样是人与生俱来的秉承，在智慧的灵光中，它轻易地将在的"各自"固化为了智慧的"自我"，且满心欢喜地认为，我有智慧的支持，可以让自我过得更好，可以充分满足自我的物利与感觉的欲求。我们几乎不去关心这些问题：为什么人会有智慧？智慧的本意究竟是什么？其实，这些才是人之所以为人的真谛。

智慧既然是原意志自身，这就无可更改地决定了人与世界或人与原意志之间的关系：智慧可以被假借、利私于一时，却不可幻灭其还原自证的必然性和完善使命。这样的使命是存在世界所以阳动自证的根本缘由。

还原证成或还原自证有复杂且多重的涵义，此先且不论。依智慧还原论，可作如下解释，它是通过记忆自身的完满去实现自我的。这亦可表述为：自我对自我的觉悟与践履。这里，前一个自我是就智慧受制于物理载体而言的，即分裁之自我，后一个自我则是原意志自身。这样的记忆、觉悟和践履过程，实即是分载者对绝对者、完整者的自觉回归与还原。它是智慧化的，也是智慧自动实践的，同时还是智慧的真实对智慧之虚假的化解和放弃。因此之故，我们把这样的智慧称为性智或性智觉。性智实即智慧还原原意志自身及其历程的别称，同时也是阳动还原的价值终极。

与前言的感觉智比列，这里的性智可说是智慧本身，或说性智才是智慧之真实。这是我们必须要理解和把握的。我们的问题在于，智慧被我们承载着，我们的物理性已然裹挟了智慧，使它无法以真实态显现，反而只能显现其变态。这是感觉智之所由。这样的状态本来具有虚假性和时空性，然，它的时空程之长却不虚假和短暂，至少对每个具体的载体言，几乎可以用无限来形容它。以此，我们便不难理解，何以我们中的绝对多数无法摆脱感觉智的虚假。或许，这也正是我们中的一些初级觉悟者难以免去的痛苦：形残桎梏的无奈。如何去趋归性智的真实呢？也许，这其中隐藏了一种世界观：不能以个体作为尺度去丈量即使是物理的世界。此世界观的他解是：人是整体意义上的载体，它不以个体，也不以代体为计量，整体的参与是自证还原的必需。若以此为阳动的基本法式，则知，反向或逆向的行为、欲求，其实是反动、盲动、乱动。比如，依个体感觉和欲望为世界之理解和解释的尺度、标准，则必致个体自我的神化与错乱。

以此亦知，性智的还原自证，其中重要的作为也包括如何对待感觉智。一般说，这样的对待可作进程之先后两节解析。其先，它必得助成感觉成长为智慧，是为感觉智，以此作为其存养的依凭、条件。此节域中，它与载体的物理性之间，常多迁就、顺随、放任之事，其中的自我之于自证还原大流的固滞之恶，是其要害。其后，当载体的物理性趋于自足、完备之时，智慧就会逆其前功而反向，通过化解、消弭感觉智而渐显其真。当此之际，性智便自发恢弘，剔除物理承载的附赘，轻旸归真。以此理论亦可说，性智即化解感觉智的智慧。它很符合印度先哲所言的命题：以智去智。当然，去智不是目的，而只是过程中的程序，它的真正诉求是还原自身，归真本原。

如是故知，所谓智慧者，实即性智，感觉智只是它的前奏、铺垫，亦可说为假智。必得理会的是，我们身置此假之中，已为假所惑，不以假为假，反而认假为真，将真正的真深埋物理属性之内。此，便是我们的场景中，因此假智而致自我飞扬跋扈、胡作非为的根本原因。

假智的是非先且不论，依功能取向和价值质量言，感觉智是很难直接递入性智的，非有他智的过渡、衔接，二者之间的逻辑连接可谓不卯。那么，这个过渡和衔接的智慧又当何谓呢？应即是理智。

理智是感觉智之后，性智之前的智慧类型，亦即第三类智慧。它以理性为基质，是智慧之于载体在下去之有利、有理、合适、正当、真实的判断与选择能力的表示。因为所有的选择与判断都是有前件的，这即意味着，智慧的运作方式已超越了相关自我的直接利己的意愿，转而求取利他从而利己的可能性。何以智慧在利己追求的过程中要考虑利他的问题呢？这是一个与自我的存在前提相关的问题，故得婉转续说。

限于某些外部条件和护种繁衍之必然性的支配，人成为了社会性或社群性的生物。社会是人的基设，它意味着任何个体的自私行为都必须被修正，以此才能确保社群的和谐与传续。这样的定则，究之因由，可一直考之于在之为在的原发性规则：亲恐性。亲其所亲，在血缘纽带的维系之下，直接衍绎为了生物本能——亲的群体成就为了自我的载体。此自我几乎完全压制和掩盖了个体自我的价值与诉求，将群的意志与利益置于核心地位，从而铸就为了存在的单元和世界的原点。这样的自我便是"群自我"。

群自我的绝对性来之于法尔天然的预设，是一种不可替代，也是排他的生存方式，所以在狩猎时代、采集时代和农耕文明中期以前，它占据了人类的观念空间，同时也是人类行为的直接控制者。以其质地论，绝多时候，这样的观念与其说是智慧的，不如说是本能的。考之诸社会性的动物群，这一说法不难确证。然而，人类既已承载了智慧，智慧就一定会以其特殊的方式介入到其中来，于是，我们看到的不只是生物本能，也终于是一种真正的思维观念和它的表达方式。这种观念和表达方式的形态类型，便是我们这里所说的理智。

理智的发生可约略作如下理解。

每个个体都是自私自利的，他会为了自我的在下去动用一切可资凭借的条件、因素，以至与他个体势成竞争、冲突之状，然，当一个个体置身于群体之中时，他的观念与想法就得调整、改变。这样的改变与调整是如此实现的：群自我的绝对性是个体在下去的天然保障，处于优先和排他的地位，这意味着，每个个体必须以善的意愿和行为去接受群自我的意志，反之则无生存可言；于是，好坏及其标准就不可能是个体的己私判断与任意，而是群自我的认同；假定一个个体在此状态中只有利己的行为和意愿，那么，他的被评判可能极不利于他在群体中的在下去，先且不说是否可能受到惩罚，仅就舆论倾向言，结果也是可想而知的；为了杜绝此种结果出现，一个由智力支持的个体会反其意向而为，放弃直接的利己行为，转而为利他和利群的行为，这样，他便会获得舆论的认可、赞誉，于是，他的生存或在下去的环境得以优化，以致更有利于他的在下去的需求。这里，群自我的意志通常是由，或主要是由舆论表达的，经过舆论的淘汰与选择，利他成为了共识：善的准则。

个体由于利他而有了荣誉和好的生存环境，群体亦因为有了个体的利他而更加受益（其中也包括他个体的利益），此二者相关善的交叉点便结纽在了利他处，以此，利他就成了善的内涵。

　　这其中，个体做出利他、利己的选择时，是由很复杂的智慧运作完成的。它包括，如若直接做出利己的选择，结果不一定于己有利，而如若先行利他，结果反致更加利己。故知，这样的选择与判断能力极不同于前位的感觉智，它必得经历复杂的权衡和比较。此复杂思维的结果是，利他虽然改变了初衷，却更加有利于自己。如此这般的选择与判断能力，便是理智。

　　理智以其智慧的类型和等级言，是高于感觉智的。其所以高，是说，在自我的利好、得失之外，智慧让自我在关联关系的状态中发现了另外的好，这样的好不只是利好了个体自我本身，也利好了他者、社群，于是，好变成了超越于个体自我之外、之上的公共善。而且，这样的善也因之成为了个体在了与在下去的标准，它使行为的选择和判断有了更高、更好的依凭，当然也由之丰富了人的智慧能力。

　　公共的善，或超越于自我之外的善，是新的在了与在下去的标准。它引导着智慧能力的演绎及完善，可以说，它是已有人类文明史的内质之所在。其间，我们目睹了两方面的迁升与演绎。一是公共的内涵与边界，它由最早的群自我而至人类整体，以至视人类为同类，有了同类意识与观念，进而还将此边界破出，进入了自然世界，有了天人合一的观念；二是善的涵义与质量升华，我们也鉴赏了群自我伦理、熟人伦理、地域伦理、群域伦理、契约论理、公共伦理、人域伦理、人际伦理、存在伦理的演化与更张。这些更化与突破的主要担当者，当属理智，是理智的选择与判断渐进善良、能动向往的结果。这其中，不论载体的原初动机如何自我、自利——当然，从结果看也确实有了更大、更好的利得——都必得在理智的引导下趋向公共的善。

　　理智的功能与价值是引导载体行为的公共化，因而也会趋于更真实的善，然其作俑者却是自我的私利和欲望。这意味着，它的状态有杂合化、多样化的实然性。

理智的功能与价值，除却分配、占有和相互关系中的善好求索之外，还有另一非常重要的领域，这便是，为了摄取更多的养源或利得，它会引导人们去探究自然或形物世界的结构及功能、价值，以期获得摄养之利好。以此，人类发明了科学、技术、工艺诸般行为方式，并建构了知识体系。可以说，没有理智所供给的能力支援，所有以逻辑、推理、归纳、演绎、判断、分析为凭借的知识现象与探究行为，均难以成立。以此言，理智亦是人类求真的智慧。此真足以让智慧者理知世界的善意和必然性，当然，其路径主要是物理性的。

经验之中，求利之善与探究真实之善之间，会有明显的差异，似乎是两种不同的善。可其实，它们是同质、同源之善，属公共善的范畴，其差异是分与取的差别。这种情形表明，理智之为智慧，它不拘于一隅、一面、一域，反而是全面铺陈、各向纷呈、无所不通。

以高论，它会承接性智的终善与完善，直至自我的化除，比若柏拉图的理念论。

以低论，它肇发于自我的利己欲望，几乎与感觉智模糊无别，如弗洛伊德的心理学。

以理域论，它纵横捭阖，求利得、求功利，以理性为工具，从而有了制度文明的建构；它亦求善、求道义、求诚信、求信仰，以理性为价值，这便又有了精神文明的建构；它复求构成、求因果、求逻辑、求功能、求环境，以理性为世界之真实解，是为器物文明之大观。

以此，我们视之为智慧的主导，可，视之为文明的质地，亦可。当然，更应该视之为过渡性的智慧，其所过渡者是自我。或可说，只有它才能让自我从感觉智的包裹中破茧出来，融并进入世界还原自证的终善之中。

本论言说理智是过渡性智慧，在于它所志愿的善是有条件、有前提、有承载的善，也是界域条件下的善（界域即各自，故可说，物理是各自之理或各自之间的关系之理）。这种善是相对应者之间必得追求的善，而非无条件、无前提的善。

这里，各自（界域）和相对应者非常重要，它们的基本属性是物理性的，即离开了物、在便不可言说、无可言说。以此足以知会，各自之理和各自之间的关系之理，恰恰是理智的基本理解对象。这样的理解，正是在、物世界中真理探求的方式和路径，所有相关法则、定理、规律、正义、伦理、真理之类的说辞，是其理解的精华表达，所谓物理（广义）之学，正是这些精华和知识的联构体系，它们是理智的主要成就及内涵。

由此更进则又知，同样是此界域和相对应者，亦很容易在物利的环境中被狭隘化，反致成为公共之善的屏障。狭隘化的因由来之于物利的稀缺和环境压力，对各自言，身置其中，在下去的压力会被放大，以致理智会被变异为功利之思。理智的功利化是异常便捷之事，因为理智本来就有责任维护和帮助各自实现在下去的需求，只是这样的责任必须是群域性、界域性的。很显然，智慧在此做出了平衡的安顿——公共之善与各自需求之间——结果是公共的功利获得了理智的支持与推怂，而（个体）各自的功利则被限制，有些甚至会被定义为犯罪。

一般说，理智长于精细、精密之安排与设置，在界域条件下，它会更加精致地利用界域要素营造、经营域中的公共功利，甚或公共之善，使公共及自我之利得最大化。其中，工具与制度的营造及经营具有特别的意义和价值。以此观察我们的文明史，会发现诸多的社会实体恰正是以此方式强固了它们的界域，进而使群体的在下去的竞争获得成功。这其中，那些被定名为主体构成性的法律体系、血亲伦理、熟人伦理、群域伦理、国家体制之类的制度文明成果，即是理智的呈现和奉献。

当然，精致的理智经营复会使群体之间的竞争、对抗更加激烈，更加混乱，结果是，设若不能营造出更高级次和更大界域的公共之善，智慧者之间的无序对抗、冲突，会是灾难性的。如文明带西段地域的强盗化，已成为过去五六千年历史的主要内涵，即是成例。可以说，正是这种依理性、理智建构起的界域化的善化体系，更加复杂了人域关系，强化了人域的冲突与对抗，甚至于还可以说，它亦强化了人际之间的冲突与对抗。此即是善制造了恶。

人类文明史的经验已充分表明，感觉智支配下的人类，其过程中恶的功能和作用表达是非常明显、突出的。此乃因为，感觉智所捍卫的自我之业，有顽固、强势的必然性，非有以恶制恶之法不可推进人类的演化和自足，是以，表达恶的行为和方式，如战争、竞争、冲突、对抗、犯罪，乃至于这些行为的延伸现象——技术、工艺、体制、观念、意识形态之类——均会生成和复杂化、精粹化，它们尽情地展现着人类的恶作及负向性，亦以非常之功去恶化固。以此故，当我们说及人世间诸般恶作和恶意时，务必理解感觉智的状态和条件：恶是感觉智的身影随行者。除非人类放弃感觉智，否则，恶难以消解。进而亦知，如果理智仍以感觉智的动机（自我）为目的，则理智状态中的恶亦是必然。

此理昭明，理智之价值和意义不是无限的，它可以诱善，但不是终善。真正的善必须在性智之中方能成立。

第二节　智慧与善恶

智慧之大意已略见于上，从中，我们已见出智慧之本质与它的阳假变异，当然，更是了然了智慧之为智慧的真义及其必然性、绝对性。智慧的真义即，它是原意志自身，它是自证还原过程的发动者，也是世界内部化、同一性的约制者，其显隐的同构，即常言的世界。以此言，如若将还原自证的意愿和其程序定义为善，则可说，智慧即善。而所谓恶，当即是这意愿的反动与过程的固滞。此善恶应是世界最终极意义上的陈述，同时也是我们理解智慧何以为智慧的终极解。有此定论，其他相关智慧与善恶的各种说法，自然就能因缘别理，铺陈演绎了。

然则，此处所言之恶，还当更进别析，不然，很容易将此恶标签化，成为一个泛化的贬义用语。

首先，说世界是还原自证的阳动流化——此阳动亦过程的流化，故可视为流动——必得理会，这里的流动绝非气流、风流、水流这类可感觉的流，而应当是物流、在流之流。即，物或在的衍绎与传承，以及相互作用之类，是此流的本义。此中，自证之证与流动之动二词特别要紧，当有所叙说。

我所说的自证意即，原意志（亦即本原）以其实自证其为真的显化，将世界和它的过程呈现出来。此显化是将隐而无的状态显现为实而有的状态，亦即我们所说的阳动——阴本之原以此阳动或阳假为在、用之果。所以，自证的第一要义是，世界的物化或在化，而物或在便是世界的各自化。

各自为何呢？各自实即流动的固滞。所以有知，流，不是原的自流，甚至也不是相因的虚流，而是原自变为相（因），然后诸相（因）同构为在、物（果），进而物或在生息、转变、替换、孳殖、代谢及相互作用之流。此表明，流是诸物、在、果的显化大流。或说，流是由在、物、果共同参与并显现之、流转之而有的现象。若以此为说，则知，各自本身即流。

其次，我们还得理会，动即阳动，或称阳假。其说所由在于，此动是针对阴本的无动而言的，此假也是针对阴本的绝对真而言的，所以，动与假是物、在世界特有的现象。既为特有，就难免出现表达上的质地和品格的层次差异，否则，物、在之阳态就不能被引领为流动之势。常理有知，只有显化而不能参与流转过程的假（所谓绝对自在之在），才是真正的固滞，此乃求死之法。因之，流与动是应当有动因及其凸显者引领的，并且，这样的动因还不能一蹴而就，只能渐进渐显。诸多的动因中，在下去的动因当然是首选，它于在者言，是最直接也是最有效的推动力，它让所有的在穷尽可能之能去实现在下去的向往。可以说，在下去的冲动——本来是自私固滞的冲动——最终表现出的却是，在与物的形变及功能异化。以此，在的世界有了多样化、复杂化的样态，流动之大势也勃发生机。此表明，固滞即恶之说，还不能一概而论。显化、阳假、阳动之在化或成物，不可说之为恶，反而是善的殊异表达，所谓固滞之恶，是说物、在为己利、己私而为的特定的固滞作为。

说及动因亦知，在下去的冲动只是初级，它是泛化性的动因，不足以引领还原自证之大流，若得成为引领者，动因的选择还必须优化，此优化的表现便是智慧作为引领者出现。智慧是让承载者成为还原自证的自觉、能动参与者的根本原因。

智慧之为动因，亦是渐进渐显而为的。起先，它俯就承载者，以智慧之功去帮助承载者脱颖而出，从而成为灵秀者，其副产品是让在之各自修饰为了承载者的自我；进而，它引导承载者学会平衡善恶，解决好自我与他者、与环境之间的冲突、纷争，从中发现公共的善（理性），只是，这样的公共善会受界域限制，很难具有普适性；最后，它更会全显自身，让承载者的欲求和己私在此前的自足过程中消弥化解，让自我成为多余之赘疣。

智慧的这种渐进渐显法式与过程，亦是世界自证还原的构成所在，可说为自证的第二要义。其大意即，分裁的智慧通过假显的两种程序（感觉智、理智）的践履，终至记忆、觉悟出原意志自身的完整与全义，是为性智觉。或当说，于世界言，此自证还原之意更为紧要，因为没有智慧自觉自证的引领，自证的第一要义是无法实现的。

此说之大意约略之即，阳动成物、显在，智慧则以物化物、以在化在，终至以善养善、以善成善。或说，经化解而还原原意志本身，如此便实践还原证成之终善。这里，必得申述，此言所说的阳动与智慧并非两界异物，而实是本原的不同表达，故不可两说。

明了智慧即世界的主宰者、引领者，便是把握了世界的真实。此真实之要义可概要如下：

一者，智慧既为原意志的分裁别载，当然就有记忆自身的必然性，正是这种必然性导致了载者对本原的向往、追逐：自证还原。是以故知，唯具有或承载智慧者方能够发明或发现相关本原（如道、理、梵、神、神我）的义理，他者断无此可能性。

二者，还原自证是世界的全体和全部，非局域之论，这必因之产生全体和全部意义上的公共之善。此善之要意是为了破解各自之困和己域之私，是以，智慧便因之有了道德伦理的向往与追求。质要而论，道德伦理正是善的具体化和系统化，非智慧不能觉悟、理解并建构出这样的公共之善，亦无能实践此完善的全过程，故知，觉悟和践履全体公共之善，即还原自证的第一法式：化域求善。

三者，还原自证亦是界域的化解与互养方式的完善。各自之私和养资源的制限，正是诸恶作涌的因由，故，界域不化，制限不除，断难有完善之极致。是以，达理明相，知物化形，使物善于物，是解除界域之固与有限之困的必由之路，亦即还原证成的第二法式：以相养在。

智慧既是诸在参与还原自证之大流过程，或阳动阳假显化过程的动因，当然就不可避免地要与善恶发生关联关系，甚至于可以说，一般意义的善恶，正是智慧显现的结果。有此论见，我们就不难明了智慧与善恶的关联性：因果相关。智慧是原因，善恶是结果。这一命题足以让我们解释许多问题。比如说，为什么会有善恶？什么是善恶？怎样为善作恶？以及如何去成就善？等等。讨论这些问题之前，有一些前提与论说须得重申，否则会致讨论的混淆。

首先，如前所述，真正的智慧（即性智或原意志自身）是无所谓善恶的，如果一定要作价值说明，亦可说，它不产生恶，它即是善。所以，我们讨论"智慧产生善恶"的论题中所说的智慧，并非真正的智慧，而是此智慧被承载（陷落，换一种表达也可说为坎陷）后表现出的假样态，它们已被名之为感觉智和理智。此表明，说"智慧产生善恶"之智慧，实即感觉智和理智，特别是感觉智。

其次，既然智慧是因，恶是果，那么，结论就非常明确：解决恶果的根本法门不是如何去恶，而是如何求智，只有因归正了，果自然就归善了。一如前述，智慧之中足以导出恶果的是感觉智和理智，这实已将问题的范围划界：解决好感觉智和理智的问题，即可析恶归善。

复次，智慧之于善恶的解化，非是孤立之事，它与智慧的另外三项志业密切相关，甚或可以说，恶之终极化解，实取决于智慧完整的发挥与显现。这另外的三志业即：智慧完整地记忆出原意志自己本身，没有残缺、虚假与杂质；智慧成功地解化了"各自"的界域；智慧解救了摄在以为养的缺陷，实现了以相养在的完满。如此之下，恶行即消解，世界的还原自证亦成立。

最后，智慧终能成就化域析恶、以相养在、记忆出原意志的完整并还原为自身，这便是善的真义与全义。以此故知，智慧的本意绝非我们现在所说的聪明、机敏、谋算、设计诸义，它的真意有待我们觉悟与体察。大要言，智慧既可显现为物、在，又被物、在所承载，它不单一地属于谁，也不会为谁所专有。通俗一点说，它是世界的公产，亦是世界之母。有此理知，世界即归于真实，无此觉悟，世界即被歪曲，以致变态。鉴于此，我们必得优先理会，智慧之于我们应该是类化的，亦即类的智慧。如此而后，方能跟进智慧的还原归真之旅。

明了智慧为因，善恶是果，还得进而知会一事，这便是我们的世界中，诸多善恶之为、之界定，其实并非真义的，它们大多是我们依感觉智所下的判断及所为的行为。更严重的是，我们如此的观念和作为，还自以为是，不明所以，认为这就是真理。真如希腊人普罗塔哥拉所言：人是万物的尺度，是是其所是的尺度，也是不是其所不是的尺度。以此，我们的世界便多出了如下的冲撞和矛盾：每个人、每个群、每个域或文化体，都坚持说自己是善的，他者是恶的，还会为此大打出手，行暴力搏杀之游戏。究其实，无非自我作祟，智慧于其中充当了因坎陷而为的帮凶。

还有，我们关于善恶的理解也参差不齐，相去天壤：凭性智而觉者，其所谓善、所谓恶，几近于原意志自身；凭理智而思者，其所谓善，不过是界域之中的公共理性与公平正义，所差者惟在界域的大小，其所谓恶，便是此公共正义的反对；凭感觉智而虑者，其所谓善，当然只能是自我的私得、私利，其所谓恶，恰是此私得、私利的抵制；更有等而下者，惟驱于暴力、阴谋、权势、机巧为其所能为，并据之为善，一切反对者均斥之为恶……这些就是我们的曾经和当下。其中，除却性智觉而外，大多据自我为原点，或是断裂本根、本原，缘由自我生发所谓世界的存在依据及标准，甚或意识形态与文化体系，所别者只在于是否进入了理智之境，用理性去甄别和修饰这样的自我；或是协调了自我与原因的平衡关系，在不离开本根的前提下，作自我优先之伸张。如此之类，足见我们的善恶是何等的善恶。当然，即便如此，也有它的价值和意义，假中之假，未必不是自证其真的必由法式与历劫。

第六章　善恶的认同与解释

善恶之有，实乃阴本或原意志在阳动自证过程中所必具有的两种表达方式。这是上论命题之一义。当然，若以还原成真立论，亦可说，此还原证成即终极之善，它与阳动或阳假自证过程中的善是有差别的。此差别主要是抽象与具体，或终极与殊异之参照的结论。据此意会知，终极之善以及自证过程中的善恶，若不得智慧的过滤，必然只是存在意义上的行为而已，很难从中析出他样的意义，而若以智慧参与评说——更不用说智慧直接参与其中，作阳动自证中的善恶作为——便知，善恶现象会被价值化。所谓价值是说，善恶不只是存在或过程中的方式表达，更会有智慧认同或反对的评价及结论，而此认同或不认同的意愿便是我们所说的价值。

善恶的价值化，改变了善恶作为阳动自证现象的质量或品质——即使这样的改变动机和原发因由就是为了自我有利的需求——结果是，由智慧参与其中的善恶，恰正是阳动自证所必须依赖的最重要法式，无有智慧参与的善恶，断难实现还原自证的完善。

何以如是呢？这与还原自证主要是智慧对自身记忆的完整的道理相关。智慧对自身的记忆，并非直接的返还，它必得经由过程的锤

炼、砥砺、淘汰（所谓历劫迁回是其意），方可实现其完整。这样的
历劫迁回，惟其善与恶的遭遇、锤炼、反复，方能成正果。所以，智
慧参与其中的善恶自证，正是还原证成之阳动过程所必然包含的内
涵，智慧若无有诸善恶的遭遇、捶打、磨难、砥砺，实不可言说它能
记忆出自身的完整，因而也就无终善之必然。

以此为据，我等便不难知闻，善恶在不同状态和环境条件下参与
其中，以及在不同状态和环境条件下感觉、评断、解释善与恶，亦是
善恶可能相对化的重要原因。基于此理，我等在论说善恶时，就必得
要说及智慧之于善恶的认同与理解问题，或说，智慧认同与解释的善
恶是善恶现象中的特殊现象，而正是此特殊现象，才有了善恶复杂化
的后果。进而，智慧之解释善恶的汇聚，会形成复杂的知识、经验、
规则、习俗，甚至意识形态、社会形态及体制现象，这些现象之和，
我们称为文化。因此，善恶的智慧解释与参与问题也即是文化问题。
结果是，不同的文化体和不同的时程中，均会有不同的善恶观和善恶
行为。

是以本章所论，即是善恶的智慧认同与文化解释。

第一节 智慧解释的善与恶

善恶的认同是指，智慧针对善恶行为与现象所做出的评断，及顺
从或反对的思维结果；而所谓解释则是，智慧之于善恶现象的说明、
解析，以及智慧何以顺从与何以反对的理由、根据的说法及证明。

依上理已知，善恶并非仅只存在的自为现象，较多时候，智慧之
于善恶的参与以及评析更具实然性。这样的实然在已有的世界过程
中，虽属很晚近，亦很简单、很短程、很局域性的现象，可其动势和

价值却不可限量。如此之说，绝非我们是智慧者，可因势作自我中心之主张而成立，相反，作为智慧的载者，我们更应当理会，这恰是智慧推动还原自证的开启，我们的有幸在于，我们成了这开启与过程实践的参与者。

实然的善恶会受智慧的影响，已是不刊之论，其中，是否行善或是否作恶还只是问题的一面，另一面也很重要，这便是什么是善？什么是恶？即如何认同善恶的问题，同样不能忽视。因为，我们所以能够形成文化和义理体系的前提，即在于某群域或地域中，人们已然有了关于善恶的定义、理解，或说，正是这些理解和定义构筑了文化与义理的基设。所以，我等得分辨一下，这些基设是如何影响善恶的？以及由之而构筑的解释体系是如何成立的？

前论中，我已将智慧分别为感觉智、理智和性智，现在，我得依次说明，不同智慧中的善恶有何等的差别和理解。

感觉智是人成为人以来的第一个智慧类型，它是智慧的，然而，它同时也是动物本能的。此语解析开即，此智慧所包裹、修饰的内涵及动能，完全来之于动物的在下去本能或冲力，其所抑制的是动物本能中的暴力冲动与行为，而所助长的则是在下去的效率与欲求。这样的增减，首先是让人开始（成功地）摆脱动物状态，成为了一个新的在者类型，其次是人作为智慧的载者，却又踏入了一个陷阱：智慧之功即是满足在下去的欲望与需求。

如前所言，先且不以对错是非来论说感觉智的功能与价值，可从此处，我们的确不难发现人的困境与麻烦。说"智慧之功能、价值是用来满足人在下去的欲望和需求"的命题，其后果可约判如下：

首先，它成为了人的观念与思维的基设，以此，一切有利于自我在下去的智力行为均是合理、正当的。

　　其次，智慧所带来的高效率很容易让载者心身膨胀，而此心身又非是智慧之真实，不过是感觉与欲望的杂合，进而会产生自我或由自我而放射出的中心主义价值观。

　　再次，智慧与自我欲望、需求的初恋，会轻易地假定出如下结论：智慧即是感觉智，舍此而外，别无他义，于是，智慧的歪曲与假定反而变成了真实，真正的真由此失落，或遭遇深埋。

　　最后，感觉智之功能最优胜处不是增强暴力的搏击力度，而是用算计、谋划和假借诸法去战胜对手，从而获得更好的在下去的机会与利益，所以，人类的窝里斗与动物的窝里斗以此便有了形式上的告别。

　　非唯如此，感觉智在满足人们别致的窝里斗的同时，还有一优胜处为所有动物本能不具备，这便是它对利益——具体说是它对有用之物——的利用极为别致：为了高效、更多、更好地利用与占有有用物，它会对物本身及物与环境的关系予以研究、观察、分析、判断，并在此基础上优选更有用、更高效的物，以为自我在下去之利得，而此观察、分析、研究、利用的经验及知识最终会形成体系，其结果便是我们所说的工艺、技术与科学，当然也包括早期的巫术之类。

　　所有这些原发的动机与滥觞，都与自我在下去的功利需求相关，于是便导致了一直接后果：感觉智是功利性的。此观念同样具有先导性，它将人类之于智慧的判断不加甄别地带入了理智思维中，从而加强深埋了智慧的真义。

　　这样，我们从智慧一登场开始，便有了一系列基于自我而形成的观念，它们涉及了合理、正当问题，自我的世界地位问题，智慧的错位与假作问题，智慧的功利化问题，等等。这些观念几乎都具有预设性、基设性，很大程度上它们决定了我们的文化和知识体系，当然也毫不例外地影响了我们的善、恶判断。

最具基设性的观念当然还是自我。当智慧将各自固定为自我之时，自我其实就成为了我们全部事物及可能性的原点，也成为了知识和文化体系的原点。这其中，无论善之所付，还是恶之所作，都是以自我为原点发散而为的。此表明，善与恶在自我的左右下，构成了等级和差序结构。一般情形下，距离自我的远近，会承受不同的质或量的善恶的对待。

因由自我原点而形成的善恶差序结构，居多时候类似同心圆，圆圈构成不同等差的善恶关系，圈之内会弥散较多的善，圈之外则相反，很可能是恶的充盈。这种现象前论已称为善恶的二致性。一个初级或最近自我的圆圈往往是自然属性的，即以血亲关系构筑而成的群自我。在相当长的时期内，这个初级圆具有绝对性和排他性，而后来生成的其他圆圈，其因由则较为复杂。

自我的初级圆是善恶二致性最为绝对的生存现象，它几乎是动物之社会性内涵的完整承接，有所不同的只在于智慧进入其中，从而修饰了善恶的表达方式。或许可以说，此种依血亲关系而形成的超越个体自我之上的初级圆，是感觉智所能及的最高标度，再往后，若希望越出这种初级圆，那就要靠理智去推动了。

有形世界的各自与各自的在下去，必得要依靠摄养以为在的逻辑，这对我们的善恶观及其作为是有绝对影响的。各自的修饰与包装，即意味着世界的着眼点变成了自我，自我成为了善恶的原点。更加严酷的是，这个自我（各自）不可能在了即可，它还必须要在下去；而且，愈是复合结构的在愈加有在下去的强烈意愿。问题就生发在这在下去的意愿以及实现它的方式和方法上。因为在下去是有养源供给的，而养源早已被自然之力作了规置与限制：若生命体，它们只能在生命世界内部获得养源。常识有知，生命世界正是由生命者和生命体组成的，此即意味着（先且不讨论生命者的问题），一个生命体的在下去是要以其他生命体的毁灭为代价的。这便是所谓生物竞争。

生物竞争相关生物进化、演化的意义这里亦且不论，我等必得关注的是它所引发的善恶后果。一个各自要在下去，它有两方面的职责必须完成，一是捕获到足以营养其在下去的养源，二是还必须对抗得住试图以它为养源的他捕获者。这样的情态在常态各自的情形下，实在很难用善恶去解释它，可在智慧加入之后，自我便不可能不用善恶来解释此现象了。对智慧者来说，他会很自然地判定，所谓善即有利于自我的摄养行为和结果，而所谓恶即是反向——自我遭遇了他捕获者的摄食强迫。

这其中，智慧所扮演的角色很特别，作为被承载者，它不只是要解释此种二致性和两极化的现象（这便有了所谓善恶的价值判断），而且，它还要选边站，维护和帮助载者所企求的善，反对和避免不利于载者的恶。因为，作为利益相关者，没有载者的利好，便无有被载者的利好。于是，我们便看到了一普遍现象，但凡感觉智，几乎无一例外地成就着载者的自我欲望与需求。

载者与被载者的同化，是论题之一，只是此论不属本论所重，且先放置。这里，我们不难发现另一重要基设，即每个自我相关善恶的判断和看法其实是不同的，甚或是对立冲突的。作为观察者，我们可将此种现象称为善恶的相对性。而作为当事者，却不可如此超越，它是必须要面对和解决的生死问题。正因为它关涉的事态太过严重，所以善恶的缘起与认同，其实已构成为了人世事务的主要所在。甚或可以说，即使有智慧的帮助，相关善恶的对垒与冲突，也足以毁灭人类本身。当然，这其中的因由大多恰恰是由智慧挑起的，特别在感觉智的作用下，尤其如此。

那么，什么样的智慧能够帮助载者超出自我，寻求到非自我的善与恶的标准呢？这只能是理智。

理智的认同不同于感觉智之处，在于它不完全据自我为是，而是在自我的基础上加入了相对应者的因素，结果便是，相关善恶的标准有了对自我的超越。这样的新标准是凌驾于复数自我之上的，所以，它不再像感觉智所认同的善恶，只是赤裸裸的自私、自利，或只是自我的满意与反对，而是变成了复数自我的公共的善与恶。这样的改变其直接诱因是，功利的好处更加明显，更加丰厚，故可引人入境，从而显现出新的善恶认知。善恶有了公共的认同与理解，并且，此公共还是一变项概念，不拘于一时、一域、一群、一类之限。此意味着，善恶现象已进入了新天地，它与世界的广联性、内部性有了更实质性的关联。

这的确是值得关注且当为欣喜的现象。它表明，各自或自我的绝对性、狭隘性已然突破，善恶不再（或不只）是感觉现象，它与世界的阳动自证及其过程是息息相关的。这些恰正是理智之功。理智以新的利好为因由，引导载者突破各自界域的制限，从而为参与者开出了无限广阔的新天地，亦改变了在者的被动与低端。

在者，只是被动的在了之物，它除却奋力在下去之外，别无所求，亦别无所功。静观有形世界之状态，大抵可说，显化世界中所有的物或在，均不过如此。然，以阳动自证立论，则知，在或物的背后，有两要义须得洞察。

其一是，所有的在或物，不论它们如何为在，如何行为，均受制于阳动自证之原、因驱使，即非是自主、自维行为，此意是说，在或物的状态、行为不能仅关注表象，而应当视为整体性阳动自证必然性的组合；

其二是，阳动还是有等差和进阶的现象，依据阳动之动的差别，诸在会被分置于不同的状态中，这些状态构成了链条式的进阶秩序，此秩序表现了世界之构成的多样化、复杂化和阶序性的特征，同时也是我们认知世界的门径。

阳动的进阶是阴本原自证还原及由隐而显的法式与路由，它由相动、域动、能动、特动、智动诸象态构成。依据在的立场和经验，域动只能显现出构件或材料样态的在（当然，广义的域动另有解释，且不论），能动是生命现象的开始。若孤立论事，或许可说，相动、域动、能动中的任一阳动象态，均难以解释出还原自证的必然性，而若将诸动连缀贯通起来，则结论相反：这个世界的确是首尾相贯、自圆其证的。其中，仅就自证的明晰程度论，智动之为明显优出。或即说，在构件与材料之显现的象态中，我们很难理解和把握世界之自证还原的必然性，而经过能动的开新和特动的激化，终至智动出现，而后，世界的完整性、过程性、链条态才得以渐慢展现开来。

职此故知，智慧的出现，非是偶然发生的现象，更不是我等人类可专属的特有，它是这个世界自证还原与其过程及选择的表达。只是，第一，我等碰巧成了智慧的载者，与其自证过程的参与者，从而使我等不只是一般意义上的在者；第二，正因为我等是智慧的载者与过程的参与者，所以有更多、更重要的责任与义务，否则，世界的构成与自证还原的过程便是歪曲或扭曲。这里的责任与义务的要害即是，我等作为参与者的觉悟和践履。

理智是智慧的组成部分，它是智慧回归自身的重要过渡者，不过，过往以来，我等之于它的理解和把握并不到位。上面的表述正是为了帮助我等重新理解和把握理智的价值而为的。其目的是要回答，何以智慧在绝对自我化的感觉智的基础上，能够超越自我做出相关善恶的新判断？

理智接续感觉智而来，故其缘起的原初动机依然是自我，这几乎与感觉智没有差别。其中的差别仅在于，理智认为，若想对自我更加有利，就必得放弃自我的绝对，让渡部分利益，维护、尊重对应者或相关者的利益。这个差别非常重要，它改变了自我的价值和地位。此前，自我只是孤立、绝对的在者、载者——它的孤立与孤独也决定了——它必须要为自己承担全部和绝对的责任，这在以在为养，更甚者以生命养生命的严酷世界中，其实是很困难的事；此后，它的让渡与放弃使它获得了参与共同体、群体的机会，这同时也即是获得了自我在下去的责任被分担、被保障的利益，它也因之成为了参与者、组成者。

自我状态的改变，其意义是多重性的。依自我论，除上言的物利之外，它还会有精神性的利得回报，如亲情、友情、感情、安全、快乐之类；依自我的价值论，自我不再是孤立者、自在者，而是成为了关联着、参与者。正是自我的移位，才导致了善恶标准的变化与新认同。现在，所谓善不再只是施之于自我的利好，而是相关我们的利益；而所谓恶，也不再只是强加于自我的不利，而是相关我们福祉的逆反。这里，简单看似乎只是我（自我）与我们的不同，而其实，它表明的却是自我的复合化与多维化。

自我的复合化与多维化，是在者与参与者的分界线。不论理智在开启之初其效域多么地狭隘（如只有效于群自我），也不论其缘起的动机多么地自我，我等均可从此处获得善恶新天地的理解与知会。

柏拉图以毕生之力探究了一个问题：何以每个人都具有理性？此问题的诱因来之于他对城邦的观察。史实有知，城邦是由古代的家父共同体演变而来的，其成立的动机是为了族群的生存，所以家父共同体又称为生存共同体，后来，这样的共同体续成成例，成就为了政治实体，继之出现了主权代表和执行机构，这即是世人所谓的城邦。城邦发生的缘由是族群的生存需求，但维系城邦或使城邦真实化的理由，却已超越在了生存之外，它是由主权者——早期的家父，后来的长老、元老、公民——的理性引导和支援的。与家父共同体或生存共同体不同，城邦是一种高度理性化的社会实体，在理性的规训下，城邦的善恶观已大异于前此的任何社会观念。例如苏格拉底时的希腊，理性所描述的善是，城邦人所应当具备和表现的勇敢、节制、诚信、友爱。这些被称为正义，亦称为智慧和知识。正义的反面，如欲望、自私等，则被称为恶。

理性于常人言，早已习以为常，不足为意，而于哲人柏拉图，则大有可究之处。因为哲人之职便是理解和解释世界事物的因果关系，并追根究底。

柏拉图的问题链条是如此形成的：城邦是因于理性成立的，这说明决定城邦成立的主权者都是有理性的（请注意，理性是理智的一种表达样态，故属理智范畴），那么，为什么人（这个人在柏拉图那里是专属的，不包括人形的奴隶和外国人，此处的矛盾不属本论范围，故不究）都具有理性呢？若非有一个共同的原因存在于理性之后或之上，理性之果是绝不可能显现出来的。这是哲人的逻辑前提，正是这一逻辑需要，致使柏氏做出了如下解释。

他说，每个人都有灵魂，而理性正是灵魂的属性及显现。此处的灵魂可约之等同为智慧，亦可说，理性之果来之于灵魂之因。柏氏的灵魂说本之于印度，但很显然，他未能理解印度灵魂说的本意，只是借用了大意，也算差强人意了。作为哲人，柏拉图不能就此打住，他还得追问，这个分殊（殊相）于每个人的灵魂是否有一个共相的东西存在于幕后？最后，他结论说，的确有一个共相，他名之为理念（相）。相是一个专有的世界，它独立于现实世界或物质世界而存在，柏氏称名为理念世界。灵魂正是不幸从此世界中掉出来的，它掉进了物质世界，并与物质相结合，这便生出了人类。故依人类本性——即理念或灵魂的终极性——言，灵魂是一定要重新回到理念世界，成为它自身的。此亦是人之所以为人的使命与价值。

大要言，柏氏的后半节解释已与城邦生成的原因无关了，它属于纯哲学的思考，这一思考表现了哲人的智力品格与强长意愿。同时也看得出，他所给予理性（理智）的解释的确别具风格。几乎可以肯定，这样的解释其实并非西方文化品质的，它明显地带有东方，具体说即印度哲思的痕迹。正因为此，柏氏在西方正统文化中，其地位虽属于祖师之要，可他哲学的后半节对绝对多数的西方人言，永远是不可理喻的思想，被置之于神秘主义的高阁，而未有真解。

平心而论，柏氏（也包括他的老师苏格拉底）确实明白了一个基本前提：理智是高于感觉智的智慧，所以，人类之善（尤其是城邦之善）完全由理智或理性决定，而恶则来之于人的感觉智。非唯如此，作为哲人的柏拉图还尽力向逻辑的幕后（即原因的方向），探究了此理智之善的因由，至少在关联意义上导出了一种必然性，这便是决定理性或理智的灵魂，首先是来之于理念世界，其次是它们还得回归理念世界，亦即还原回去。

依形式构成观察，柏拉图非常地东方化①，他几乎解释出了一个西方式的东方哲学，然而，作为西方人，他的局限性、不彻底性，并

---

① 本论暂不去讨论他何以如此的原因，大意可参见拙作《自然神论》第七章第一节，中国经济出版社 2014 年版。

非因为他是哲人就会避免。他的体系中，最终构成的世界图景是物质世界与理念世界的二元对立，此正说明了其局限性之所在。

柏氏的局限性非是他个人所能左右的，他只是其母体文化和知识体系的孳繁体和被控者，这个母体（西方）文化和知识体系原本就是一断根文化，它是在无根底的条件下人为发展出来的文化现象，其所依据的核心，恰恰是柏氏所力图克去的自我。一个由自我所生发和演绎的文化与知识体系，最终被柏拉图引入了超越自我、超越物质的理念之境，这于柏拉图言，的确是非常伟大的别出。他能雄踞于西方文化之巅，二千余年来让西方人景仰不止，真可谓名实双归。

柏拉图这个成例正好可以给予我们良多启迪。首先，智慧的自我还原，其终极本意并非分原别因，或分体别相的二元世界，而是本原的绝对与完整，所谓物质和理念之殊，应然只是本原的分殊表达，而非是两个可以独立、对立的并列世界。其次，智慧如果仅依理智为说，不论它如何超越、超拔，都难逃自身的陷阱。这个陷阱即，它的善只是界域场景中的最好，而非能脱离界域为善。界域中的善，不论此界域多么宽广，多么超出人们的想象力（比如宇宙），它依然是有缺陷的善。柏拉图最后导出的理念世界与物质世界的对立、二元，正是此缺陷的典型表达。

如此，我等或许能够明白，为什么说理智并非智慧之终极，它只是过渡者。此过渡者是说，对此岸的感觉智言，它是超越者，正是此超越才为载者展开了作为参与者的舞台以及前途；而对彼岸的性智言，它是缺陷者，因为它背负了界域的包袱和累赘，唯有破除界域、化物为善、以相养在，方能还原它自身，成就终极至善。

明了了理智的过渡性，就不难理会它的未然性智之意。智慧既然是原意志的分裁，亦被特定的载者所承载，这便表明了它的自证方式与行为有两面性。一方面，它必得满足载者的物理需求，以助成其自足、成熟，其中最重要的是自我的形成与铺张；另一方面，它更得记忆出自己，还原自身的完整，而这样的记忆与完整，恰恰需要化除掉自己亲自塑造、助成的自我——唯有化解了分割的自我，才有原意志自身的完整与完善。故知，所谓性智，即是化除自我，还原终善的智慧。

性智之要，大约可汇聚如下的要义与精髓。

其一，贯通智慧的全义与完整。即，智慧包括感觉智、理智和性智，而非仅只当下的感觉智和理智，性智既是理智后的智慧，也是必得穿透感觉智与理智的智慧。

其二，智慧的真义价值和使命是记忆自身的完整，而满足载者的生理、物理需求只是它的副业，且有阶段性。具体说，副业是它炼造成熟的载者之前常会援手的工作，一旦载者成熟自足，它会转入主业，反致化解载者的主体性。

其三，智慧的副业之为，多会表现出机敏、筹谋、策划、机巧、狡诈、聪颖诸表征，这是便利自我竞争、冲突、占有之类的在下去需求而有的必然现象；及至主业之中，这样的智慧会渐行消散，更多表现的是自己对自己的记忆与觉悟，此觉悟是心性的内敛、界域的消化、体用的同一。

其四，原意志的分裁是与其阳动显现的方式、过程一致的，是以智慧亦得尽显阳动的价值与意义，这样的价值和意义即，理解显化或在，或物的构成机理，理会果的成因，从而实现诸物以因养果、无害于物的正理。亦即，以相为养、以相养在、物物相善。如此，便可化解界域，践履自证。

世界的构成乃原、因、果的贯通无外，原主发动和制控，因主聚敛和化合，果主成就和表现。内中，智慧以其是原意志之分裁的特别，具有贯穿所有，兼顾完整的特殊性，而我们——智慧的载者——因之而灵秀。其所以灵秀，便是我们不止是在者，更是主观能动的参与者。

参与者首先要理会聚因成果，明了物理的大要，同时还要知晓摄因养果，改换聚因成果过程中的粗糙、简陋，消解各自和摄在养在之恶，以实践体用不二的真义。这个真义亦即是，在了与在下去不是目的，在的善化和完整方是真理。复言之，摄因养果即，以相养在和界域的化除，它是性智和理智的会通，亦是智慧的终极。

以上诸义，便是智慧理解和认同善恶的纲要，当然也就是我们所以存在的道理与规则。有此理则，我等之于智慧的大要才有明辨，以此再来关注理智与善恶的关系，特别是其认同与解释，亦会凭据充分。

第二节　智慧践履与善恶自足

说及善恶的认同与解释，若从文化和文明的角度观察，可说主要是理智和性智的作为，这已由过去的文明史提供明证。此表明，我们更多地要从理智及性智的视角，来理解人类之于善恶的认同与理解。这并非说，感觉智没有相关的认同与理解，而是，感觉智的个体性或群域性会致使论域的散乱无章，不足以构成有质量的文化体系，是以放置不论。

理智与性智之于善恶的认同与理解，是人类善恶观的主要现象，其中的理智认同与理解有不可缺失的铺陈作用，故当优先叙说。如上所言，理智的最大价值是破开了感觉智绝对自我观念的禁锢，使载者成为了参与者。这其中，善的观念与标准，亦即恶的见解与判据都在这参与的过程中，并随着参与的场景、空间、时间的变异而改变，结果是，无数的界域、界限被放弃，亦有无数的善被建构、伸张。此正是理智的功能与价值。

理智之为，是对好或善的选择、判断。其所以有选择和判断，非依本能、感觉而为，而是依据，

A，利益的最大化；

B，条件、环境、场景和逻辑的可能性；

C，善的通约性；

D，避害（恶）的可能性。

正因为理智在善恶结果出现之前必须要做足如此的功夫，所以，它不仅可以尽量地趋善避恶，而且，它还衍生出了丰富繁杂的智力作为，从而形成驳杂的知识和经验体系，也包括相应的制度安排。

比如，利益的最大化在以物为养的前提下，就必得有对物性、物理理解的需求，于是，人类在理智的引导下，展开了相关世界的物理研究，从而形成了系统的物理学体系（此物理学是指广义物理学，它包括自然物理和社会物理）。

还如善的通约性。善的通约性是理智的常态现象，其义完全不同于感觉智所认定的善。在彼处，善是绝对的自利，具有不可更改性，而此处则不然，善会依场景、条件、环境的差异而有不同表现。更重要的是，理智不仅认同这些不同表现的善，还能进而理解它们之间的通约性，即，在理智看来，善的形式可以千差万别，然其本质却始终如一：存在或诸在关系的合理、恰当。正是这种通约性的理解，善便有了空间意义的广普性和时程意义的迁升性。

比若狩猎时代，人们关于善的理解只相关食物的有无，后来，农

业产业出现后，善便由食物的有无延伸到了食物的生产种植领域，这样，善便与人的勤劳与否、天气的好坏、土壤的瘠沃，还有分配、占有等相关了。再后来，随着商业、手工业、工业、科学技术及国家的出现，善的演绎更加多元化、复杂化：事关物理的有定理、定则、公式、原理、原则；事关功利、分配、交易的有公平、正义；事关政治、政体的有合法性、合理性……如此多元、繁茂的善的表达，其实都是理智将善分解到不同场景、处所、事物的结果，它们共同引领着人类文明的演化、发展。

当然，理智不只是发明了各种不同表达的善，更需要理解和解释所有善背后的共通性（共相）。即如柏拉图那样，将分殊别相的善，通约为本质共相的善。亦如柏拉图所为，东方的哲人也作出了通约之善的贡献，典型者如孔子学派的大同说。此表明，过去的历程中，西方的理性说和东方的心性说分别担负了这样的解释责任，以致善的体系真正地有了它的驳杂与恢弘。

理智之于善的选择和判断，特别是它所致力的通约之善，除了哲人之义理体系的引导外，现实生存、生活行为中的利好之诱，也是非常重要的由路（此为理智的经验之选），正是这样的双重作用，让人们不断破除或放弃界域之限，使善有了广普的可能性。此中，它所消解的正是善的反面恶，其所化除的是界域所致的善恶二致性困难。

现在，我们或可以此为据，深度理解这样的善化认同与解释。

理如前端，善是智慧之于本原的觉悟与回归，故当说，人与善有特别的内在关系。这种关系在于，即使人们不知道有善的概念、范畴，也有可能自然而然地向善的方向进动，以至于善最终会真实地显现出来。以下我们从几条路径来看一看如此的必然性是如何昭示的。

我们不妨先设定一个原始群为例。

　　这个群相关善的发明与理解有两条路径，其一是个体，其二是群自身。依群体言，有群体存在，就一定会有成员之间相互交流的必需。这样的交流是由载体承载的，此载体即语言（广义语言，包括肢体语言，也包括后来产生的文字）。语言是交流的工具，它是承载智慧者相关事物之意愿、看法、感受诸意见的。一般说，同一事物在若干观察者、感受者看来，其结论可能是不同的，而当几种或多种意见出现后，这就是出现了参照系——同一事物的不同看法与意见。参照系的出现，既是一种意见的竞争，同时也是一种标准形成的机制，其中，某种或某种综合的意见被认为更有利于群体的和谐、利得，因而更容易获得众人的认可。几乎可以说，这种认可的结论之于群，即是一种善，它的外在便是我们常见的习惯、法则或法律，而其质要则是群的公共利好。

　　此一路径简约表达之即：

　　群 → 交流 → 语言 → 参照系 → 社群和谐或公共之善 → 法则。

　　从中，我们很容易观察到群的公共善是如何形成的。当然，这是一个基于群而说的视角，那么，个体是不是也有善的向往呢？回答是肯定的，这需要我们理解第二条路径。

　　第二条路径的起点是个体。我们假定，每个个体都是自私、自利的，这意味着，自我、自私是讨论的原点。依据各自为在和摄养以为在的先天预设，人们的自我、自私也是基本的秉性所在。所谓人不为己、天诛地灭，即是此意。问题是，我们必须生活或生存于群体社会中，每个人的生存都免不了要与社群、他人的接触，这样的接触行为和方式并非可以自以为是即了。通常情形下，社群和他人都会给予行为、品性之类以评价、议论，或是认同，或是反对，或是排斥，或是回避，或是轻蔑，等等。如此之类的评价、讨论，便是我们所说的舆论。舆论可能偏颇或受某些因素左右，不过它却具有公共性。亦即说，经由舆论的甄别，社群会建立共识——相关个人行为好、坏的标准。依就群体的立场，行为的好坏是有差别的，惯常的方式是，给予好的行为及个体以荣誉或其他奖赏，他人也会予这样的个体以尊重和拥戴。如此之下，个体很容易发现，被社群和他人认为是好的行为，对自己更有利，而坏的行为反而会增加自己的生存困难。这样的现象或可说是，利己的结果不一定会利己，而利他的结果反而会利己。于是，为了生存状况的优良（此处仅作这样的功利分析，暂不涉及其他），利他的行为和方式便成为了人们必须要认真对待的事情。积久之后，它会形成为个体的意识观念：利他意识。

利他意识经由每个个体成员生成、培养、发散，会成为社会化的意识观念，结果是从中产生若干道德原则。这些原则基本上是以社群或公共的善为内质，反过来规范个体的行为，从而成为人们行为规范的。故知，即使从自我、自私的原点出发，结果也会导出公共之善。这正说明，善的意志是不可扼止的，它的显现、表达可能曲折、渐慢，甚或曲逆，然其大流一定会自然而然。

这个表达的逻辑链简约之即：

个体 → 利己 → 舆论 → 共识 → 荣誉感 → 利他意识 → 社会观念 → 道德原则 → 伦理规范。

我们由此即知，人类社会中较为质朴或简约的善，可以在很自然的情形下产生，并发挥功能作用。一些人类学家从初民社会中所获取的大量资料显示，初民的善基本上都是以奉献给社群和他者的勇敢、勤劳、无私为内质的，行为个体所得到的回报是荣誉、尊重、拥戴。比如澳洲土著居民中，年青猎人奋力捕猎袋鼠以供社群享用的成例，即是这种初级善的典型。

那么，高级的或者更复杂的善，又是如何形成和发育的呢？现在，我们来看第三条路径。

第三条路径所指向的善是内涵复杂、非感觉智所能发现的善，它通常只能为理智甚或性智所发现或觉悟，其构成和其所来充满了思辨性、逻辑性，所以，它的覆盖能力极具普适性、广普性，非群域或地域所能限。我们先来观察其所由来的路线。

高层次的善之所以产生，首先有若干物理条件，它们包括：一个较为广阔地域的社会实体，如一个农业帝国，或者，即使有诸多政治实体并存，然其文化域已然凌驾诸政治实体之上，地域性的文化同根性和认同感很强；这样的社会实体和其文化已有悠久的历史传承，（至少其主导性）没有溃败或被冲散；职业化的有闲人群，特别是其中的专业知识人群已形成规模，并持续生存了以百年计的悠长时期；生存温饱有余，生活的惬意感优厚，以至社会思维的外联链条不易被外部压力所扭曲或变异，等等。

其次是智慧条件，它包括，生活于其中的职业知识人群有天然的自觉能力和冲动。这种自觉是指，他们能将流行的社会观念和意识予以思辨化的整理，从中提纯出超越的、抽象的义理，然后设置概念、范畴来演绎这些义理，并最终形成体系。

需要道明的是，智慧条件有特别的重要性。检视人类历史我们会发现，即使物理条件相同或近似，如若知识人的悟性不同，也会致使最终的文化质量差异。一般说，思想者的境界、视野具有基设性。假如是那些短视的知识人，他们会将全部智慧用在自我的物理性守护、打理方面，最终只可能成就器物夸张和技术型的文化，而其思想的思辨性、抽象性、广普性一定会严重缺失，以致无法引领人类文明的进程；相反，假如是那些有远见、深刻且博厚的知识人，则会穷尽所能去锤炼、提纯所在地域的思想观念，以致最终出现近似本原的觉悟和精神体系。

当然，如此之论只是一般性的说明，具体到一个文化域，我们一定会发现，当文明发育到足够程度之时，地域性的文化或知识精英（文化或知识权威，我们称他们为圣哲）一定会自发产生出来。这些人的智慧中，有天然的善智秉赋，他们会穷尽世界之可能性，去追忆那些近似本原的东西，觉悟善的真义和本意，并且，他们通常还会用思辨和逻辑的方法将这样的觉悟、记忆演绎为知识体系，以便于向世人传播、推广。

依建构方式言，这样的知识体系可能是相关本原之觉悟与记忆的直接表达，从而会演化、规置出相关的描述结构，或链条关系；也可能是从大众生活的经验中逐一提炼和纯化，最终亦能归致终极之境。不论何种方式，结果往往是，其思辨能动和抽象发挥一定不是经验所能容盛的，它们会以其之于界域的超越性而充实人类的文明史与文化架构。这样的超越首先是价值与意境的超越，同时也是界域的破除。居多时候，人域的价值思考，甚或人际的价值认同，是我们文化的主要表达。亦即说，所谓善，即人域的和谐或人际的同构。

圣哲的作为是一种使命的担当，他们毕其生觉悟善、发明善、宣扬善，居多还会去践履善。与任何经验中的善相比较，他们所发明的善恰是真正的善。史学家雅斯贝尔斯曾提及一个"轴心时代"的概念，何谓轴心时代？它的本义应该是，公元前 7 世纪至公元前 3 世纪的几百年间，不同文化域的思想家或圣贤们用了各自惯常的方式，破出了此前诸小地域、小群域各自为政、千差万别、经验所得的善，然后，他们又依据自己的觉悟，提出并建构了超域性的善及其体系。这样的善更具广普性，更能容涵人类智慧的价值方向，是以成为了我们承前启后的轴心时代。直至今日，那时所铸造的核心概念，如梵、神我、道、德、善、诚、理念、无、有、在之类，还在引导着我们的文化进动。故知，圣哲们的觉悟与发明的路径，更是善为人类所认同和理解的优胜之途。正是他们接近终极的超越理解，让人类在向善、完善、破界域的历史演绎过程中，有了真理的参照系和取向标准。虽然，至今人类仍泥泞在各种界域的陷阱和坑坎之中，可我们已然知晓了什么是真正的善。

人类认同和理解善是极为曲折艰难的过程，而理解这个认同和理解的过程，同样是我们认同和理解善所必为的志事。从中，我们透过这些貌似远离善之必然性的曲折，恰好还原善之所以为善的道理。此道理正是世界之善恶意志的因为所以。

为此，我们需要回溯过往，重新理解一下人类文明历史中，善的经验演绎的逻辑与经历，以此明了善恶意志（智慧）的因为所以。

第七章　化域趋善：善恶的文化演绎

善恶观念的时程演化，可谓人类文明史的重头戏。很久以前，人类相关善恶的理解和表达，与现时当下，或可说有天壤之别。从中，我们可感受出文化的流变，更可观察出智慧的自决意愿——消解界域，恢弘完整性。

本章将依着人类善意的演绎历程，略要回溯伦理的梗概大要，以形态类型之法，求取观瞻之便，更因之理解善的化域意义与价值。

第一节　群自我伦理

我们领受的第一个成型的善恶观，源发于群自我伦理。

此伦理的大意是，天然的血亲群自发构成为生存单元，单元所形成的界域便是构成者所感受的世界全部。在这里，世界其实是被割裂开来的，每个群自我便是一个彼时人们所理解的世界。世界的如此分割，致使其意涵有了如下的充斥：这个因自然而有的界域内的世界，事实上并不足以对抗外部的世界，于是，生存的压力会被强化和放大，结果是，以界域为限，人们会本能地对抗、对立（尤其涉及生存问题）域外世界。这样的对立、对抗，既是本能支使的，更攸关生死存亡，故其力度是极端（直接视竞争者为猎物）化的。如果此状况可以定义为恶，那么，反观域内情态，则当然就是善了。此善是说，群域内的成员之间一律会相爱无间，甚或可以生命的奉献为敬礼。

如此的伦理观的确有鲜明的特性。

首先，它是善恶二致的，以群域为边界，对内是无限善，对外是绝对恶，没有中间地带，没有缓冲余地，入界即善，出界即恶。

其次，它也是动物本能的延伸，留藏了先天的动物性，连表达方式都与动物无异，一概以力能见长，特别是对外施恶方面，更是如出一辙，属力能主义类型。

再次，其善恶的内涵异常简单，基本不出生、死、吃、暖、息的范围。

复次，此种伦理观的受者是有阶序差别的，域内是善的受者，域外是恶的受者，这只是一般性的评价，详尽甄别会发现，真正的受恶者往往是养资源的竞争者，包括同类和异类的捕猎者，其中，以群己为猎物者尤为恶向的对象，余此的外部世界，则可视之为若无若有的环境，可说与善恶关系不大。

最后，如此的善恶观并非一蹴而就，它的前期更符合上述的表征，延至中后期，其质地和品貌已大为改观，其中的人为性特征日益凸显，观念的简单化与绝对化十分突出。

理解群自我伦理，得优先理解群自我。

群自我亦可视为群我，属复数第一人称概念，它的要义与价值现代人一般很少能够理解，因为我们正生活在一个单数第一人称的时代。群自我意即群体即自我，自我即群体。它否定了个体的主体性，以及单元的意义和价值，视群的利益、福祉为绝对，所以，对内对外群自我是一个排他的概念，具有不可代替性和绝对性。

如前所言，群自我的出现，是动物性生存遭遇环境高压所致的结果。这样的高压——具体说即生存竞争——施及具有社会性的哺乳类动物，很容易导致血亲群的内向收缩，从而致使群的存亡或种群延续，成为了排序第一的价值驱动。在排序第一的价值面前，所有的构成者都只能是此价值实践的参与者与功能者，余此而无他义，于是，个体的任何利益和福祉都要让位或隐没。此意味着，对群自我言，所谓善即群的利得与繁衍，反之便是恶。

善恶标准的特定，是群自我极端化、二致化的主要依据，可以说，它是人类智慧开始做功之后，所获得的第一个智力成果：分判善恶，或因善恶二致的方式实现生存的诉求。群体优先的原则源发于社会性动物的本能驱力，此表明，人类群自我观念的形成并不会出现什么障碍，它是自然而然的。我们需要理解的是，群自我作为社会实体单元和观念形态，它对后世人类历史与文化的基始性设置的意义和价值。

倒溯人类历史，甚或可以得出这样的结论，我们的社会构成和观念演变都不过是群自我的复杂化或变异。而所以如此，全在于群自我之所来，以及从古至今的人类社会与事务的复杂化，均是智慧自证实践的不同阶位及程度的再现。智慧的精巧在于，群体优先是动物本能，它只是将这样的本能予以了观念的铺张，变成了一种自我的东西（观念与社会形态），结果便天壤之别。动物的群体优先是本能控制的，即只要有利于种群延续的行为和方式，都会被固化为生理属性，而群自我的观念则是由经验铺垫的。

依理已知，经验的形成主要是智慧摹仿、学习、创化、选择、灵动的综合。经过智慧加工，经验的生理性习惯日益让位于思考性选择，从而变成了可以接受和传承的生存技能。在这一造就的过程中，群自我的价值原则是其所能的动因，然承载此价值并成就经验形式的则是特定的，这个特定者便是群自我的主宰者：家父。

家父，血亲群的雄性统治者。不过，这个称名的定位不能依现代人的观念厘定，即，他首先不属阶级意义的统治者，其次他也没有个人的身份涵义与意愿。比较准确的表达应该是，他与群同一不二，同时也是群的领导（灵魂与守护）者。家父的此种语义表明，他就是群本身，更是其意志与观念的表达者。以人称称谓论，他亦是第一人称代词的发明者与使用者，这个词便是我。只是这个我不是用来指称家父个人，而是他的群体。即是说，这个词的源发是非单数的，它是复数人称代词，指群我或群自我。①

我的本义象形兵器（不一定是金属兵器），意即持武器作冲突状。这说明最早的群我是以暴力来竞争生存的。后来，这个表意暴力的生存行为延伸出人称意义，成为了代词，意即群我。其实，我之义与父之义原本是相同的，因为父的象形亦是举起武器②。可见，作为代词的我与名词的父是语义同源的，此即是它们用来指称群我和家父的真实原由。

表暴力和武器的我与父，显然表意的不是善，应当是恶。正是这样的恶的表意词最后都成为了代称名词，此意味着，表第一人称代词的我，其实是带着"原罪"临世的。因为它有恶义居间，所以到了

---

① 详见拙作《说我》，《中国社会科学辑刊》2009 年春季卷，复旦大学出版社 2009 年版。

② 父的象形是举起双斧，表作战状。以此称谓家父之父，足见其起源的暴力属性。后世，当父成了人称代词后，中国语文便演化出了一专门的工具文字：斧。

孔子那里，他出于对我由复数人称代词激变而成为单数人称代词的忧虑，做出了一次变救之努力，让我再变而为"义我"之名称，使我与义（义）相等列。这是一种变恶为善的大手笔，其说见《春秋》这部经典①，只惜世人稽查者甚微，大多不知其所以然。

现已理知，我的出现，恰正是群自我伦理中，二致性中的负性表达的称谓，它宣示的是群我的恶的意愿与主张，只将善包限在不可外泄的界域之内。所以，彼时的世界中，虽有智慧之助，已然有了观念的援手，可其质地都不正面，它只是恶的宣泄。

原初的恶是由暴力和力能支援的。这其中，家父有至关的重要性，他的力能和力效都将决定群我的生死存亡。从这种意义上讲，家父是群我之恶性铺张的关键者，同时亦是域内善意丰薄的主宰者。这样的铺张与丰薄是成反比例关系的。以此不难确知，人类的第一代伦理形态（群自我伦理），其实主打的不是善，而是恶，善只是群域之内才有的鉴赏，相反恶几乎覆盖了域外的全部世界。

这便是人类善恶之为的开幕。它设定了几个至今我们尚不能破解或超越的关隘，并影响着人类的质量和格局。第一个是，我或自我成了观念和行为的原点，即一切均从我或自我出发，具有先天的合法性。第二个是界域，即善恶是由边界决定的。第三个是界域之外的恶向性同样具有天然的合理性，除非观念改变，否则，没有人怀疑这种恶的非正当性。

当然，基设性的东西的确有它的合理性。比如说这里提及的自我、二致性、恶的正当性之类，设若无有这些基设性观念的把持、推怂，恐人类是很难自维自足的，甚至于所谓文明和历史都可能不成系

---

① 详见拙作《说我》，《中国社会科学辑刊》2009 年春季卷，复旦大学出版社 2009 年版。

列。解决问题的方案一定是渐进的、徐缓的，甚或还可能是，以某种高级形态的恶作去超越原有的低级形态的恶。

现在我们来看看群自我伦理的后续。

第二节　熟人伦理

第二个可以称为形态的伦理，当为熟人伦理。它是说，相互熟识的人之间会有善的对待，而不相熟识的人之间则可能以恶相向。

熟人伦理是接续群自我伦理而有的一种新生伦理形态，它发生的时代是农业文明开始之后，所以其时间——与群自我伦理相比——不算太长，然而，它的一些习惯和方式一直影响到了今天，我们当下还在受着熟人伦理的左右。

熟人伦理是第二个人类的伦理形态，这就很自然地有了一种理解的需求，它比群自我伦理多出了什么？或者说，它有没有补救第一代伦理形态的不足？表面观察，它的确多出了不少东西，其主要者包括：冲破了血亲的界域，将善散发给了更多的受者；更明显地摆脱了伦理行为中的动物性内涵，人为或智慧性因素更加鲜明；善与恶的表达方式大为改观，其中，善的公共性特征开始表现，而恶作之中，暴力的方式日渐被机智、巧诈、阴谋之类代替；善好标准已开始压缩吃、息、性等简单、低级的领域，更多地充填了相关产业技术、生活工艺、社群结构、相互关系等新内容，等等。以此可以说，熟人伦理的视界与质量，都已非前文的群自我伦理所能比，所以有值得期待的地方。

熟人伦理的发生，与人类的生存方式或产业方式转型是直接相关的。这样的转型发生其时间约距今1万年左右。对此，我们有必要作一点简略的考察，看看故事是如何开始的。

群自我伦理从其存在基础看，它实是狩猎生存的一种伦理形态。彼时猎人的世界中，主要的事务便是生存，此生存有两方面的涵义，一是能否打到猎物，二是避免被他者狩猎。此二者的严酷性恰正是支持该伦理具有极端性的大前提。在猎人们看来，除了因为有同一血缘关系，相互之间有善待之外，其余的世界有关联关系的只有两种对象，一是猎物，二是竞争者。此两种物，均无法以善相对，前者有反抗甚或反转的可能，后者亦不只是掠夺猎物，更可能对己施以猎杀。于是，排除掉观念力所不能及的无用物与世界，余下给猎人的世界，只能是恶的世界。所以，以恶去彰显生存，是狩猎者的无选之选。

问题是，这还只是一般性的描述，真实的地球猎人们在彼时所碰到的状态远比这严重得多。此乃因为，猎人们的生存不是孤立的狩猎行为，它直接受到了自然环境的控制和干扰。这里说的自然环境是指，距今 6 万多年至 1 万年前，地球不幸进入了冰河时期，气候寒冷导致了植被的稀缺，进而，让食草动物生存困难，于是，接续的后果是，猎人们的狩猎资源跟进稀缺。这一过程中，还有两点因素必须提及，一是彼时的猎人习于狩猎大型动物，基本无视中小型动物，而大型动物恰好是寒冷气候的最重受灾对象；二是已然具备了完整智慧生理构成（脑容量平均约 1500 克或 1400 毫升，完成时间约距今 10 万年前）的猎人们，面对生存困境所为的最初的两个智力事件之一，恰恰是对资源的严重毁坏。这里说的毁坏是指火猎。

火猎，顾名思义，是指用火打猎——这是智慧之为，动物们做不到——火猎的方式通常有三种。第一种是，一群人用火把点燃一座森林，将居间的所有动物全部烧死，然后得其中的一头大猎物，供全体居民饱（餐）几顿，几天后，死亡动物尸体变得腐臭，他们便离开此地，再去找一座森林如法炮制。第二种是，生活在山地的猎人，他们依然是举着火把，将成群的猎物驱赶至山顶，山下通常是悬崖峭壁，此时，惧火的动物们只得选择跳崖而去，猎人们再绕道下山，从成百上千的尸体中拖出一头大的动物，饱餐几顿，最后亦悠然离去，再去寻找新的受害者。第三种是，生活于平原沼泽地的猎人们，他们还是用火，将大群动物驱赶至沼泽之中，活活地困陷至死，照样是从中拖出精心挑选的一头大动物，最后依然顾我地离去。这几种火猎方式在地球上演绎了几万年，直至大型动物最后几乎灭绝，人类也走到了生存几乎不能的危急关头，才出现改观，而此种改观又是自然之力的直接杰作。可以说，这样的生存是赤裸裸的感觉智推怂的恶作，它只顾及了猎人们的吃的快感和欲望，而几乎没有善的付出，属于典型的既愚昧又自私自利的恶行，其惯性驱力可谓俱败俱亡。

1万年前，地球终结了更新世，进入全新世，亦开始了间冰期。它表明，地球气候温暖了，植被复苏了，只是动物特别是大型动物几乎不再有了。于是，人类开始改变生存之法，变狩猎为采集——植物种子和根块——进而演进出了农耕和养殖业。这样的生存方式与产业方式的改善，对人类而言是决定性的，世界亘古无有的。我们的文明与文化，其实亦主要是以此而成就的，故特别重要。不过，必得表明的是，本论于此，只是为了稽查新生伦理形态的背景与条件，当然就不便过度涉及重要事宜本身，只能就事论事。

就事而论，我们亦会注意到一系列连锁反应现象。首先是食物对象改变，接着是采集、养殖和农耕事件发生，于是，狩猎者得以渐慢转型，成为了放牧者和农人。链条并没有完结，后续的新事态接踵而至。农业和畜牧业都需要土壤湿润和肥沃，特别是农业，这一特定前提几乎不可失缺，结果是，产业需求引发了人群的迁徙，大河和湖泽谷地成为了优选之地。不同血缘关系的群体开始放弃狩猎时代的独立、自在、避邻诸习俗，纷纷迁往农耕之所。这必然带来杂居、人口众多等现象，它一定要引发生存和生活观念的改变，否则，如狩猎者那样，视他者为猎物或竞争者，必至杀戮而后快，肯定是难以为继的。

现在，有了一新现象：邻居。初级的智力和经验告诉人们，必须要和邻居和睦相处，不然，大家都不安全。积久而后，聚居事项不但稳固下来，而且又产生了新的社会关系和生活需求，这便是聚居在一起的人，慢慢变成了熟人，彼此之间有了相识、相知、相通的关系，也因之产生了善待的结果。这样的善待，即我们所说的熟人伦理。

熟人伦理是覆盖于群自我伦理之上的新兴伦理现象。亦即说，熟人伦理发生后，群自我伦理并没有消失，它只是被挤压到了较小的空间之内，收缩了作用范围，后世的宗亲伦理便是这种收缩和遗存的结果。熟人伦理继承了群自我伦理的界域性与二致性，然其价值与功能已经极大地相对化了。这样的新现象与农人们聚居、杂居的实现有直接关系。一般说，大河、大湖谷地的吸引力是持续性的，这无疑会加剧人口的收聚，同时，一个相当长的时期之后，农业的养育能力也会快速提升人口的数量，结果是，这样的地区便有了更多的人口。人口的增加——无论同一族群的自然人口增长，还是不同族群的迁徙聚居——会改变社会结构的固有样态。其中，群自我的相对化是无可阻挡的大概率事件。

相对化即意味着原来的社会形式——如部落、氏族——会更加松散，与之相随，原有的群自我伦理亦降解了效率，它的效域范围也被迫向更紧致的单元家庭收缩，而其放致的社会空间便由熟人伦理来填充。这里，家庭之外的社会关系可能是同血缘的，也可能是不同血缘的，虽然，同血缘的群体间照例会有较多的善待，可熟人伦理却也在悄然地铺展开来，日渐充当更重要的角色。

如此的消长现象，其实是受内在的新兴社会属性决定的。这种新的社会属性可以定名为公共性。毋庸置疑，这个词的使用可能有违于现代话语的同名概念，但，我还是要用它来形容彼时社会出现的全新关系状态。这里的公共是针对先前的群自我的绝对性而言的。大体上，农耕者之间即使有群居的分割与家庭占有，可还是有很多的东西必须公共使用和协同行为，否则农耕作业和某些特殊事务便无法继续。比如水的使用，公共领地的使用、共同自然灾害的降临、外敌入侵等等。一当这样的事务存在或出现，任何群自我——固有的氏族、部落——都无法独自担当，不同单元群之间的协作、联合、配合之类，自然是必然的选择。于是，我们所看到的结果便是，事态和社会构成中出现了公共性及其关系，正是这样的特殊社会属性支配了人们的行为：必须放弃自我的绝对、孤立，进而寻求他援的力量，共同解决问题。

这正是公共性所主使的善必然发生的前提。从自我的角度看，它只是在新的场景或者环境中便宜地利用了他援的因素，可这样的便宜利用是有成本代价的，这个代价便是自己对他者的善的付出。付出即表明善走出了群自我的界域，改变了固来的二致性极端化。善的走出，即界域破缺，善来到了更广阔的空间——熟人之中，结果是熟人伦理出现了。

熟人伦理，不只是扩大了善的范围，更在于它变更了善的质量。从前，善只是群自我的意志和福祉，它是用绝对的恶来捍卫和维系的，现在，善的授者的意志和福祉却是用善来变换的。更重要的是，现在的善不再是授者单方面的认定，而必须是所有关联者，或不同群之间相互的认同和确认。从此，善具备了可通约性，或可说，从此之后，可通约的善才是真正的善，否则只是自私自利。以此，善的机关打开了，它的真义从此渐慢泄露。

善接受公共性的鉴赏，即表明人类智慧的新开启。这个新智慧便是理智。从此，它成了感觉智的克星。虽然，感觉智时至今日还在张扬肆溢，然，理智的登场恰是人类文明史的新标志，值得我们理解和评价。

公共之善首次出现在人类社会中，它是善破出群自我界域的杰作。这样的破出明确地表达了如下意义：第一，善不是个性化、特定化的现象，它必须具备公共认可的品质，否则不能称为善；第二，善只有破出界域，才有真实的意义和价值，这个真实的价值和意义即，唯有善才是破除界域的利器；第三，世界的自证还原，正是经由这样的破界和公共化的衍绎渐以实践和实现的，所以，明了了善之所以，亦即性智的真实化。

熟人伦理依然有功利的动机与因素。正因为此，我们也很容易发现，它的善待也非是平等授受的。首先，血亲或亲戚关系对熟人的程度有预设意义，当然会进而影响善待的质量，其次，某些他因素，如感觉的好坏、需求的缓急、相识的程度、交往的疏密之类，也会决定熟人之间善待状态的差别。居多时候，这些差别会固化为习俗性的行为规则，规置人们的行为和生活方式，人们一般也不会怀疑或抗逆这些习俗的合理性。因为总的说来，这些差别都是善之范围内的差别，并不影响善的性质。

问题大多出在熟人关系之外，即陌生人之间，这样的善和善待倾间湮灭，相向关系和状态很可能要用恶来形容。至少，比如在现代社会中，陌生人之间纵使基于某些伦理的底线，不至于伤害、欺压，可

"公事公办"往往是相向关系的常态，而这种"公事公办"与熟人之间的善待相比较，恰恰容易让人产生厌恶感——在"公办"的招幌之下，授者多的是恶作的方式与用心。这样的怪现象很多时候正是与熟人伦理相关联的。

这说明，熟人伦理突破了群自我伦理的界域之后，复又落入了新的界域陷阱中，这个陷阱照例会限制善的作为，表达恶的意愿。某种意义上讲，公共状态之中，熟人伦理所推演的恶是更为有害的恶。何以说呢？因为，熟人伦理的动机很大程度上是由功利主使的，若无公共资源和条件的凭借，这样的动机当然也无可厚非，若相反，一个占有优势公共资源和条件（如权利、岗位）的人，他的功利动机，会让他拿公共资源作为熟人之间利益交换的资本，这就会严重地伤害公共利益，故其恶作是更有害的。

熟人伦理的大意即是如此。它破解了群自我伦理的狭隘与旧套，开出了公共之善的新意，却又落入了更大的恶作陷阱。这便是它的景致。如此，还得有新型的伦理形态参与救济和推衍。这个新型的形态可命之为地域伦理。

第三节 地域伦理

地域伦理与熟人伦理有许多关联处，且它的表达方式也非常接近于熟人伦理，之所以要把它别析出来，视为一个新型的伦理形态，主要是因为它的载体及功能域有特别处。

地域伦理，意即人们离开故乡、本土之后，在他乡、他域的场境中，同地域的人相遇会自发地产生亲切感，以至授以善的对待（在域内欺负外乡、外国人，属此现象的反例）。一般而论，背井离乡之人都有自然的孤独感和思乡之情，这种情态恰是地域伦理被激发出来的前提。正是这种前提的支使，孤独者，尤其是同乡又在他地域相遇的孤独者之间，更容易产生同情心和相互依赖的向往，其中也包括强势的一方乐意给弱势的一方（如新来后到者、失意者）以善的帮助。究之所源，人类的孤独、恐惧感是哺乳动物的天性使然，经过了漫长的狩猎生存的历史，这种感觉一直被强化着，尔后，感觉智又帮助我们添加了想象和放大的因素。如此之下，直至今日，除非我们的观念足够开放，否则，一个人或少数人的独步与移居都是充满着压力与挑战的。然而，随着人类文明水平的提升，外出的需求又是如此地有吸引力，有的为了求知，有的为了经商创业，有的为了参与政治活动，有的为了旅游，还有其他理由，总之，我们太有背井离乡的必要。可以说，地域伦理正是为了适应这样的需求而渐以形成和成长的伦理形态。

地域伦理的价值在下面的情形中更有表达。设若有一个较大的政治实体，或超越在若干自然实体之上的组织机构，一般会按照行政方式划分出不同层次的行政单元，人们在参与高层次政治、社会、经济等活动时，所由来的行政单元会自动成为地域单元，于是，人们的参与行为中，居多会表现出地域伦理的意向。即，同一地域的参与者，能够自然地相互善待。这样的善待既可惠及参与者本人，也可共同主张本地域单元的权利和好处。如此的行为和现象具有一定意义的普适性，而不论所面对的实体是单一的帝国体制，还是共和体制，甚至于各类各型的国际组织，地域性的善待关联关系多会常见不鲜。

很显然，这一伦理作为中充斥了功利的价值诉求，这与熟人伦理几乎相一。然而，它又与熟人伦理有一明显的不同，这就是它很容易成为谋求地域性（也即是群体性）而非只是个体性利好的依凭（通常情况下，熟人伦理较多适用于个体性或集团性的利益需求，而此与地域性的利益实是有差别的）。从社会的角度观察，地域性利益比个体性和集团性利益更具公共性（其间二者相重叠的情形暂不论）。这样的公共之善在层级结构的社会中，通常较有利于地域性或基层社会利益的主张；此外，某些利益相近的利益趋向，或更加便利的交流沟通方式（如语言、商业特色、职业之类），都可能轻易地借助地域伦理去实现目标，结果可能造福一方，所以其善好的意义理当别析。

不过，伦理与生俱来的二致性、负向性照样与地域伦理关系密切，其主要表现有二，一是地域之外的排他性，如地方保护主义、对他域之人或事的漠视，欺负外乡人，等等，均是人类社会中的常见现象；二是现代社会（尤其是城市）中的黑社会组织和犯罪现象，很多时候恰恰是以地域人群为基础形成的，其中的关联背景便是地域伦理。这里特别有必要提出的是国家域，它具有地域性，却又有超越地域性的许多特征。在国际社会中，它是地域性的政治实体，所以，地域伦理普遍有效，并以此支持国家间的竞争、冲突，然而，从其构成观察，它又是诸多重叠结构，如次级地域、群域、公共域、熟人关系等的复合体，这些表明，国家域的讨论很难单一论事。

现在，我们要关注的是契约伦理。

第四节　契约伦理

契约伦理是一种以功利为动机和目的的伦理形态。它与前面的伦理形态的最大不同有四。

其一是，它发生的前提条件不同。此前提条件是说，契约之善待所以能够发生，是因为有前件因素支持，缺失此种前件因素的支持，善待的行为亦不发生。一般说，但凡伦理之善的发生，都是有前件因素支持的，惟其不同在于，这样的前提因素各有别出。比如群自我伦理，它的前件因素是血缘的同一性，后来的血亲伦理也大致如此；又如熟人伦理，它的前件因素是相互知识、了解；还有地域伦理，它的前件因素则是同一地域的出生，如此之类。至于契约伦理，它的前件因素便又与上述有别，它所以发生的缘由乃在于，行为人有功利的诉求，为了达到此诉求的意愿，他必得授予相对应者（功利关系者）以善待。

其二是，善待的方式不同。所谓善待方式是说，善以什么方式到达关联人。通常情况下，我们所说的伦理之善，主要是指利他，即授善者依据某些因由将善施授给相关者。因故可以说，善多少都具有单向性的表征，特别在孤立的善待行为中，这更应该是常态。然而，如此的常态并不一定适用于契约伦理。契约伦理所认可的善，因为前述的发生前件因素特殊，以至于它不是单向授予方式的，相反，在功利的驱使下，利益的对等与交易的公平，更会成为关系人之间发生关系的依赖背景，这样的背景足以促成契约的发生和交易的成功，因之成为了商业行为，以及某些社会行为和政治行为的原则。不难判定，对等与公平的确是善，可此善其实是异于前面几种善的，前面的善是直接的或实质性的善，这里的善恰是间接的或形式的善，可归属工具和规范之善的范域，即它是一种导致或规范结果的善，而不是善之结果本身。

其三是，善待的对象不确定。如前所述，先前的伦理形态中每一种善所授予的对象非常明确，或者是血亲成员，或者是熟识者，或者是同乡，流至契约伦理，它的善待对象则有了不确定性，他可能是认识的，也可能是不认识的，可能是同域者，也可是异邦人。总凡此意可以说，契约之善待的发生，一凭功利——政治功利、商业功利、社会功利、其他功利——只要有功利的前提，任何人之间均可发生善待。正因为此，可说契约伦理更适合陌生人之间建立关联关系，也适合政治实体中不同利益诉求和不同地域的人之间发生关联关系。甚或可说，陌生人和不同诉求的人之间发生契约关系，更容易表现公平、正义、对等之善。

其四是，演绎的后果不同。直白而论，契约伦理重在程序或形式之善，即它能很好地厘清合理与正当、公平与正义的性质，或说，它特别易于支持公平、正义之利益的诉求。这样的特定性源之于人们的功利目标是不确定的，但达至有效目标的方式和过程，却是可以确定或量化规范的，于是，契约伦理作为一种善的方式，便更多用力在了这种方式和过程的规置上。一般说，它虽然不直接规范结果本身，可它对过程和方式的规范，恰恰足以达到行为人所欲之善，是以容易获得功利人群的认同，亦对经济发展和社会秩序的规置有重大基设作用，甚或，它对人域的认同与秩序的建构，亦有协调之功。当然，这种基于过程和方式而有的善，是一种较之结果之善更复杂的表述，至少于智力言，它的量化与程序的错置，很容易导致理智的工具化与格式化，是以便有了针对参与者的知识与经验专业化前提的需求。这种知识和经验的前提，非一般理智作为可奉承，所以，契约伦理渐以引导人们向职业化、专门化方向培养智力，这便是现今人类社会中智力中产群体出现的原因。而此，也恰好是传统知识和它的载体人群被排挤与打压的真正原因。

智力中产正是自我意识、个人主体化、自由人权诸般思想观念的主导人群，它也正是西方文化得以结成法治宪政、民主共和或主体构成性法律体系的强大成因，然而，它对善本身或结果之善的不以为然，恰好让它有了制造出结果之恶的漏洞，这是我们应该认真对待的。

一般情况下，当事人受利益驱动，大多会遵守契约伦理之善意，如合意、对等、公平、有偿之类，这被视为他们服从了契约伦理之善。然则，任何当事人都是生存、生活于社会和生态状态之中的，他们的行为不可能是孤立的，或单纯自我的，于是，两方面的问题很容易被隐藏在他们的善之中。这两方面的问题是，不当的利益需求会致使有关联的第三者，甚或社会的公共利益被严重忽略，以至于侵害，此其一；其二，不当的摄取和交易会导致生态体系和自然秩序混乱，以至于生态危机。这样的例证可谓层出不穷，俯拾即是。如一国通过立法对他国的入侵，又如相关贩毒、走私、军火、有毒食品、拐卖人口、"剪羊毛"金融之类的合同，它们均会满足契约伦理的公平、正义要求，可其作恶的后果却远非一般善恶所能形容。

契约伦理，依其作用领域言主要有二，一是私权的交易与平衡，二是公权的设置与规范。这样的圈限表明，它的生发动机和目的是功利的，而非善本身，所谓的公平、正义之类，只是作为实现功利目的的手段与方式使用的。善不是本原意志的流散与衍绎，而是存在状态中，某个特定域境内的相互交易、争斗的合理方式。这是一种转换或偷换。它很好地满足了人域之窝里斗与功利需求，却同时亦昭示了断根文化与自我中心的痼疾。这样的状态或许无法回避，然冷静的思考与鉴别却不可或缺。

基于某种特定的理由，进而演绎出某种伦理形态，不惟契约伦理，还有一种伦理类型与此有形式的相似性，这便是群域伦理。

第五节　群域伦理

群域伦理是指，因为信仰、职业或兴趣相投，人们会自愿结合成一个群域，并会在群域之中以善相待。这里，信仰同一、职业共享和兴趣相投，是这种善发散的前提条件。

依形式言，它与因功利需求而有契约的善待有相似性，即是，某种前提的存在导致了善的结果，而这种条件或前提基本上都是人为而有的。它们与前述的群自我伦理、熟人伦理、地域伦理的诱因有着差异，其差异所在是，自然而然的条件与人为拟态的条件之别。一般说，因自然条件或前提而发生的善待，其局限性更大一些，这里的局限性主要是指它的跨界能力差，而人为拟态的条件或前提却有着某种特殊的开放性。这里的开放性是说，它有加入吸纳的空间，惟其符合要求（这些要求包括：功利需求、信仰认同、职业追从、兴趣认可）即可，所以其跨界能力较前者要强得多。大抵可以说，群域共同体和它的伦理形态，正是试图冲破传统的熟人社会、地域社会及其伦理的局限性，而发生的破界现象，甚或亦可以说，契约伦理虽有破界的能力和交往的事实，可其功利的动机又为群域伦理所不屑。故知，群域伦理的出现多少有理性的向往主导于内。当然，有一些非信仰的群域体，如职业行会、政党组织之类，它们的出现还是受功利怂恿的，至少可以说，它们有一种间接的功利需求。

群域共同体和群域伦理最早发生的地点当在印度，其时代可约略归之于佛教兴起之际。释迦牟尼的聪慧在于，为了使自创的外道派佛教成立，他一改印度教信仰自由、崇拜业余的古老传统，以僧伽团的组织方式让佛教的信众职业化、专门化，从而形成了佛教信仰共同体，并快速地将这种形式的信仰传播开来。从此以后，相同信仰的人或共同体，便有了相互善待的表达与关系。这样的共同体后来有了花样的翻新。一些职业相同的人组成了同业行会，更有在政治和社会生活中，一些主张相投的人结成了团体，成为了后世政党政治的先驱，当然它也影响了某些兴趣相投的人发起组织成各类协会，等等。这其中，党团制度和宗教团体仍在现代社会中有超强的影响力，它们几乎左右了我们的社会生活。

群域伦理，其正面视觉是非功利的，它旨在结成某种相投的共同体，然其合目的性却有着强烈的功利色彩，若释氏的佛教是为了传播他的教义主张，若政党是为了推行其政治理念。所以从结果上看，它还是在印证一个法则：自人类开始有伦理观念以来，所有的伦理负面性，都被功利动机和需求承载或裹挟前行，并且，善恶的二致性依然无法解套。群域伦理的功利需求，主要是共同体整体意义的，即，这样的群体有向外索求的利益或功利，是以他们需要以善的方式结成同盟，从而实现其功利诉求。很多时候，这样的向外诉求中，会伴随恶的作为，包括暴力冲突、战争、排异他者、阴诈诋毁之类。与之相对应，共同体内部会有更多的善待（这里不讨论其内部发生的个体或派系之间的竞争、拼斗诸事项），或可说，这样的善待恰正是向外索求的力量源泉。

群域伦理的表象特征很相似于群自我伦理——通过域内之善实现域外的功利诉求。只是它们的善所以发生的依据却大为不同：群自我伦理仅依血缘关系就有伦理的善待，而群域伦理则较为开放，诸如信仰、主张、兴趣或职业相同等，亦可形成善待的格局。

这种开放性的前提有似契约伦理，即具有或然性，然，其价值去向却又不相同。契约伦理是当事人以善为规则直接追求（交换）相对应者的利益，而群域伦理所表现出的善待，仅是为了群体能形成合力，以便足以向外索求功利。

共同体的利益或功利需求，有时亦相似于某种合力的利益，如地域伦理中常见这样的合力关系。生存于异国他乡或更大界域环境中的同乡人，他们之间并没有共同体关系，但，联合起来会让他们有更多的实惠，于是，基于这样的需求而形成合力向外界抗争，以此实现利益的诉求，通常是便宜之举。这意味着，它们之间有某种结果上的相似性。不过，仅此而已，我们无法把因同一地域关系而成立的合力比断于因信仰、主张、职业、兴趣相同而形成的组织化的共同体。前者的善待是临时的、随意性的，后者则不然，它的善待恰是共同体的构成原则、法则、依凭。

或许，最没有可比性的是熟人伦理。较多时候，熟人伦理所以发生的因由，只是熟人之间的交往便利，或可期待的相互利益（地域伦理中的一些事象与此类似），这在形式上有点类似于契约伦理，可二者的行为方式和利益诉求不能同语，至于说熟人形成合力共同对外竞争或索求功利，应该说当属小概率现象。也只有在这样的小概率事件中，才可能出现与地域伦理和群域伦理相关的可比较之处。

故知，群域伦理更具有前提的开放性，可一旦入围，界域的二致性立马会主导善恶的去向，以更强悍的内外之别去应对世界。我们常说善创制了恶，在文明的条件下，这样的制造法较多与群域伦理相关，当然，地域伦理也有莫大干系。

群域现象中有一特例必须别析，这便是种族或族群。依形式言，族群较多具备的是群域属性，如群域内外的善恶二致性，可是，它们又大异于此处言说的群域共同体。其中，血缘关系的前提性诸多与信仰、兴趣、职业无关，虽然也有如锡克族这样的特殊族群，它们原本是基于信仰而别立群域，但积久之后，这个前件已基本淡化，他们自己现在更看重的，是他们的血亲属性和地域属性，故依然可说主要不是信仰前提的。很多时候，它们的构成情况非常类同于国家域，只是缺失了很多国家构成的要件，而若视为群域，却又不具有开放性，外人很难进入。故，这样的群域不易作为经典辨析。

上言诸种伦理形态，是人类演绎至今求善、理解善、践履善的主要表达，然而，这些善也主要是感觉智和理智的把握，其最大的表征是它们的界域化。正是因为受界域匡限，所以其后果有如下的负向性，一是善恶二向性的表现突出，二是几乎所有的善，都直接或间接地受功利怂恿，以至善本身被严重扭曲。

界域化、二致性、功利性，并非善之真义，它们只是善在演绎过程中所无法避去的负向性赘疣，因之，善的衍更与觉悟还得继续，直至界域性和二致性、功利性的消解。为此，我们来看看下一种伦理形态。

第六节　公共伦理

有一种善，它对前在的诸种伦理有良多的承接和延续，特别是契约伦理中的社会契约精神，和群域伦理中的因观念意识而有的善待表达之类，有更明显的继承与恢弘，它以个体（主体）为出发点，却不受直接的功利目的和动机左右，只是为了自我的愉悦与利好的状态，而施于环境或相关者以善待。或可说，这种善待的对象是泛化的、情景式的，它不限于具体的人或群体，也没有直接索取回报的目标。这样的善，可称为公共伦理。

公共伦理的发生，有两个必要条件是不可缺失的。这两个条件是：现代化所促成的人类生境的公共化与公共状态；现代文明所养育的人类理性心态与观念。

社会的公共化是现代化过程中所发生的必然现象。它是指，工具的自动化、产品的标准化、效率的高致化、交流的便捷化，以及人们生活质量的高品位追求等。这些现象的连锁反应，引发了故有的所有与占有方式趋向相对化，进而产生了无法私有，亦不完全公有的场所与领域，该类场所和领域可以为不特定的人们提供善好的生活场景，也因之极好地提升了人们的生活品味。

社会的公共化在成为现代社会组成内涵的同时，也极大地改观了现代人类的文化观念和精神状态，从而出现了观念与心理向往趋同化趋势。这些观念包括价值观、伦理观、幸福与快乐感等。于是，我们不难发现，随着公共领域和公共状态的出现，相关的伦理准则也发生了变异。从前，伦理的关爱只授予特定的对象或人，现在，这样的伦理之善被授予者变成了与人相关的场所、状态、事件。或说，授予者因为出现在了公共场所、公共状态或公共事件中，所以他有义务尊重公共善的法则，保持公共状态的良好。例如遵守公共场所的秩序，爱护公共物品和景致，保持环境整洁之类，是我们现在常见的社会现象。

如此情形中，善的授予者的确有概念化的利益与好处，如心情舒畅、行为便利、品味丰足，等等，这样的结果似乎与契约伦理有类同处，而其行为又与群域伦理贴近，然而，这样的相似或近似都不同质。

何以说呢？从结果看，公共伦理中并不存在直接和特定的利益交易，当然也不是一次性的利益，其付出与利得之间不构成等价关系；从行为看，公共之善的授予是泛化而非特定的人或群体，更多的时候这样的授予行为还是通过不作为来实现的，如不损坏物品、不弄脏环境、不违反交通规则、不高声喧哗之类。这些表明，它是一种新兴且独特的伦理形态。

以此，公共伦理突破了此前诸伦理形态所要求的身份前件的限制，不再有身份特定的要求（这些身份要素包括：血亲、熟识、地域、交易、信仰、职业等），而只依行为人是否在公共状态之中为前提；公共伦理亦突破了此前伦理之善只授予人或群体的特定，而可以将善授予场所、事件，甚或事态，当然也包括不特定的人或人群；公共伦理同样也改变了行为与利益关系之间的直接关联性，让行为成为了既与善的结果有关，也可能与之无关的单纯现象，如一个不遵守公共之善的人，他一样可以享受公共利得；当然，最重要的是，公共伦理将善泛化，开始摆脱前件的牵制，让善成为了不受界域限制的中和势能。如此之意，渐以显出了善得以走向善本身的趋向。

公共伦理所以发生的另一个重要前件，是现代理性意识与观念，如果缺失了此理性的铺陈与支援，公共之善是很难成为事实的。

理性之义，简略之即，选择与判断的能力。因为非本能与感觉主使，而由理智斟酌、判别，所以不是力能的莽撞，不是暴力行为。经验有知，相与关系状态中，一当经由理智甄别，便不能不考虑相关者的意愿、立场，结果可能是两厢能够共同接受的。这表明，理性可以或可能包括善并导出善。依此而言，前诸伦理形态中确实已有这样的包含。或可说，所有超越于个体自我之上的善意，均有理性的背景支援。这说明，理性之于善的发生和演绎有非常的意义与价值。

不过，理性本身有内涵与质地的分差。一般所言说的理性，或前述所有伦理形态中的理性，或多或少可说，都是为了自利、自我而做出的一种妥协。这样的妥协中的确有选择与判断的智力内涵，只是，其动机与目的性太过直接，所以其层次不会太高。还有一些理性，它们可能会表现出放弃自我、自利的倾向，可居多时候，这样的放弃只是特定的场景或界域中，由生存经验或特殊情感，以及习俗、习惯所使然的结果，它们已与理性的鲜活能动相去甚远。还有一些理性，它们作为支援某种感觉智之欲求的手段和方法时，其特征非常明显，充满了理性的要素和设计，然，这样的理性只实现了方法和手段的功能，却无能表现理性本身的价值。

凡此种种均表明，前此诸伦理形态中的理性，都有或此或彼的缺陷和过错，故不能完整地表达理性的意义。与此相照，公共伦理中的理性则要纯粹得多。它对公共状态、公共场所、公共事件的善意授予，虽有间接的自利向往，然其直接的动机和目的应该是环境、状态良好本身。居多时候，这样的良好愿望还可能上升到捍卫、提升文明水平的高度。此述表达的意向是，公共伦理中的理性已具有了价值性的质量，所以，它与前面所说的工具性的理性有了质的差别。

公共伦理所为之善有特别的意义和价值，尤其是之于善的演绎言更能明见。

首先，它使善开始摆脱生理、情感、功利、信仰诸般前件的拖拽，以其自身的真意表达着，从而开启了善就是善本身的历程。

其次，善开始消解二致性，使善渐以成为了文明进阶的标准，而不是或不只是行为者与相关者之利得的结果，此标准是说，有没有公共伦理，是现代文明的标志。

再次，源发于自我而有的善（善的缘起，是自我在生存环境中为了自利而作出的利他行为，故说），原本以为它是强固自我的法宝，孰未知最后它却成了消解自我的利器——自我的利好只有在优先付出对环境、状态、场所、事件的善之后，才可能享有的福祉。

善的意志终于经由公共伦理而有了本意的初级彰显。这就是善。

第七节 人域公共伦理

人域公共伦理是公共伦理的极致化形态。它将公共之善由具体的相关场景扩展至人域全域之中，以此续成了善的同类意识与观念，让人由物理的肉体演绎为了概念的载体。这样的概念中，有同向性的意义与价值，有同质性的善待充塞其内，是以它是一种高级次的善。当然，亦如公共伦理，它在表达此公共之善时，不是基于某种特定的前提或条件而有的付出，不是需求而有的交易，不是特定对象的授予，而是一种人之所以为人的质地使然，不过，它还是有着界域的限制与困境，或说还带有善恶二致性的遗存。这需待更高级的伦理形态予以解构。

人域公共伦理的生成与开展有两个源头，一是，今人的生活与生存经历导出了人是同类，故得同类相待、公共求存的必然性；二是，先验于此的哲圣们的觉悟与灵感，亦开启了人道大同、同类相仁的大道理。

最早开启同类意识，主张仁者爱人的圣哲，是孔子。以此，他将仁定位为了儒家学说的核心范畴。后世，他的后学们继续推演，一直将仁推至了世界本原、本体的地位。所谓仁生人，人守其仁，成其仁，一体之仁诸说，即其证。孔子及其后学所创体系的要害在于，世界的本质是善。借此，他们对世界的构成、结构与功能、价值予以了多重理解和解释，结果，那些表达世界构成、功能、价值、状态的重要概念，特别如善、诚、仁、理、心、性、道、良知、气、乾等，被说成其质地、意涵相类同一。即，它们就是世界的本原、本体，只是表述、说法不同而已。

这样的思路和解释早已成为模式，意在说明世界的内部性与同一性，也是为了在千差万别的世界中找出完善的必然性。正是这样的思维境界与执意的追求，让他们认准了一个必然结果：凡同类一定是要善待的。这才是人之所以为人的标志。

孔子之外，西方文化也在现代开启了同类意识的观念与程序。

首先是观念的出现。19 至 20 世纪的西方科学研究中，相关物质构成和生物演化的知识，让理性与科学有了一种新的结合，以此，知识界得以重新认识人类自身：被体型、肤色、种族、国家、信仰、语言诸多因素分割的智人，其实是一个类，他们应该共享善的对待与关爱。这一观念被名之为世界主义，在西方的高知社会获得了很高的认同，以至于 1945 年联合国成立之时，这样的同类意识和伦理规范被成功地写进了《联合国宪章》，成为了人类行为的最高规范。

当然，这样的观念（即法意）与事实之间，还有相当距离。远古而来的个人主义、种族意识，还有宗教分歧、欲望与利益追求，以及国家观念等，仍然有着巨大的惯性，它们限制了新伦理的实践与普及。可知，在未来的相当时程内，将爱、善施及所有人，还属于理想目标。

所幸，西方文化的逻辑还有另外一种力量，也在不自觉之中做着同样的推动工作。这便是由功利向往和产业方式、交通方式所带来的社会的公共化现象。

近代，特别是 20 世纪以来的人类进程，非常明显地表现出了社会同质化、民人角色化、工具标准化、规范同型化、生活模式化、交流网络化的样态。这些同化的后果，本质上意味着人类已踏入了公共状态，或说，人类已然开始了公共化、同质化、工具化、角色化、标准化、同型化的进程。而且，这样的公共化并非只是行为的表征，事实上它们已然深入了人格、人性、价值观诸深层领域。

人世间的公共化，是由社会物理和自然物理两种逻辑共同推迻的，它们从两方面影响了人类的观念与社会结构。

其一，人的工具化、角色化和生活样态的类型化、模式化，实已让人们更多地失去了人性与情怀，而在试图抵制此工具化、角色化、客观化的诸多方式中，人文主义是其主导。此人文意涵中，无法不包括人对人的关爱、善待，是以人域公共伦理有了一种救续的意义与价值。

其二，人的同型化、同质化，又极大地消解了人的差别和个性，使人与之间更容易交流、理解，也更容易熟识和共信，以致那些曾经阻隔人群或人们之间的诸般习有因素被淡化或放置，结果是，同类意识的善待更容易普化开来，这便很好地成就了人域公共伦理的生成与发育。

人域公共伦理的要义在于，人是同类，所以必须相互享有善的对待和支援，尤其是有同类面临战争、自然灾害、疾病、贫困、意外事件诸景状时，应该援手救助。这其中，同类并非只是生物性的概念，它实已包含了道德、政治、法律所定义的意义与标准。

毫无疑问，西方文化所主导的人域公共伦理，其根基是理性，它与儒家所主张的仁本原学说有性质差别，不过，这并不影响其效果和结果。可以说，人域公共伦理的善意，正是因为有了理性的铺张才有了更加实用的价值彰显，其殊途同归的大意透彻可见。

这里，理性有双重的意义表达。其一是它改变了人们的习有观念，破解了界域的藩篱，恰是这样的改变与破解才有了人域之善的流布；其二是它提升了人类的授善能力。这一点也非常重要。一般说，一个好的善意是需要行为者能力支援的，否则，善只能是空谈。理性，从功能和功力方面言，它与理智几乎同态，所以，好的和充厚的理性心态，足以提升人的行为能力和授善能力。今天人类主张的平等、博爱、公平、自由、正义诸原则，应该是大功利解释体系所营造的丰盈理性心性使然的结果。故说，理性是伦理善意普及与升华的前提。当然，它也因而标示人类的文明水平和质量。

第八节　人际伦理

人际伦理也称生态伦理、大地伦理、自然伦理、环境伦理。

人际一语，取义人类与生态或环境之间，是古代中国人说天人之际的俗称。这是一种越出了人域界限的伦理形态。20世纪以来，在人类世界中获得了广泛宣扬，也有了不菲的实践成效。

现代西方文化中，首先提及大地伦理的是美国人奥·莱奥波尔德。在一篇题为《大地伦理》的论文中，他明确说出了伦理的三重形态：个人之间的伦理，个人与社会之间的伦理，大地伦理。这种观念和命题对西方的确有震撼性，所以，他被奉为了环境保护运动的先师。设若这样的观念在东方社会，可能就不是什么新思想了。不要说思想、观念的有无，就是相关环境和生态保护的严格制度的制订，在中国至少已有3000多年的历史了。进而还可以肯定地说，中国古代所以要保护生态、环境，其动机、目的与现代西方人的同态行为及立法、司法程序相比，是不同质的。

这里，无需张罗比较之事。从今人的生态伦理观念和行为中，我们的确可以看到善的另一层意涵，即，善的有无及施授与否，同授者的行为能力密切相关。一般而论，一个行为能力低下之人，纵有满心的善意，他可能很容易陷入一种困局，不知道如何施善，以及施善给谁。撇开哲人的灵感直觉不论，我们很难设想一个农民或一群农民，他们如何去关爱天空、海洋、山原、河流。他们最可能及的事是，不为眼前当下他们认为恶的事，仅此而已。与此相违，经历了大功利解释体系的塑造、洗礼之后，现代人类的眼界、行为能力和行为方式均已脱胎换骨，他们对生存、生活的理解亦大异于从前。这一事实是我们无法枉顾的。

当今人类，工业、技术、科学、商业诸大功利行为和生存方式，已将生存作了极其泛化的解释。这个解释突破了自然、生态的表面屏障，直接深入了物质的结构、构成之中。其中，用人工方式改组、重组，以及化合、化分物质，早已成为了广普化的方法。这样做的后果是，物质世界原有的自然平衡关系及状态被人力改变了、打破了，并因而出现了这改变而有的失衡现象。现在，人们把这样的现象叫做生态危机、环境污染、资源稀缺。

如果我们把这样的改变、摄取视为一种人的能力的话，非常不幸的是，我们的能力其实是跛腿的。其意是说，我们的能力中非常地缺失了另外一种能力——重新平衡自然世界的协调与和谐关系。这是我们的尴尬所在。甚或可以说，20 世纪西方社会中的环境保护运动和生态伦理，恰正是这种尴尬的某种救济。

这样的救济有功利主义的动机。它的潜意是，因为破坏、改变过度会影响索取与自身安全，所以，我们需要限制自身的行为，给予生态和环境以善待，从而延续我们的利益。可以说，主流的立法和司法意愿都与此关联密切。我们只要读一读 1982 年联合国通过的《世界自然宪章》，就能轻易获得这样的印象。当然，如莱奥波尔德那样的生态主义者，肯定是把善作为了主要意向，即保护生态和大地是一种人类善性的自然发散。

将善的关爱施及人域之外的生态与环境，这显然是一种人品、人性的突破。它首先是打破了人域的界限；其次也充分表明，善其实是没有边界的，有边界的是人的心性与观念。

人域的设限本来是个西方问题，它的影响时程并不算太长。此前，较多时候人们还困窘在种族、种群、国家、家庭等界域之中，未及出现人域的观念和情怀，晚近以来，蓦地有了人类、人域的观念和意识，不料，仓促之中又要淡化人域，具出人际伦理的情怀。这样的遽变，的确有些出人意料、措手不及，却无可更改。

所幸，这个参照系的出现，及时反衬出了人域公共伦理的缺陷：人域的界域匡限阻止了善的流溢。于是，我们从此经验中获知，善就是善，它本身是没有界域的，有界域的是行为者的心性与志愿，而可以破此业障的，恰好是前言过的智慧的觉悟与自我调整。以此言，善与智慧实即是二而一的两面显现，司职不同而已。

此意之质要，东方文化早已阐明就里。所谓世界，是体、相、用的同构与同一，不可分割，不可外部化理解，即，世界是内部的；此外，世界还有隐显之分，隐者若阴，翕然不动，显者若阳，辟然健动，并以此阳动假化自显本原的真义，自证其成。故说，世界的大意即，阴本阳动，还原自证。这样的大意，中国人名之为道，印度人名之为神我大梵。

正是有此觉悟和体认，致使东方人认定善没有边界和限制，可以无所不在、无所不及。以此，中国先哲建构了天道、地道、人道三材说。周人用此道贯通其政治与法律制度，故有王道德政说，也有保护生态环境的明确立法。其实，如此的想法绝非周人孤立之奇想，其前，伏羲有八卦、皇道说，黄帝有政治履道的帝道说；其后，老子的真理之道论，更是鸿篇巨制；孔子亦用此道重新解释了伦理与善，认为仁贯透世界之全体。所有这些无不共此道毂。

如是我们不难理解，有形世界之中，道正是世界的最大公约数，一切差异、分歧均可在道处找到同质性。

第九节　存在伦理

说此世间最大的公约数是道，原因乃在于，所有的在均是道的显化、显现，因此，一切在的差异、分歧都可在道那里找到同质解。这是我们理解和把握世界的基设。

那么，道究竟是什么呢？先哲对此概念已有很多的表述。如庄子说，道无所不在……在屎溺。老子说，人法地，地法天，天法道。《中庸》说，道，不可须臾离也，可离非道。故知，道即是世界的本体、本根，万物诸在是她的阳动显现。诸在之间的差别不过是此显现过程中，诸相的构合方式与量维的差异，而非是本根的差别，是以道就是世界最大的公约数。当然，说及道的抽象义，肯定不是就具体的在而言的，因此，道亦是指最可能覆盖所有万在的概念。要之大意可说，世界是内部的，世界是阳动自证，世界是还原证成，以及智慧是此还原自证的参与者、领袖者，可视为道的基义。

按庄子的指义可知，常言的道理，可交流于两个或若干个个体之间，这是道的最浅表表达；群体或团体乃至国家之间，多有道义的协商与担当，亦是道的体现；仁义礼智信，还有理、心、性、命，这些概念与道的同义解，实不用多言；就是西方人推崇的公平正义说，同样是道的殊化；如若更加高瞻夷远，了解一下物理学、天文学所说的宇宙大爆炸、暗物质、暗能量、四种基本作用力、超弦的开闭、夸克的组合、电子轨迹、原子与分子结构、星系的构成与轨道、宇宙结构诸说，则知，我们世界是内部的，也是自证其真的。可谓，几乎无所不在展现道的要义。

道的公约之义，实意味着我们必须持道而为，以道为使命和价值。同时也已预示了善或伦理不可止于人域，或人际之中，它会充盈至全部的存在世界。这种之于万物或诸在的善待，即存在伦理。

说及存在伦理，很容易让人联想到万物有灵论。那是一种原始自然神至自然神思维阶段，人类所具出的世界观。认真评析，它们之间还真有关联之处，这便是，世界是内部的，亦是同构的道义基设。当然，存在伦理作为所有伦理形态的终结，它不会如万物有灵论那样简陋、单薄。其中最重要的差异在于，人之智慧的觉悟与自足，已让被动的内部化认同，改换为了能动、主动、领袖式的使命和责任。

存在伦理破除了所有界域和授善的前提，也解脱了二致性的困扰，让善成为了世界本身的状态。这样，诸在之恶也迎刃而解。也只有至存在伦理之境，我们才能知道什么是真正的善。

什么是真正的善呢？

消解自我即善，化除界域即善，去智归真即善，以相养在即善。

并且，我们也在存在伦理中知道，所谓万物之灵秀，它其实是经由善——它的显现过程和形态——来彰显的，没有静态的善，也不可能有固化定居的善。

自我的消解，界域的化除，以相养在，去智归真，便是善的完整与全义。所谓世界的自证，亦便是此化域求和、化域成善的践履与历程。觉悟此义，不枉为智慧的承载者、世界的参与者、完善的引领者、能动的觉悟者。

第八章　善恶的文化判别与实践

善恶的相对性已具言如前。数千年来，我们的经验感觉，甚或我们的知识体系中，这样的相对性无处不在。有时候，同一个知识域或文化域中，都可能发生今是昨非，或今非昨是的变换。至于不同文化域、地域之间所发生的是非之争，几乎可以说——除却直接的物质利益之争外——大多是善恶是非之事。阅读过印度圣典《薄伽梵歌》的人肯定有此深刻印象。该书的主题便是，黑天（神我大梵的化身）反复地教导、引诱王子阿周那去屠杀自己的兄弟、同胞，以此颠覆阿周那的道德观念。

这应该是人世间善恶相对性最经典的表达。印度哲师中的善恶与俗世所言或所知的善恶，差别天壤。俗人认可的兄弟相残、屠杀、战争之恶，哲师们不以为然，反被鄙视为不开智慧的俗人之见，他们所体认的善，只是阳动显现之善，也是淘汰洗涤之善。

善，并非某一文化所专有，它具有极好的广普性，几乎为人类所共识：一切好的向往和行为，尤其是利他的行为为人类所赞赏。这也已成为了一个判断标准：善的意愿和行为足以标示人之所以为人。

善的重要性于人类自不待言，不过我们这里需要关注的不是经验或日常生活中的善行、善举，这些属于伦理学和伦理规范的范域，我们所究之善是义理上行，可究之世界之因为所以的善。这样的善是理解世界、解释世界和把握世界的依凭，也是人之所以为人的价值内质，它是由义理体系宏阔并支撑的。

善恶的相对性困扰了人类几千年。早先，小地域、小群域之间为了此不可开交，以至于许多文明域内一片狼藉。后来，一些主要的地域文化中出现了哲人圣贤，他们的觉悟与哲思超凡，随着他们建构起的全新善恶标准，这些地域开始简并原有的善恶观，人们渐以服从和接受他们厘定的善恶标准，以此，大的文化域得以形成。圣哲们的功德，首先是提升了人类的文明水平，其次也让琐屑的原状性善恶观得以简并、统一，让善获得了破域解困的新天地。

时至古典时代的轴心期，这个星球上的主要善恶观已大为简化，可以称为体系且对后世人类有影响的善观念，已然宏阔亦秀领风骚。这样的善，依地域文化属领的差异，主要有四个样态：中国的道德之善，印度的智慧之善，西方的正义之善，以及西方的物理之善。其中，中国和印度文化均属典型的东方文化。所以，以文化现象分属，这四个典型可简约说为西方（文明带西段）文化的正义之善、物理之善，东方（文明带东段）文化的本原之善。

此四个善恶观体系，都有极致的复杂化建构和逻辑布局，其所融含的知识与其所养育的价值精义，均非其他类型的善恶观所能比语，所以，值得我们依例辨析。以此，可窥视善恶的大意与世界自证还原之必然性。

第一节　正义之善：善恶的理智实践与集成

正义，是一典型的西方话语，亦是西方文化的核心概念之一。时至今日，它在人域世界的话语体系中占有极其重要的地位。

正义，善的一种形式或方式，它具有公共善的性质，是以成了人们关注的焦点。公共善是说，善的意涵与价值超越在了单一者之外、之上，具有了两方以上相关者共同认同的好。不过，正义虽然具备了善的公共性表征，可它的旨意却又与常言的善，或足以表达道德、伦理之本意的善，有很大差别。其要是，道德之善主要是单向性的善好意愿及行为，它不附带对等和相向性的前提条件；而正义之善，恰正是以对等、相向性为前提成立的。此表明，依善的动机和价值取向言，它们是两种不同的善。

这样的不同还可作如下理解。

正义之善是具体的善。它只存在或有效于有关联关系的事件和关系者之间，一旦该事件或该关联关系终止，此善即告停止。即它没有延伸性。道德之善则不然。它可能因为界域原因无法让善出界，可一旦破界，则，这样的善便具有开放性，可及于具体的事件和相关者，也可及于概念性的无边无际之中，以至于完整意义的善。

正义之善的有限性、特定性，实是受使于功利生存中的有限责任伦理意识。这种观念认为，功利是具体的，也是利害相关的，从事功利的目的，即是为了盈利，所以，为了利益的最大化，行为者只需要尽责于相关事项即可，余者可一概免责。这便是人们常说的有限责任伦理。责任不出界，便轻易地阻止了善的流溢，于是，善的无限性便被切割了。

正义之善还是形式之善。这同样与道德之善有着重大差别。一般情形下的道德行为，会直接引出或指向善的结果，正义之善则不然，居多时候，它只保证出现行为人所期望结果之过程和方式的合理、正当，而不直接指向结果本身。或者说，它主要是为某种欲望结果的出现提供恰当、正确的保障。这种善比较着力于程序和行为环节的正当，故有时又称为程序正义。

正义之善所导向或导出的结果，永远只是当事人之间的善，对非当事人就有或然性了，它有可能是善，也有可能是恶。这表明，它与道德之善只指向善本身的愿向是分差明显的。

那么，正义究竟是一种什么样的善呢？

简要说，正义，即当事人之间行为的合理与正当，或说是当事人各得其所应得。这样的合理与正当经规训和定义后，被说成对等、公平、有偿、合意诸原则，即所谓正义原则①。此定义中有几个暗含的边界是必得要说明的。第一是限指当事人，非当事人不受此限；第二是所为行为和事件本身，非此行为和非该事件与此无关；第三是行为的相对性，即对等性，意即它不是单向行为，而是双向行为，并且，有偿是目的，即功利是目的，所以它与利他无关。

前说正义是程序之善，它是说，此种善只保证达到当事人欲望的结果，至于结果本身是否为善，正义是不会去理会的。所以，正义一语与中文中的义不可同语。这里，有必要先来描述一下义的语源意义。

语源知识告诉我们，义（義）源于我。此我为群我。或说，义是我的派生词。所以，義（𢦐、我）从我，其简化字与我则完全是一个字②，可互通。依语义言，义、我通应是一新定义，约与孔子相

————————

① 现时代中，有人提出了所谓公正原则，被认为是第二种正义观。的确，与第一种正义说相比较，这个第二种正义突破了当事人的特定，更关注不确定的他者的利益，可说更具有公共善的意义，然而，它依然属于当事人的范畴，因为公正的对象多是一法域所属之民人，这样的民人在此法域中仍然是当事人，所以并非纯粹的利他之为。可说，它只是接近了道德之善，而非就是道德之善。

② 见《郭店楚墓竹简·语丛一、语丛三》。

关。证据是，他的书《论语》中，用我 47 次，全部为己我，同样是他的另一本书《春秋》中，用我 49 次，其义无一为己我，全是群我之称。更有甚者，这些我的使用中，重心均在自我的批判、限制，而非自我的彰显、外扬。此前，我已经经历了武器、群我、己我三种语义的演化，其价值取向均为自我的彰显、外扬，延至《春秋》则反其道而用之，足见孔子晚年用我，实已开出了我的第四语义：义我。

所谓义我，即董仲舒说的，"《春秋》之所治，人与我也。所以治人与我者，仁与义也。以仁安人，以义正我"①。故知，义正是限制自我，积善奉公、奉人的概念，当归于道德之善的类属，因之也就不与正义同语。

考中国文化中，虽有与正义相关的观念、意识，甚或律则，但，作为一个基设性的文化与制度文明的概念，却无所出。以此可说，正义是一个西方的概念与范畴。这里的西方，是指包括今人所说的西方在内的文明带西段地域，它首先是地理概念，而后，渐渐有了文化质地的相同性。在这个地域中，正义的生成与演绎是由特别的背景和条件前提支持的。不过，作此种背景和条件前提理解之前，我们还有一些相关解释需得明白。

观正义之义，其善意所生，最大内在动因是当事人。这里的当事人并非我们寻常所言同语词的指意，它是一个特定的概念，甚或可以说，它是一种制度的称名。

首先，当事人是一种资格的专有称谓，故不能与一般言说的人（自然人）相混淆。此制度中，一个自然人不一定是当事人。这句话显然不能按常理来理解了。因为这里的当事，并非字面的做事、担当

---

① 《春秋繁露·卷八·仁义法第二十九》。

事、承接事之意，虽然经过转换后，它还会包含这些意思，可转换在这里是根本性的。转换是说，一个自然人非经法律认为他是人，他便不是人。这里的法律认为，即是一种资格的法律认可。那么，法律会否随意认可一个自然人为人呢？不会。因为这个法律本身是特定的，它之制造的目的就是要把一些人，或说绝大多数人排出这种认可之外，所以，希望获得这种法律的认可而成为人，那是天难的事。

当事人的特定，以致它必得要用一个更专有的名称才能厘定，这个名称叫主体。主体，在公法的定义中，它可等义于主权者（尤其在早期的政治观念中），即国家、共同体、法律等公共权力（主权）的制造者。此表达表明，主体是主权、公权产生的原因。既是原因，当然就有存在的绝对性：没有主体，便没有主权与公权；反之，主权与公权得惟主体之意欲而为、而在。当然，私法之中，主体的主权与公权价值几乎可以忽略不计，但作为原因的价值则毫不逊色。顾此即知，主体的本义实即自我，或说经制度认同了的自我，便是主体。

共同体、国家、法律的生成、制造是为了实现主体的意志。此命题构成了西方政治与社会价值观的基设。然而，此命题同时也昭示了其所谓国家、法律并不具有普适性，它们只是其"当事人"的特权护身符和人为藩篱。这样的法律依其特定性，可延展称名为主体构成性法律体系。

那么，是什么样的特定当事人可以如此这般地制造保护他们特权的国家（共同体）和法律呢？那只可能是强悍者。是他们的强大、强势为他们提供了这样的机会和可能性，并且，也只有他们才会有利益和特权需要保护。不过，理解此强者，还得有进一步的相关生存环境条件特定的分析，否则，只说强者是无法讨论的。这样的分析稍后进行，此处还要先说说主体构成性法律体系。

　　主体构成性是说，此法律制度及其体系是由主体建构起来的，并且，唯有主体才足以支撑起该法律体系。足见主体是该制度设计的精要之所在。如前所述，主体是一种排斥、排异性的制度，它割断了人的整体性，将主体之外的他者视为物，因之可以支配、处分、占有、所有。它之能成为西方法律体系的核心支柱，以及西方的正义观自始就主打分的正义，全在于主体分割断裂了人的整体性。于是，人为设置界域，自筑藩篱，固化自我，滞扼在流，便成了常态。

　　当然，主体对人类和世界的分割，并非自我的原状性切割。依形式言，它经过了制度的包装与修饰，结果几乎与自然状态的自我无关；依质地言，它是自我被理性塑造加工后成就的新产品，即，主体虽然志在人为分裂世界，可其方式却是极为理性的，所以才有了正义之善。人们常说正义是分的正义、形式正义、程序正义，恰恰是抓住了这个制度体系的要害。可以说，正义之善是一种有分才有的善，也是一种特定的制度所支持和保护的善。

　　正义之中，分具有前提性。除上言主体（即人）的分割之意外，它还有一重要的分术，这便是分物。我们所知的权利一语，即此分物的制度设置。常言，正义即各得其所，或各得其所应得，是主体加权利之后才有的结论。或即说，先分出特殊的人（主体），再分出应得的物①（权利），这样才构成完整的各得其所。不过，各得其所后来还有延伸，如交易行为中，各得其所被称为了交易正义，又如共同体或城邦和国家与公民（主体的另一称名）的关系中，则有了公正的正义和合作有效性的正义。这些正义的要义即恰当、合理、公平、对等、有偿、合意。如此故知，正义之善是一种相对关系中的善，即分

---

　　① 法律所说的物，也不同于自然物。它首先指有用的物，其次也包括非物质的利益。

割之后，有资格的人相互之间所发生的相关关系得一律公平、对等、合理的善意。

正义之义，还有一项重要内涵，这便是契约。契约是当事人之间就相关事项所达成的一致的协定。此协议可为合同，亦可为法典，甚至还可为宪法。契约，或协议，或合同均有一共同表征：当事人的合意。即当事人双方或多方意愿的中和、综合。契约正是这种综合的结果。

说到合意，自然是指自我之欲望的会合。问题在于，曾经的自我是暴力相向的，由暴力而有合意，这显然是改变门径且有内在原因的事。这个原因即前言的理性。

理性，一如前述，它的简单表达就是妥协，复杂的说法先且放置。妥协是压制或部分压制自我的欲望，尊重或承认对方当事人自我的欲望。如是，方可至交易成立，亦可建立共同体，还可创制立法，等等。如此之类表明，一个互利行为或公共实体，或公共事件的结果，其出现的原因，全在于当事人之间的理性选择与判断。以此不难知识，理性是促成契约或合同成立的重要前件。

这里，仅依当事人的立场看，契约、合同即是善，其中，妥协与选择中体现的是正义。毫无疑问，此善具有一定的公共性，因此其弹性特征非常突出。所谓弹性是说，表达此公共之善的契约，可成立于两个当事人之间，亦可成立于一国之中，甚至还可成立于人类世界，如联合国。

契约之所以能具出公共之善意，一是理性限制和诱导了自我，使之有更加明智的判断；二是理性塑造了程序正义或分的正义，使之可以匡范当事人的行为。可见，理性之于主体构成性法律体系的建构和正义之善的彰显，有特别重要的意义与价值。可以说，离开了理性，就没有正义之善。

正义是理性的缔造物，没有理性便没有正义。故知，正义是依据理性原则和逻辑，在主体之间实现交易、交流、欲望、功利的各得其所，以此成就自我的自由与意志的充分。或更简洁之即，正当地捍卫自我，便是正义。

这样，我们基本明白了原始正义的大意：某一地域社会中的那些强者人群，为了确保相互之间的自我欲求和利得，也为了更好地联合起来共同面对并竞争外部的生存压力，固化所劫得的利益与特权，他们依据初级的理性法则、逻辑，构筑起了一套制度体系，在这种制度规则的规范之下，人们可以捍卫自我和自由。这种由理性支援并被法律所规范的自我实现，即正义。

后世，强者的绝对性被相对化，人类的文明水平亦极有提升，于是，这种原始的正义观已不足以支援自我的需要，进而便有了公正的正义。它是说，社会、国家、团体应给予弱者获得权利和关照的机会，这样，社会可能更安全，更具公共性。

正义之大意略备如上。我们也约略见出，正义之善与道德之善是有明显差异的。其差异之最大者，道德之善是单向性的利他之善，亦是责任的担负与能力的贡献，比较深层的道德之善，更是以化除自我为己任，融自我与万物于同一不二之中的；与此不同，正义之善则是一种相向的互利，它追求权利与义务的对等，目的是为了保卫自我的欲望与利益。虽然，从极远时空度量，正义之善终归要汇入道德之善中——如前所言，我们的终极伦理是存在理论——然而，过往现下，以至于很长久的将来时程中，我们（当下的人类）似乎更亲昵正义之善；更何况，文明带西段地域久远以来的善的形态，正是正义之善。这样，我们需要回答的问题是，正义之善是如何兴起的？它为什么与道德之善有差异？还有，当下之人类为什么会倾情正义之善？

正义，是文明带西段地域社会与文化形态中的主导或主流价值观，这与文明带东段地域社会和文化形态中的主导价值观有很大差异。一如前言，我们在印度与中国文化及知识体系中，甚至找不到定义为概念的正义，虽然相关事例与现象肯定不在少数。这样的差异当然会引起我们关注，何以西方社会会兴起正义之善呢？这里，农业产业方式与农业文明形态应该可以成为我们寻找答案的钥匙。因此，得优先说明一下。

首先，农业产业方式与农业文明的意涵要有所限定和规定。我们现在所说的农业与农业文明，特别是作为范畴概念的农业文明，并非仅指出现了这种现象即是，它还有更多的他要素和附着事项，如成熟的农业产业，单一、纯粹的农业文明，格局、布局、范围足够大，等等。或即说，此农业的承载能力超强，它足以单一地供养大地域的人口，还得历时悠久，不可中断，以及，此单一、纯粹之中，还应包括它无需外援，即可自给自足。

其次，这样的农业与农业文明还与特定的地理环境相关。它是说，其农业产业的发生与发育，以及形成之后所受到的特殊保护，都是此特定的环境恩赐的结果。此保护在文明形态成型、定型、成熟之前，尤其重要。其中最主要的功能是，足以阻止外来者对原居民的干扰、杂交、毁灭、侵占、统治。当然，这样的描述中，不排除文明形态定型后的边境骚扰、入侵之事。事实上，农业文明后期（如最近二三千年间），这样的事例不在少数，可它们基本上不具有颠覆性。

此条件中还有一附带的相关条件，即人种和种族构成。一般说，单一纯粹的农业文明群体可较多保持其种群的单一性，较少有大规模种族杂交（特别是亚种以下级次）、杂合现象，边境地区会有常见的民族、种族杂居问题，但主导地域中，人群的单一性和同源性非常明显。正是这样的构成和结构保证了他们文化的同种传承的事实。我们常说，某些文化同化能力很强，如印度文化、中国文化，大抵即是。成型以后的农业文化，其根底同天同地，动物本能样的入侵者、统治者，是不能改换质地的。

再次，还有一个后起要素也很重要，这个要素是，群体中有瓜绵代继的灵慧直觉之人，他们能依此农业文明和其环境条件的样态，作破物化在之灵思，直觉本原之所以，于是便有了相关世界之真理的觉悟与义理。这些义理最终成为了此地域文化体系的灵魂和核心。惟此，才足以支撑起长青不败的文化与文明。

若拿这些要素或条件去检视农业文明以来的中纬度文明带，大抵上便有了东西两判的结论。其东段主要是中国文明与印度文明（印度的情况有些特殊，它的文化质地属坚定的东方类型，然地理上它又与文明带西段有开放性的关联关系，结果是，它在体貌上又具有了杂合、杂混的样态）；其西段则包括波斯文明、两河文明、迈锡尼-克里特文明、埃及文明。东方文明几乎完全服从了上言的农业文明生成、生长、成熟的诸条件、要素，只需在某些方面稍作校调即可，而西方文明又几乎完全不符合这些条件和要素，于是，差别的出现就不言而喻了。

或问，文明带西段地域中，农业产业之早，农业文明之发达者，至少有两河文明、埃及文明，何以你要视而不见呢？依时间发生之早和产业方式发达，还有文明形态而论，的确如君之问，这两个文明均可视为农业文明，问题在于，它们生错了地方，也不足够广阔，这给它们带来了灾难和变形、变性的后果。说它们生错了地方，是因为它们生长在文明带西段的核心区域，尤其是两河文明，更加明显地表明，生非其地。何以有说呢？极为简略之辞如下。

整个文明带西段地区，地理上是开放的，没有屏障给予隔离、保护。这意味着，相互移动、迁徙非常便利，而农业文明初中期开始的所谓迁徙、移动，实即是狩猎农业区；后来，这样的移动又变成了入侵、殖民。不要说两河地区，就连边缘得多的埃及，也不能幸免早期来自亚洲的入侵者，大约至公元前 2200 年前后，亚洲人就成了这个文明的统治者，此后的故事基本上不再独立发展，而是与亚洲，再后又有欧洲一起上演搏杀的连续剧了。

生活在中国地域中的人，很难想象文明带西段地域几千年间不停上演的移民、入侵、殖民、屠杀故事。这些故事经历的时间之悠久，场景之广阔，剧情之惨烈，结果之悲怆，的确不为农民所想见。我们只要罗列一下历史上那些曾经显赫过的苏美尔人、赫悌人、胡里人、米里坦人、亚述人、巴比伦人、波斯人、希腊人、罗马人，便知，他们早已成了过程中的符号，只有文化的记忆。甚或可以说，现如今生活在文明带西段地域中的人们，绝大多数都找不到 1000 年前的直系血缘祖宗，他们是彼时的哪个族群或种群，纵令如犹太人那样顽强生命力的群体，其实也是杂交的后代。相反，在中国，不要说民族这样的群体，即令家族，也能轻易地找出 4000 年前的某个人为他们的始祖。

多个亚种之间的杂交，本来就让文明带西段地域的人种构成极不单一，尔后，尤其是农业文明中期之后，种族之间的狩猎、入侵、侵占、殖民等迁居行为，如潮如风，更是让此地居民的构成严重地复杂化。以两河平原为中心，十分便利通行的地形、地貌，轻易地吸引了无以数计的游牧者、狩猎者，他们开始以猎杀、抢劫农民为生，后来，为了更加自利，他们又将被占领地的居民变成奴隶，建构出了一种全新的社会形态：奴隶社会。它的制度支撑者，便是前言的主体构成性法律体系。

两河平原为什么不能如中国和印度那样保持农业产业的稳定性，并以此捍卫农业文明形态呢？这首先是它地理环境的开放性，完全不能阻止住四面八方汹涌而来且持续不断的入侵浪潮，无尽的抢劫和猎杀最终破坏了农业的根基。

其次是本农业区的农耕面积并不大，不足以养育过量的人口。这样的承载能力不足，在埃及文明中，更加突出。因之，不要说有外敌入侵，就是不考虑此因素，仅凭人口增长这一项，显然不支持它形成超级大国。

还有，两河平原身置沙漠之中，这里是因为有水流经过而有的农垦区，这个环境条件让它有了极强的外援依赖性。水从北方过来，如果碰上干旱，则沙漠中的平原亦会枯萎；树木也非本地所产，迟至公元前 2400 年前后，为了改良土壤盐碱化的问题，人们才开始引种一种叫海椰枣的经济树种；石料本地完缺，完全依赖北方进口。如此之类，生产资料的常态是稀缺，它又如何能够支持超大型帝国呢？没有超大型帝国的坚强后盾，又该如何坚守其原创的文明形态呢？相反，这些不利条件却极有利于猎杀者、抢劫者的暴力行径，他们可以横冲直撞，可以往来自如，可以兽性大发。试想一下，如此的生存状况和生存场景，社会和人性不扭曲，能够吗？问题还在于，这样的故事不是孤立别例，而是长程连续剧，一演就是几千年。两河虽然是中心，可其他区域并不能幸免，反而，随着罗马征服的成功，它走向了整个文明带西段地域，所有人都必须要为生存或生死而拼命，而搏斗，而抢劫，而杀人。如果说，农业文明中期的前半截，这样的情形主要限于两河联及地中海地区，使那里变成了生存为先的强盗社会的话，那

　　么，后半截，这样的强盗社会就扩展及了整个文明带西段，最终让全地域高度地强盗化了。

　　强盗社会正是我们理解西方历史与文化的关键。这个由事态、时间、空间诸参数共同组成的概念表明，在几千年的历史中，整个文明带西段地域遭遇了高强度的搏杀、屠杀、抢掠、毁灭、再生、杂合、重组的剧痛，生存（生死）是第一要务。这与非洲草原上的动物没有任何实质差别，有所不同的只是，人类一直用文化修饰、装扮着同样的残酷。当然，这中间更有文化的救济、拯救、改造、启迪之功。

　　生存成了第一要务，它会反过来塑造文化形态和意识形态，亦会匡制出唯此为大的价值观。

　　首先，它会极度强化自我的观念与意识。生存竞争激烈的第一受压者，正是自我，生死之选只能自我独自承担，他者几乎无能为力。如此高压之下，自我只有同态地强化其意义和价值，方能补救心性的慌张。而此，恰好是感觉智最为拿手的功能。

　　其次，功利观念的盛行与扭曲。生存是由两部分组成的：在了，在下去。功利之兴便与在下去密切相关。这里的相关是说，在农业文明状态中，在下去的资源是很容易稀缺的，尤其在文明带西段地域，大面积的农耕地几乎阙如，狭窄的农垦区，如两河平原、尼罗河谷地所产之资源，根本不能满足整个西段地域的摄养需求，于是，资源稀缺就变成了常态。另外，本地区的职业抢劫者远远地多于农民人数，商业和手工业的方式虽然可补助农业的不足，然而，不事商业、手工业、农业的人群还是过于强势，他们的直接获利方式较之商人、农民、工匠们通过辛劳而获利的方式，更具吸引力。人们发现，抢劫、掠夺更加快意，积久而后，功利的观念也随之扭曲，形成了一种可称为强盗的功利观。它的表达方式就是殖民统治与暴力征服。

再次，责任伦理的收缩。责任伦理是一种由隐性智慧所支持的价值观。它是说，我们的行为必须与环境状态所要求的和谐、协调、融洽关系相一致，主动地承担起维护和救济的责任，以求实现人的自然性。这种观念源发于狩猎时代，属万物有灵的原始自然神观念的别出。延至单一农业社会和农业文明时代，这样的价值观因为农业的成功而有了极好的铺展，有些文化域（如中国文化、印度文化）中，甚至发展出了无限责任伦理，并构成为后来自然义理神论体系的核心价值：天人合一、体用不二。

无限责任伦理是一种终极价值观，它表达了世界是内部的，也是自证其成的终极真理。在这样的真理和价值面前，人是参与者，能动、自觉的参与者，所以，初级智慧如感觉智、理智所坚守的自我，其实只是一种假象，不当为真实。然而，我们现在所俯视的文明带西段地域，却无法按照这样的逻辑去解释其形态。

社会的强盗化，将每个人的生存逼进了绝境，人们无法坚守责任伦理所要求的责任，与自然、与他者和睦的意识被挤压、排出，最后只剩下了赤裸裸的自我——没有能力去承担责任，保卫自我是生物本能。这种现象便是责任伦理收缩。责任伦理收缩的最后边界是自我，于是，真实的世界被放弃，自然本根也由之断裂了。可是，自我还要在下去，而人又是解释的动物：没有说法便无法行为，也无法在下去。正是在这样的局面之下，西方人不得不另起炉灶，重新自为解释：为了自我的恰当安放。

这个解释的原点依然是自我。很显然，既然要做义理解释，就得由理智来主导，感觉智是无能完成如此重任的，只是，它的素材必得要由感觉智提供。一个由自我为原点所形成的解释，在理智的帮助下，最终成就为了一个充满理性内质的学理和知识体系。这个体系可称为自我的物理解释体系。它由自然物理、社会物理、观念义理和精神信仰诸元构成，共同建构出了一个人为解释的世界。

如此解释体系和建构的成立，其所包含的非常重要的内在因由，便是理性的出现与介入。可以说，没有理性的塑造，断无西方文化的成就与铺张。这其中还有一个连带问题，即什么样的人群开启了这样的建构历程？

理性是西方知识体系中非常热门的话题，此处不便过于介入置辞，而作为旁观者，却也有言说一二的可能性。

理性的源发当不在今人所认知的私的关系中，它的缘起是公的需求，即因公而有了理性。这里的公是一种什么公呢？当是一种共同体之公。并且，这样的共同体只能在上言的强盗社会中去寻找。

强盗社会的高压生存环境，凸显了个体或小家族生存能力的微薄，也表明了生存机会的极小。对此，具有理智智慧的人们不得不作出选择：收敛感觉智所支持的自我（群自我），与他自我联合起来，共同寻找生存的可能性。依顺血亲纽带的作用，这样的联合首先出现在有着血亲关系的家族、氏族之间，这便形成了初级态的生存联合体。故知，此联合体最初只是经济性的，即只以生存为第一价值，是为生存共同体。

生存共同体是在自我妥协的基础上组合的联盟，所以它一开始就有了理性的预设。或说，它是一种由理性支持的生存实践行为和现象。不过，生存共同体的组成并非个体（己我）关系的集合，它其实是群我关系的妥协与集合。即它是由数个或数十个家族、氏族团体联合而成的。这其中，任何个体或己我均没有表达或表现的机会。真正决定共同体的是每个家族或氏族的统治者——家父。他作为家的统治者，亦即转身成为了家的法定代表人，参与共同体事务，决定共同体的存亡。从这个意义上讲，生存共同体也可以称为家父共同体。

　　家父们以群我的妥协、自限，换来了共同体的成立和生存能力、生存机会的强大，这更有利于他们与外部世界的生存竞争、拼搏，可见，的确是一件有利可图的事。而此恰正是理智和理性的杰作。非唯如此，理性所支持的后续事态的演化，更加强化了理性的意义与价值。

　　生存或家父共同体是强盗化生存的结果之一，还是这样的压力，逼迫着它奋力前行，不能止步。后来，我们看到了一种更典型的西方政治体制：城邦，便是强盗社会生存演化的结果。其逻辑进路是，生存重压逼使家父共同体渐以固化，从而演绎出了它的政治、军事、外交、经济、宗教、社会诸多方面的职能与功能，这样，它就成为了标准的政治实体，必须要有自己的代表者：城邦机构。这是一种理性的结合，也是一种理性的建构与设置。长老会、国王是其主权者，他们之间奉行平等、对等、合意、公平原则。这即是后世人们所认定的正义。足见，正义是有资格的人之间相互关系的恰当、合理的理性标准。它只有效于有资格的人之间，与他者无涉。

　　由此亦知，理性并不具有普适性，至少在农业文明中期及以后的相当长的历史年代中如此，它只是特殊的人群之间的善好法则。

　　说及了理性与正义的这种特定，还有一个事实必得提及，这就是强盗社会中的强者人群。

　　所谓强者人群或强者，是指强盗社会中，在生存竞争、搏击过程中成功了的人群或种群。与之相对应，其他的人群或种群、族群就成了弱者。这里所说的强，基本上是力能标准的，即力能上的战胜者。当然，既然是强盗社会，就不可能有永恒的强者，能够支撑几百年的群体，应该是非常罕见的。因为力能的搏击有太多的或然性与不确定因素。不过，依自然法则而行的力能主义，不论其时间的长短，它的特殊性一定是要表达充分的。这个表达即：强者逻辑的成立与肆意。

大要而论，强者逻辑主要是由两种方式伸张的，一是意识形态的建构，二是制度体系的设置。

观察意识形态有知，强者们所建构的体系，实有前后表达的差异。前半节他们多崇尚力能至上的价值观，其承载方式便是流行过的原神信仰。如苏美尔人的安-努体系，巴比伦人的玛尔杜克体系，希腊人的宙斯体系均是其例。后半节则不然，随着强者们自身的成长和理性能力的成熟，他们必致要反神祛魅，最终以理性和其精神体系去表达人本的意义与价值，是以有了理性主义哲学。

观制度体系亦知，理性所支援的逻辑是，用制度确立、捍卫、巩固强盗行径所获得的利益是上选。这些利益包括资格的特定与专享，权利的固化与法定，交易、交往的自由及自治。于是，一种以主体为核心支柱而建立起来的制度体系成立了。这种制度一开始的主观动机是为了强者的人格和权利的专定，所以，它不是相关平权的制度，反而是一种赤裸裸的特权制度。即，它以人为划定界域的方式，最大限度地满足自我的欲望与需求，视他人、外界为有用、无用之物，而专取有用之物所有之、支配之。

这说明，西方主体构成性法律体系其缘起，完全是那个特殊的强盗社会中的强者强盗们自为、自洽的游戏规则，它与弱者人群无关，弱者们也无力作此非分之想。后来，所有相关公法、私法的制度，都附着在了这个主体构成性法律体系之中，如民主、法治、宪政、合意、契约、公平、对等、有偿之类，先后成为了它不断扩充和修补的内涵。故知，所谓主体构成性法律体系，其实就是强者捍卫自我特权的游戏规则。

那么，后来的西方世界为什么能够接受这些强者强盗们玩的游戏规则呢？或说，为什么这样的正义之善能够在西方普适化呢？回答这个问题，我们得关注一个伟大人物，他叫斐洛。

回观文明带西段社会的历史有知，强势的强者强盗在这个广阔的地域中，其实始终只居少数群体之列，而且，随着文明进程的演化，这些强者群体还在交替着转换。至希腊文明终结，虽经历了几百年希腊化时期的扩散，以及罗马帝国的兴起与同化，可由希腊、罗马人所主导的法治、宪政文化和他们的理性哲学，仍然难以广普于整个文明带西段地域，更多的群体和地域依旧沉浸在古老的原神信仰，甚至原始自然神信仰之中，某些开始生长中的宗教神信仰，只是极为个别性的事例，不具普适性，更加烦扰的是，所有这些信仰都无力也无法接受理性主义义理与制度的安顿。这其中，罗马帝国所奉行的理性精神与观念，以及主体构成性法律体系，并未与其疆域一起同步覆盖，其所掌控的巨大地域中，能认同者其实只是少数人，即帝国核心区中的人们。这便摆出了一项十分迫切的任务：如何让更多的人接受和认同希腊人所创立的以民主、法治、宪政、合意、公平为内涵的正义原则，及其主体构成性法律体系。

刚才说及，希腊化的本意是为了推广希腊的理性文化和制度文明，可其收效甚微。正是在这样的背景之下，斐洛出世了。很多西方学者（如策勒尔那样）视斐洛为折中主义者，认为他只是将柏拉图、亚里斯多德的学说与犹太教做了中和的归置。这实在是小视了斐洛。

斐洛（约公元前20年或前40年出生），这位生活在亚历山大里亚的犹太人，他发现了希腊理性哲学的合理性，于是，他变着法以此去解释《旧约》圣经，让柏拉图、亚里斯多德、斯多葛学派成为了上帝的布道者。其中，最著名的是，他引进了一个希腊词：逻各斯

（Logs），用它来中介于上帝和世界之间，成为上帝和世界，特别是人类之间的中介者。它既表达上帝的意志，又规范人类的生存、生活。比如说正义，就是上帝的意志依据逻各斯或逻辑，在主体之间实现交易、交流、欲望、功利的各得其所，以此实现自我的自由与意志的充分。

依表象言，斐洛既欣赏希腊理性哲学，又不想放弃犹太教义，所以有很多人说他是折中主义者，其实，他是在用理性义理置换犹太教的教义。他的贡献和意义可从远近两端叙说。近处，他的新教义影响了基督教的诞生，尤其是使徒们的福音书，至于说再往后的奥古斯丁和托玛斯·阿奎那的基督教哲学，那就更加直接、明显了；远处，我们看到，后来西方世界所以能够盛行主体构成性法律体系和正义观念，实应归功于斐洛对宗教神论的置换与改造。他说，逻各斯是上帝用来制造和治理世界的工具，也是世界公民必须遵守和了解的宪法即自然理智。此表明，上帝已经希腊化了。这样的置换和改造，让非常广博地域的人们在没有或不认同理性精神的宗教生活中，接受了理性和法治、正义等原本属于强者强盗的文化，因为，人们现在认为，这就是上帝的意志。

以此，在基督教和罗马帝国的双重作用下，理性的正义原则变成了西方文化的主导内涵，进而影响了人类历史。

正义之善，是从血淋淋的强盗文化与暴力生存中渐慢挣脱出来的善，这样的挣脱和生长是人类理智智慧和理性的天才创化，它极好地改造了人的动物性，让人域的窝里斗成了有章法可依的文明现象，故其功业与价值不可隐没。当然，换一角度观察，我们也能见出，正义之善其实并不是真正的道德之善，它只是有资格的自我之间的关系的恰当与合理，其目的是为了捍卫和保卫自我，而非化解自我。不过，如果我们刻意关注理性所倡导的公共价值，则又知，正义之善虽不能化解自我，却可以无止境地趋向公共之善。这样的公共可以是两个当事人个体，也可以是地域群体、信仰群体、人类全体，甚至于人与生态的共同体，等等。可见，理性指导的正义之善，亦是有前途的伦理形态，只是它会永远负担着自我的包袱。

第二节 物理之善：善恶的智慧修证与求真

物，世界的表现形式与方式，亦即，阳动自证的承载与法式。它们是本原意志自证其真过程中的必然结果，所以，物必得承载原意志的必然性与绝对性。这样的承载便是我们常言的物道。物理之善，实即是物道的恰当与合理状态。

亦如前理，物道与物理之善通常是由两厢的道理组合而成的。其一是物的自在之理，其二是智慧加入后，与自在之理会通之理。寻根而论，这两种理或善并不冲突、矛盾。此可视作一种俯瞰观察的结论。不过，若置身世界之内，作参照比较的观察，则会熟识其间的矛盾、冲突的常态。或即说，智慧之于物的许多看法、结论其实是虚假、不真实的。问题不出在物理或物理之善意，而是我们智慧本身的残缺。

所谓残缺是说，抢先表现智慧之功能与价值的，并非真智慧本身，它们是智慧与载体杂合之后所形成的虚假智慧，其最要者便是最为表象的感觉智。感觉智的确是智慧，但它所仰赖的视听准则，恰恰是个体化的自我（原初为群自我）。自我的欲求与感受完全左右了智慧的真实性与价值观，于是，智慧仅为己私之工具和依赖。故说，感觉智实是一种极其残缺的智慧。这种残缺的智慧虽能部分解释或理解物之理，可其结论当然就不言自明了。

后来，超越于感觉智之上的智慧理智登场。它的意义和价值，即是要修正和改观感觉智的残缺和不充分。如何修正呢？常见的作法是，凡属相关物理的解释和理解，一定要超越在自我的欲望与感受之上，非有多个——后来渐演变为多数——自我的共同理解和解释，不能成为物理。① 其间，众多自我的共识与公认很重要，它从两个领域说明，道理或真正的善从来不会是个体性或个别性的。这两个领域是：物理或物道一定是共有的；智慧之于物理的理解一定也是广普化的。

智慧之于物理或物道，其关联关系既是所谓外在的发现，也是智慧还原本原的贯通。

这里的外在，是就物与物的关系而言的——即，智慧是由人承载的，故说人亦是物，所以，从物的角度言，人相关物理的研究，也包括对人这个物自身的研究，都由外在进入，是以有说——然而，物理或物道的研究决不仅仅是外在进入之一途。这样的研究只是研究而已，它可以解释物的结构、功能、作用之类问题，却无法回答何以物会成为物？物之终极价值，物的完整性等问题。正因为这类问题不能获得理解和把握，便导致了一种必然现象，过去几千年以来，我们在发现物的功能、作用、价值之后，这些物理很多被用来满足人们的私心、欲望，甚至于犯罪。其中的极端者如武器（无疑还包括科学技术、工业对自然环境和生态体系的破坏之类），无论冷兵器，还是热兵器，乃至现下的核武器，一直充当了物理价值与功能利用的主要驱

---

① 这里所言的自我的感觉、理解，与后来某位哲人、思想家、物理家个人经研究而后所结论的学说、理论体系不可同语，前者完全成立于自我标准，后者则基于理智思考或性智觉悟而建构，本质上它是公共智慧的表达。

动力。

这是智慧的作恶之能之于物之自在善恶的强化与推怂，它让人类欲求了更多的利得和安全，却有了更高的风险。其中，理智所起的推波助澜作用不可以小觑，其主观动机自然来自感觉智之于自我的执着。如此的应照已经成为了人类行为模式与事功建构的方式、方法——理智之能用来满足感觉智之欲，反将理智的公共善意挤压至边缘。

如是不难知闻，若无性智的开启与诱导，理智便是假智慧最大的帮凶，它会更加彻底地显露出物理的负性功能，亦显露出智慧的作恶之为。性智的根本价值是还原原意志本身，是引导物化的自证过程和方式尽可能地善化，以致避除物物之害，实现物物自养，使物善于物的物道大义。

所谓物物自养，使物善于物，本质上即是使物的在了与在下去之欲愿，避开以在养在、以生命善生命的简陋，开拓出以相养在、化域求和的善道。以此，物的在了与在下去不再是包袱与负担，这样便可致力于证成原意志全义之真和善的大命。

通观感觉智、理智与性智的递进显真关系，我们不难从中看透，物自在之善恶与智慧参与后的善意，它们有着过程演化的关系，亦有还原趋真的必然性。以此，我们可依智慧演化的历程来看物理之善的大意。

一、物理缘起

物理本身是自在的，这是自在之物理；物理也是智慧可以发现和影响的，这是智慧之物理。两者既可叠合，亦有别异。

智慧之物理主要是由理智成就的，其缘起则由感觉智开启，而其归真与终极必得由性智引导。这样的相与关系及历程，实已标明了此物理的状态与特定性。这些状态与特定性包括：发现与缘起的动机是功利的，目的是为了自我更好地在下去；发现与理解的不充分，甚或是错误的；容易受有限性遮蔽，难及完整与全义。

基于功利而有物理，是物理缘起的因由。这既是智慧之物理的开启，同时也表明，没有智慧，物理只是自在之物理。人作为物之一类，设若无有智慧为之开启物理，那么，人只能受役于物理，只能是物本身。人因为有智慧而有物理，然物理之起，却又是人这个物为了更好地在下去而发动的，这便设定了物理的前提：需求、欲望成了物理发生的动因。

最初，坚硬的物可以撞击或压迫柔软的物，尖锐的物在重力作用下可以穿透柔嫩的物（如肉体），炽热的火（温度）可以烧死活物或熔化物，肉食动物可以攻击被猎食动物（其中的毒液、搏击力、敏锐目光之类均有物理内蕴），圆型的物容易在地面滚动，水向低处流，有些动物可以驯化饲养，湿润、肥沃的土地能够让植物生长茂盛，大型动物可以负重，伪装动物的气味、型态、模样，可以接近动物，从而猎捕，树木的合力可以支撑起棚状体，进而能建筑窝棚供人遮阳避雨、防寒，兽皮、树叶可以防冻、遮体……

所有这些现象和道理都被有智慧的先民们注意到，他们从中学习、模仿，最终资以利用、假借，从而形成生产技术和工具。由此，人类发明了火猎，建筑了房屋，缝制了衣服，加工了熟食，制作了轮车、枪矛，以及切割、打击用的石刀、石斧、石锤、弓箭，等等。也进而发明了农业、养殖业，驯化了各种动植物，还辅助开创了灌溉农业、食品加工业等生存产业方式。

回想过往，如此多的物理和技术的发现、利用，无不是承载了智慧的我们，为了更好地在下去，更好地求生存而为之的便宜之举。后世，这些被我们自己称为文明，其实，它们不过是智慧发现物理和利用物理满足自我欲求的结果。

这样的发现和利用首先是感觉智的重要贡献。因为，只有感觉智才有如此强烈的自利需求与欲望，才有自我更好地在下去的绝对性。如此的绝对性和欲望，才促进智慧开启了物理的发现和利用，也因之让世界上有了智慧之物理的新现象。

毫无疑问，在自我所欲的驱动下，智慧之物理一登场便有了恶的表达，其中最甚者，便是火猎施之者对动物和植物的毁灭性捕杀，以此，地球上的许多动物，尤其是大型动物和若干植物已完全绝种。其恶之极，可谓无复多言。

然而，感觉智虽可发现和利用物理，可其程度却极为简陋，连物理的逻辑关系也不甚明了，更多的只是技术性的利用和模仿，如若希望物理成为体系，只能等待理智的登场。

二、物理的修饰和修证

意如前言，理智是寻求公共之利好或善的智慧。这样的好与善，依我们的立场有两方面意涵，其一是相关群体关系的和谐，特别是相关养源的分配、占有的合理；其二是从环境和生态体系中摄获到更好、更多、更优质的养源。依第二层意涵论，它与我们现在讨论的物理的修饰与修证有直接关系，故值得探究。

理智的形成和方式与感觉智确有明显差异，然其本质并不二致，即为了自我的在下去更好、更有利。这样的驱动在理智的旗帜下，可进而分划出直接驱使和间接驱使两种类型。

所谓直接驱使是指，以理智方式研究物理就是为了功利的目的，就是为了增殖财富和提升生活质量，其中，技术与工艺的开发利用常居于主导地位，物理理论多起铺垫、引导作用。所谓间接驱使是指，研究者并不以功利为动机，他们更乐意追随自己的兴趣，即对物、对自然的兴趣而展开理智的思考与研究，进而建构相关自然、相关物或物质世界的理论体系。不过，间接驱使者的理论研究，常能供给功利所需，成为功利欲求的知识与学理资源。

感觉智的物理经验及观察现象被理智所修饰，是由两个环节实现的，现略备其要。

第一阶段的主打，是让物理更有利于功利的摄取、利用，即追求物理的高效率。这种高效率的追求必得将个别性或地域性的经验和零碎的现象串联起来，从中寻找出规律、法则、定理，以此可实现利用的广普化。

比如，水向低处流，而机械力所形成的压力却可以让流体冲破高程阻碍，向高处流动，于是，我们便有了提灌、喷灌之类的种植农业。

比如，物体都有引力，热能所形成的压力却可以反向推动物体，使之摆脱引力，于是，我们便有了航空和太空飞行器。

比如，在闭合的电路（线）中，只要移动磁力，就会产生电动势，所谓电磁感应，于是，法拉第和麦克斯韦等人以此发现了电磁相互作用关系，从而产生了电力。

……

如此之类，包括我们熟悉的机械力、核力、引力的发现与利用，均是理智研究与探索的强长所在，其对感受经验的修饰，以及对物理现象的归纳与提挈，是最为突出的。以此，可资援引满足自我在下去的经验与现象，大多变成了数学、物理学、化学、生物学定理或定律。如欧几里德几何、牛顿三定律、力学三定律、元素周期表、物竞天择、生物进化等，可谓充分表达了理智的修饰之功。

然而，理智却很难确保这些物理成果完整地表达善的意志与价值。我们观察到的更多是，物理和技术大幅度地提升了人类的生存质量、生活质量，却也加剧了人类内部的冲突与纷争，甚至于也加剧了人类与环境的冲突。

比如，我们从冷兵器打成了热兵器，进而还打出了核战争、化学战、细菌战与病毒战。这些恰恰是物理的贡献。

还比如，我们从自然的农业产业、养殖业，升级到了化学产业、生物产业、热能产业、机械与智能产业，同样是物理的杰作。结果却有点事与愿违，不但生态体系与环境遭受重创，就连我们自己也难以为继。

何以理智的成就会出现如此至恶的结果呢？个中原因在自我与智慧的关系状态。

智慧与载体的同构合一，其优先表现出的，是以捍卫自我为唯一目的的感觉智，这是我们人类存在的前提与预设。此前提与预设的合理性与排他性几乎是绝对的。感觉智本身不用说，即便进至理智境地，其基设性仍难以撼动。即是说，理智仍然是以自我为价值追求与目的的，有所区别的仅在于，理智较之感觉智更高明、更高效、更有力度。意料不及的是，恰恰正是这种更高明、更高级、更有力度，才让我们最终难以负重——我们的破坏、改变能力与我们的恢复能力、重新协调能力，或说我们作用力后的和谐能力不成比例，后者明显不足。这其中价值观的定位又积重难返。

远古以来，人类为了自利、自我，滋生了一种叫力能主义的东西。特别在文明带西段社会中，这种力能主义因为生存竞争的激烈而盛行不衰，若古代神话传说中的原神神话，几乎无一不是以力能主义见长的。原神时代的力能主义只能以神的面目（稍后的英雄亦是其例）出现，它寄托了生存重压中人们的一切可能想象的愿景，遗憾的是，他们只是想象。进入理智时代之后，这样的想象居然可以借助物理变成事实，实在是人类的天幸之事。

我们稍加记忆便不难发现，金属的发现与利用、轮车的发明与完善、兽力的假借与使用、机械力的发明与利用、电力的发现与使用、化学能的发现与利用、核力的发现与使用，无一不在延伸人类的力能。借此，我们扩张、膨胀、摄取，由地球而至太空，还想征服宇宙。

何以有力能主义？何以有力能的延伸？何以有征服的向往？不正是自我在作怪吗？以此再理解欧氏几何、牛顿定律、力学定律、电磁感应、生物进化、元素构成，我们该如何评价呢？这些理智的结晶、成就，仍然不过是满足自我存下去的方式、方法和手段！这样的错位，只能演成无限放大恶的必然逻辑，而不是相反。

故知，在第一阶段，人类的错觉、错位决定了理智物理的价值与性质，它于人类言，有善有恶，而于生态和环境体系言，则多是恶。此错觉与错位在于，世界是为我们准备的，物理只需为我们所用！至此，我们不难回想起 2000 多年前，列子借一则故事所言的忠告：齐国田氏曰：“天之于民厚矣！殖五谷，生鱼鸟以为之用”。十二岁的鲍氏之子则反对云：“不如君言。天地万物与我并生，类也。类无贵贱，徒以小大智力而相制，迭相食，非相为而生之”①。也许，孟子所言的“万物皆备于我矣！”也被人们理解为了同样错位的命题。

---

① 杨伯峻撰：《列子集释·卷八·说符篇》，中华书局 1979 年版，第 269—270 页。

正是如此的错位和错觉，方致使了生态与环境危机，才有了核威胁，才有了国家、种族、宗教、阶级、主义之间的战争、斗争。这样的恶在理智物理的驱动下，其烈之至，无以复加。如此便知，自我的欲望与执着，是智慧物理恶化的直接原因。当然，这样的恶和行为方式在第一阶段也是必然会发生和表达的现象，我们要做的，不是回避，而是反思、反省。

理智虽有出发点的动机过错，却并不妨碍它对智慧本意的秉承。这样的秉承是，智慧必然渐慢地引导、诱使载者淡化自我，转而去理解物和世界本身。观察智慧物理的演化，我们正好注意到了这种转变，虽然其过程并未见出丝毫主观自觉的向往，可结果却出人意外。

此转变正是理智物理的第二阶段。它表明，理智之于物理的研究、探索已从修饰（最大限度地利用物之理去获取在下去的利益）转进为了修证。修证是说，经由物理更深、更广、更博的发现，特别是相关物的起源、构成和物的无穷性研究，理智看到了别见和真理，物理并非只有用于研究者自我，它更是理解和把握物世界本身的由路和法式。

修证中的物理已被命名为现代物理（内含所有自然物理和社会物理），它与传统的经典物理相对应。亦即说，故有的欧氏几何，牛顿力学、进化论、元素化学、主体性诸说已被相对论、量子力学、超弦理论、大爆炸、暗物质、暗能量、四种相互作用、公共性、自然性等新学说覆盖或替代或修证。

这其中，物的相对性与自我的相对化，应该是智慧物理进入第二阶段后的主要价值成就。

物的相对性及自我的相对化意涵如下内容：

1. 物相对于世界本身是有限的、有局限性的，无限的世界是由虚无担名的。

2. 物物之间只有构成状态的差异，其所源其实是同质的。

3. 自我的重要并非只是进化的结果，更是智慧被承载后其对"各自"修饰的结果，不过它主要有效于感觉智之中，及至理智之境，自我的相对化便渐显无疑。

这三个论题有密切的相关性。

义理所言的原意志以其实自证其真的命题，与现代物理相关暗能量、宇宙起源的解释有近似性。所谓自证其真，并非一对一的证明，而是有限担负无限的自证，就犹如宇宙对暗能量的转换（4%的宇宙转换自73%的暗能量〈姑且借用此说〉），它只是极小部分暗能量的变现与显化。故知，宇宙或物的有限性、局限性是非常明显的，我们所说的有、在、物、形、宇宙，并非世界的全部，它们只是世界的自证方式，而真正的世界，恰是无限、无名、无形、无实的，只可用空无虚寂来形容。

第二论题所说的物的相对性，亦有两层意思，其一如爱因斯坦的相对论，认为物质与能量并非固定关系，它们是可以互为转换的，即是说，任何物既可显现为物、亦可隐形而为能量。这表明，所谓物是没有绝对性的。其二如量子理论及宇宙大爆炸学说，也可以结合分子生物学、原子化学诸说，我们所获得的相关物的起源与构成的结论，极大地强化了物的相对性。何以说呢？

由浅说，我们的宇宙或物均是由元素构成的，而自然元素不过80余种。重要的是，构成物的主要元素通常只有20多种，其他大多是微量元素，而构成生命的元素其实只有10余种。

由中说，元素是由分子和原子构成的，这说明，分子、原子作为构件材料，其实是所有物公共的原材料。

再往下说，我们又被告知，原子是由原子核及电子①构成的，原子核由质子和中子构成，而质子和中子又是由夸克组成的。至于夸克，有猜想它们是由开弦和闭弦组成的。若再往下追究，超弦即自起于虚无。

这样的叙述，至少已让我们明白，所谓气象万千、异彩纷呈的大千世界（宇宙），其实都是由同质材料构成的，从材料言，似乎没有分差和特别处。由此辨正，自我、人类与万物的相对性、相似性，不正是物理的要义吗！

转换视界，我们再看宇宙的时空属性，相关自我便又有了自惭藐微的看法。宇宙相对虚无虽然有限，可这个有限的博大，却也是我们难以言表的。自从哥白尼日心说以来，我们的宇宙观一直在改变着，由太阳系而银河系、而星系团、而宇宙，最后，传统的尺、寸、米之类的量度标准只能弃之无用，转而用光年作为量度单位。今天的宇宙至少138亿光年之巨大。面对如此的时空之物，以米计高、以年计寿的自我还能没有相对感吗？

非惟如此，每个人都易于贪占美味佳肴、山珍海产，现在看来，这只是口福或口感而已。分子化学告诉我们，无论我们吃下什么，最终都被分解为了大分子 ATP（腺苷酸磷酸）。即是说，对细胞有能量供给意义的只是 ATP，余者不过是垃圾。这说明，口福欲，其实只是一种错觉。结果当然是，欲望真实吗？

如今现下，非但时空观念的破解，物理与技术所造就的人工智能，其优长特别的功能与作为，同样让我们忧心重重：我们还是我们吗！这意味着，感觉智所构筑的自我的绝对性已开始崩塌，世界的真

---

① 电子非基本粒子，它由带磁的自旋子和带电的空穴子组成。

理标准已经在改变。

应该说，理智本身并不具有揭示终极真理的能力，它只是受着真理的诱导而尽力向往真理。揭示终极真理的重任只能由性智完成。不过，理智物理的确不断地在解释真理。这些真理亦是物理之善之所在。一般所言说的理智物理的真理或善，具有碎片的特征，而此，既是它的强长之处，亦是其不足所在。所谓强长是说，它可依赖分类化的知识，快速地寻找到局域性的定理、定则、规律，从而有相对普适性的说法，让真理成为知识与观念；而其不足则在于，分类与界域化均阻隔了真理的贯通之途，让世界的完整与全义零碎化。

即使如此，理智物理第二阶段的扩展，其价值与意义依然值得大书特书。内中最重要者，是它解构了感觉智所建构的关于物的绝对性和自我的绝对性观念；它亦破析了文明带西段文化体系中的自我原点学说，让断根文化和点-子知识体系重新接续起本根的完整性。此完整性的必然所在即，自我只是世界自证过程的参与者，而非世界的目的。当然，它亦证明了智慧的特别价值与意义：由于人类承载了智慧以及智慧对物和物理的研究，才让我们自知了人的意义和价值，我们不只是世界自证的参与者，亦是自证的领导者、自觉者、能动者。若非如此，则我们只是物，只是一种物。

应然的真理是，智慧坎陷于我们，才渐慢地引导我们脱物而出，有了化物、成物的可能。所以，真正的引导者、超越者其实是智慧。这样的引导、超越、化物、化我，便是世间最大的善。

今天，我们虽已积累了诸多的现代物理知识和真理观，可伴随感觉智并入的自我观念，还在这样的知识面前挣扎着、表达着。前几天有微文报导说，NASA探测器观测到有如地球大小的飞行器接近了太阳，它在太阳中吸取能量。评论者认为，这是外星人入侵事件。这则评论的臆断性是非常明显的，它在没有任何佐证的前提下，做出了外星人入侵的结论。

为什么会有入侵呢？这不正是一个古老的地球故事的推广版吗？其作祟者不正是自我的绝对性吗？以自我为中心，非但地球、太阳星，整个宇宙也都是自我可资利用、占有的养资源。这才是问题的要害。此是恶还是善呢？

其实，不只是一般人有如此的观念，即令如霍金这位号称人类最优秀的物理学家，依然高喊不要与外星人联系，他们将不利于我们！如果不将这样的说法关联至文明带西段的断根文化，及自我原点文化和点-子知识体系，似乎不能自圆其说。若是，我们不应该反省吗？

三、物理与物道

自然物理的突进及其所形成的世界观念，已然改观了人类的知识结构和视境，相形之下，社会物理和人类的观念习态却极为滞后。人类大多还在忙着诸如窝里斗、欲望肆溢、自我营构的事业，基于国家的、种族的、宗教信仰的、利益占有的、权力控制的种种欲望事项，仍然在占据着人类绝大部分的时间和精力。在此基础上，我们一味地摄取物利的功能主义科学和技术行为，又让我们危机四伏，难以开交。与之相适应，那些已经建构起来的社会物理知识体系，如政治学、法学、社会学、经济学、人类学、种族学、宗教学之类，还沉睡在人类中心主义的世界观、价值观之中，为种种自我中心和欲望先导的主张推波助澜。犹若秦民自闭，未知汉晋。结果是，现代物理所发现和研究的相关物的理论与技术，反致大多用到了人类窝里斗和欲望满足的窠臼之中。造孽之至，无以复加。

这样的现象，可以理解，但亦必须改变。物理之被修证的价值，在于改变人类的价值观、世界观，而非是为了捍卫自我。这才是正理。

理智物理的诸多成果已然在改变人类的观念世界，可是，它本身的局限性依然明显。其中主要是，它不能对世界予以全义和完整的把握，只能局域性、事项性、碎片化地提供解释。如若希望继续前行，就必须要由性智来实现了。所幸，这样的趋势已然开始。

现代物理学和天文学相关宇宙起源和物质起源的探究，已直言印证了老子"有生于无"的命题。这表明，性智与理智的衔接已经铺展，后续将前景无限。

何以老子之说是性智之论，而现代物理学的大爆炸和超弦说，只能是理智之思呢？

老子之说，是基于有无的完整性和全义提出的命题，甚或可以说，老子是从无的角度来说世界的。而现代物理学所作的研究恰好反过来，是从有的立场归纳出的结论，或说，其主观立场是为了搞清楚物由何而来，及物的构成与功能，只是它最后碰到了无，才不得不说，有原来是无的一种表现。

这种情形也可以这样理解。理智本意是探究公共利好（善），当理智试图求取物的公共之所由（善的一种表达）时，遽然发现，这样的公共之由并不在物本身，而是非物的无。于是，无就以此变成了所有有或所有物的公共之原（本原），亦即宇宙最大的善。

理智之物理虽碰触了无，却无法把握无，它只好放弃进一步的解释。此乃因为，理智之思只能在界域内操作，一旦无界，它便失去了参照与依凭。是以，在无面前，理智物理力不从心。

界域是理智与性智的分水岭。

性智之思恰好正是化物、化我的智慧。所以能够化物、化我，全在于它已贯物而透之，知物之所由、所来、所成、所在、所往，知物不过是本原或原意志的自证显化。即物是此自证过程的参考者，而非是绝对之在。

这里，明显地有了一种矛盾：本原或原意志的自证是由物或在承载的，她以物和在为流、为过程而自证其真，而物、在一旦显现形化，便必然有了物的各自，此各自在了，还要在下去，即必得或试图滞住自证之流，以求自在。于是，各自的自在与自证的大流是冲突着的。何以解呢？

一般说，物是无法自我解脱的，它虽然是本原的显化，可显现之前，其驱动显现的因，已然分割了原的完整，变成了特性的专属，此特征的专属亦即局限性之所源，而物、在，恰是由这些特异性、局限性的因（相）同构而成的。结果是，所有的物、在，不论它是什么，都只是特异与局限的固化，若冀自解，是万无可能的，除非有物之外的外力推动。

这个外力便是智慧。

智慧与物、在为外，非二元论之意。它们一统于本原。其所不同，或其所以为外，在于，物是本原的显化、显现，而智慧恰是本原意志自身的分裁。即，它们的差别是显现与分裁之别。

显现有中间环节，即原分殊为了相，此相或因成为了原与果的中介。物是诸相的暂且同构、同一，而相的特异性与局限性随着同构的成立，亦具明了物或在的死穴：物是固化的，也是有界域的，还是有缺陷的。这种缺陷或负性便是善恶的二致性。故说，有界域即有善恶。

分裁则不然。它就是原意志本身，只是分裁了，其质地却无差别。惟有它才不会受困于界域，可与世界的完整、全义同一不二，可肆意于无所不在之内。

智慧作为分裁者，与显现者物的差别非常明显，但它也有它的问题。这就是它一旦与载体即物相杂，便有了被载体混杂、埋压的问题（当然只是暂时性的），从而出现它的假象与变态。这样的假象与变态往往更多地受物所制，将物的诉求和界域性更多地予以强化、修饰，直至极端化。其例证之极，便是人类中自我的出现。

自我，本是物之各自的同义词，然而，人因进化之选而成为智慧的载体，于是，在智慧的帮助和修饰下，各自成为了自我。我们的智慧产品中，已有太多相关自我的理论与学说，其包装、修饰之至，可谓不易复加。事实是，帮助各自成为自我的智慧并非真智慧，它只是智慧与载体相杂后的假智慧，或变态智慧，前文已称之为感觉智和理智。它们修饰出了自我，亦被自我所限。此正是庄子全力辩难的要害所在。

庄子认为，形骸有聋、盲，知有是非，物有彼此，时空有大小，全在于自我、我执作祟，若得丧我、无我、无待、和之天倪，则可天地一指，万物一马，道通为一：天地与我并生，万物与我为一。此正是庄子作书的主要目的：化物、丧我。如此即可还原世界自然而然的真义。

庄子的忧思主要是针对理智的。这就是他为什么写中国学术史要用"天下"为篇名的原因。在他看来，儒①、墨、名诸家之智思学说，均不过执一辞之论，唯有天下的完整观，才是学问和智慧的真谛。

老庄之思是典型的性智思考。它无有界域之限，无有物我之累，

──────────

① 其实儒学中，孔、孟已有了化我的觉悟，只是他们偏重于伦理道德心性之说，与庄子较多关注的物之世界的善有别，故不太为他理解。

所以能够齐物逍遥。与之比肩，儒学中的心性之学、佛学中的般若诸说，亦是性智的觉悟与把握，差异不过殊途而已。

智慧介入物在的世界，便是为了解决上言的物流与物固的矛盾冲突。以物为流、为证，物却又自滞、自固，所以得有相对于物的外力去推动。更重要的是引导、诱导以物为流、为证的世界，自足前行，终证成世界的完整与全义。

那么，该如何推动、引导、诱导呢？依庄子之意，所有问题的症结全在于自我，所以，去我、化我、丧我就是问题的关键。

如前所言，自我是智慧造就和修饰的概念。这就应验了一句俗语，解铃还得系铃人。即惟有智慧才是化我的不二法门。当然，此智慧即性智。

性智被说为真智慧，乃在于，它摆脱了载体的束缚，直接贯通所有物，以至原意志自身。所以，它可以没有界域地理解世界，不分有无、虚实、物我。在这样的智慧和视野中，物的在下去，或物的养育，不是由物相互供给的，而是由物所以构成的相（因）供给的。这样的供养方式叫以相养在。于是，物和物之间便无有了亲恐性的辖制，物物无害了。各自或界域亦失去了被凭借的意义、价值。如此，便是使物善于善。所谓物道，即此。

善于善，当是原意志自证其真的全义。

第三节　智慧之善：善恶的智慧证成与还原

印度义理有几个要点我们得先归置一下。

首先，印度义理认为世界是内部的，此内部是说，所谓世界实是神我大梵及其假显的状态，除此之外，别无所有。

其次，假显是一阳动现象，形物虽然是假化的结果，可它们却是阳动的承载者，因而得为阳动的责任和义务。

再次，神我大梵是有意志的，她决定着世间万事万物万理，而且，这样的意志被分载在万物中，此被分载的意志叫智慧（灵魂）。

复次，智慧因被形物承载，所以有了杂染和变异，常见的智慧有八识的分差，这说明它与大梵已有了很大差异，它必须经过历劫迁回的磨练，摆脱形困的杂染，进递到第八识，才能重新与大梵合一不二。

最后，对智慧者言，摆脱前七识的方式是，第八识对前七识的化解、消除，就任何一识都是智慧本身言，这种消化方式即智慧瑜伽，它是一种以智去智之法。以智去智的结果便是世界的完满，这叫做成佛入梵。

需得提示的是，上列要义主要来自大乘佛学和吠檀多派的学说，如果观察印度教诸义，我们会发现，它们自身的差别也很大。不过，本论的重心不是研究印度诸派之间的义理差别，而是透过这些义理的铺张，理解其间所揭示的智慧善意。

说印度义理崇尚智慧，这非是一般性的评论。无论从哪个角度观察、阅读，印度诸学几乎都以智慧作为了其义理的入口和出口。其中之于智慧本身的探究与辨析，可谓稀有比列。

智慧在印度义理中的重要与绝对，全在于该义理一贯认为，世界是神我大梵的自显与假化，而神我大梵是有意志（Sat）的，此自显与假化即是意志之为；进而，此意志非惟仅决定自显与假化（ti），同时亦分裁自我与假化者同流同显，这个分裁的意志便是智慧；然而，假化者为形幻所构，这就带来了一个后果：智慧亦被扭曲与假化（还是 ti），它不能以真如的状态显现着，相反，其能动、观察、探究、辨析、判断之功能，亦全然被假借为了满足欲望和感觉的别见、无明，所以，智慧便有了一个必然的任务和使命：消除别见、无明，化解假幻，还原大梵意志的真（yam）。这一完整过程被《奥义书》称为 Satiyam（真-伪-真）。

自显、假化亦称为阳动。至于问及神我大梵为何要自显、假化，或阳动，用《薄伽梵歌》的回答是：如果我不行为，整个世界就会倾覆，就会毁掉众生。这其实是一种以其实自证其为真的答案。在此自显、假化或真-伪-真的过程中，智慧虽然能被扭曲、幻化，可它仍然是主导者、主宰者，这是因为它是大梵意志分裁之故。或说，神我大梵所自显展开的真-伪-真过程，其实是由分裁者智慧操作的——化解假化、形残的秘诀，是让智慧还原归真，一旦智慧还原归真，假幻的世界便迎刃而解。如此，智慧便成了整个印度文化和义理体系的基设、根据。

智慧的绝对性、重要性，是我们理解印度文化的钥匙，当然也就是理解印度善恶观念的关键，然而，有些差异性的东西，还是影响了理解和结论的成立。素知，印度文化是从自然神论中脱胎出来的，其义理学亦有这种脱胎演绎的遗迹，从中，我们不难发现初始时表达与描述的怪异，这是其一；其二，依智慧义理的成长论，早期的简单与后期的成熟实是鲜明不掩的，在长达 2000 余年的演变过程中，前后的差异非常明显；其三，前言的派别学理之争，也表现在了关注点的差异处，典型者如，智慧的化幻、解俗，是满足个体的解脱需求，还是世界以之还原归真的法门，就是一个长期争论不休的话题，这样的争议，也带来了智慧之善的不同结论。如此之类，我们若期望完整地理解印度诸义理的智慧观与善恶观，实在有些力所不能，于是，只好求其次，大要地说及智慧之善的基本意涵，以表管窥之见。

通常所言说的印度义理之善，可分说如次：神我大梵阳动并生化万物之善，万物互养之善，智慧还原之善。除此之外，亦如上言，诸义理中还有解苦与成佛的分差，亦见不同的善意表达。

一、神我大梵阳动生化万物之善

神我大梵（即本原）生化万物的话题，属生成论问题，它在早期的《奥义书》和中期的《薄伽梵歌》中占有很重要的地位，至后期，如在佛学和吠檀多派的义理论中，此话题基本上已淡化。吠檀多义理，特别是商羯罗用幻化、幻有说取代了生成论，佛学则用唯识说解释世界的存在与性状，也不谈生成问题。虽然如此，《奥义书》及《薄伽梵歌》的神我生成论仍然具有真理的意义，其中的善意值得关注。

《奥义书》中的《大森林奥义书》《唱赞者奥义书》《爱多列雅奥义书》《泰迪黎耶奥义书》《蒙查羯奥义书》《弥勒奥义书》等，均有相关神我生化万物和世间的论述。如《大森林奥义书》说："太初，宇宙唯'自我'也，其形似人。环顾，则舍己以外，他无所见。始呼曰：'此我也！'由是而有我之一名……盖在万事万物之先，已焚其一切罪恶尽矣，故彼曰'神我'。"（一.4.1）

又如《弥勒奥义书》说："诚然，大梵有二：一有相，一无相。是有相者，非真实也。无相者，乃真实，乃为大梵"（6.3）。

还如《唱赞者奥义书》说："吾儿，太初唯'有'，独一而无二者也。有说太初唯是'非有'者，独一而无二；由'非有'而'有'生焉"（6.2.1）。

这些叙述表明，原先是没有世界的，只有神我大梵，是她自化而有了世界。此意除了说世界的创化之外，更意在表达，这个世界是内部化的，没有外部，也没有他者，所以，整个世界是同一关系。这里，我们亦能理解世界与神我大梵之间有隐显意义上的母子关系。当然，这个比喻得剔除母子两在的各自属性，而认同一为隐而显的同一。其中，显化——即使如一些义理所说的假化、幻有——于这个世界，包括我们言，充满了善德，是此善的显现，才有了大千世界和我们。

生化、生成之说，亦可称为阳动。这在《奥义书》中也有寓意。它们称此阳动为"发热者""动者"，后来，将此学说发扬光大者，是《薄伽梵歌》。

阳动成业，是《薄伽梵歌》的创世话题，也是该书的主题之一。它以第一人称述事的方式，直接告诉了我们如下的事实：

"在三界中，阿周那啊！没有我必须做的事，也没有我应得而未得，但我仍然从事行为"（3，22）。

"如果我停止行为，整个世界就会倾覆，我就成了混乱的制造者，会毁掉这些众生"（3，24）。

"要知道行动源于梵，而梵义生于不灭"（3，15）。

"一切行动均无例外，皆由原质之性造成"（3，27）。

"由原质产生的动性，所有人都不得不动"（3，5）。

"原质在我的监督之下，产生动物和不动物，正是由于这个原因，世界才流转不息"（9，10）。

"整个世界均受行动束缚，摆脱执着吧，阿周那（3，9）！"

这些表述中，最值得关注的是引文第二段：梵必须行为，否则，世界会出问题，梵自己不能因为不动而成为现世间的罪魁祸首。这一段话的特别处在于，它以轻描淡写的方式，将阳动之善表达无遗。或可以说，它表明的意思是，阳动不仅创化世界，更是让世界有因此而成业的大善：世界因阳动而有秩序，有生化，有复杂多维态之善。

二、万物互养之善

《奥义书》的观念中，已明确具出了诸相相互为养，或以相养在的思想，只是，其所谓相（亦可说为存、或）的表达不够精确，它们用得较多的一个词是"五大"。"五大"，本指地、水、火、风、空，其性状为神我自我分殊的五种原素，它们的交互构合，便成就了世间万物万象。以此观，它们与相的意义相当。不过，有些《奥义书》对"五大"有较多的变通，通常会加入一些与生命有关的、经验性的现象，如眼、耳、鼻、舌、皮（五根）、意觉、我慢、心、炎火（五意识），还有如生灭、思想、月亮、太阳、闪电、雷、天神之类。比较通行的相说可见之《大森林奥义书》（2.5）和《唱赞者奥义书》（1.3），它们认"五大"和太阳、月亮、生命气息、思想、闪电、雷、法、真、自我，这些东西为相。

相有两种意义和价值：一是，它们构合出了世间万物、万象（在了）；二是，它们又是食物，为万物、万象提供养源（在下去）。这里的食物既有深意，也趋近世界的本真。

所谓食物，并非我们所知识的吃物，而是让世界和诸在得以在下去的养源。依常理可知，世间诸在的在下去，是由养源供给的，所以，诸在的在下去都是由摄养实现的。摄养的本意是摄相，这由相的价值可知，然而，诸在的摄相是受其能力限制的。即，多数情形下，诸在的摄养不能由直接摄相来实现，反而要变通为因摄在而摄相。意思是说，一个在的在下去和其摄养行为，是通过毁灭（吃）另外的在实现的。这种现象叫"以在养在"。它导致了诸在之间的冲突和竞争。

以在养在，还不是问题的终极，至生命现象出现后，这样的情形还在狭义化——生命体的摄养行为和方式被严格限制在了生命世界内部（至少，经验中的事实如此）——一个生命体的在下去，是由毁灭他生命体来实现的。这样的毁灭其实质就是要获取被毁灭者所含蓄的相，而非肉体或机体本身。于是，生命世界的冲突更激烈于在界的冲突（至少，更加如此）。

猎杀、毁灭所带来的痛苦和不幸，是有目共睹的，差别所在是，印度哲人以此洞穿了摄养的本质，而一般人只能感觉或观看惨烈。

《奥义书》认为，世间诸在，也包括生命世界的摄养行为，其实是假化的，它的本意应该是摄相，是诸相供养着诸在，而不是诸在供养诸在。当下世界的摄在养在和以生命养生命，是此假化供养的典型表达，它是假肉体摄其所含之相。此智觉之结论所指向的前景是，如若我们能不假借肉体、机体摄相，而是直接摄相，则这个世界会快乐、完满得多。这种方式叫"以相养在"。

《奥义书》所说的"五大"，及太阳、月亮、思想、闪电、雷、生命气息、法、真、自我为养源之论，的确是高瞻之见，它所导向的善，可能非常人所能思维。当然，这样的善果得率先提升摄取者的摄养能力与心态，否则，不可为。

既然是摄相以为养，或以相养在，就必然有第二层义的论题出现：世界是互为养源、相互为养的。此论题所指，其中的一个重大意义，是自我的消解。

以相养在，自我消解，亦意味着界域的淡化或化除，至此之境，自我还原神我大梵的终善也就由之成就了。不过，有所遗憾的是，后来的印度义理学基本上放弃了此理路的思考，较多将用心转入了智慧觉悟神我大梵处，这便成就了智慧瑜伽和唯识说；还有如商羯罗那样，将诸在、万物视为幻象，亦放弃了相关物、相的深究，以致相养说未能通达繁茂。

三、智慧还原之善

印度义理学的要义是认定，自我、诸在乃神我大梵的显化和分殊，所以，世界与梵是同一关系。问题是，显化与分殊必然为形残所限，这就让同一变态为了隔碍，而此隔碍便是致使自我狭隘、自私、感觉化的成因；进而，此自我也扰乱了世界的相与关系，让本应和谐、亲和的世界变得对抗、冲突、混乱。基于此认知，印度义理学基本上都认为，全部世界的真实意义和价值即：自我同一、还原大梵本身，这样，世界就完整、圆满了。此便是还原之善。

那么，该如何同一、还原呢？印度义理学共出示了三套思路。

第一套思路便是刚才所说《奥义书》的以相养在、互养化解之路。可惜，此一思路只昙花一现，后世未能恢弘光大。

第二套思路是商羯罗的幻有说。他视万物、万象为幻觉，认为通过消除摩耶、假幻，即可还原同一。这个说法明快、直接，然难度极大。它是让假幻的自我去破解同样假幻的万物、万象，实是一种以幻除幻之法。就使可以破解，那自我和其肉体亦归于虚无，幻没有了，世界也没有了。这不是一种同一还原的思路，而是毁灭还原（空无）的思路。

第三套思路是智慧还原说。这个思路是由两个阶段，或说两种法式构成的。第一阶段，先是《奥义书》提出了沉思说，后来，《薄伽梵歌》进而将此沉思说完善为智慧瑜伽；第二阶段，是佛学的般若说，它是通过智慧的历劫与觉悟，证成智慧的真实。所谓证成是说，智慧的经验与感觉只是世界的假象和错觉，这样的错觉和认知叫做识，亦称无明，识是困扰自我的业因，因此，智慧得践履历劫迂回的修行过程，自行体悟、证觉自己的真，最终放弃所有的识、无明，而智慧之真即梵本身，又称涅槃。这种方式叫以智去智，或转识成智。

沉思神我大梵的还原方式，是《奥义书》的最大主题，各书均有大篇幅的讨论。放弃繁杂不论，我们只看两个词，即可明了沉思的大意。

第一个词叫真（Satiyam）。如前引所言，这个词是由三种意义组成的：Sat—真，ti—伪，yam—真。这个真—伪—真所指，意含，第一个真是神我大梵，中间的伪是显化着的世界万物、万象，最后的真是自我解脱了形物桎梏，还原为了梵我①。故知，这个词包含了世界的必然性、绝对性和过程性。当然，也意味着自我还原神我大梵的绝对性、必然性和过程性。

第二个词是唵（Om）。这个词原本是自然神崇拜仪式中，唱赞颂歌的起语词和结语词，至《唵声奥义书》，它的意义有了新开展，变成了梵本身。以此它有了过去、现在、未来的涵义，即代表了时间过程；也因为是梵本身，故又有了分殊之梵义，此分殊之梵即自我；又因为是分殊之梵（自我），便有了限制和缺陷，这便又有了自我回归的必然性和价值。从音素的角度言，唵一词含有四音素：阿（a）、乌（u）、摩（m）、无。阿为元始，乌指超越，摩为度量、建树，亦为汩没，无为第四，表不可言说，灭寂入梵。第四音素没有出现，却被含有着，指义是梵我合一。

这两个词所构合的思想与观念是同一的，都指向了梵我合一。这便是世界的真，亦即世界的真善。

---

① 《大森林奥义书》5.5.1。

智慧还原的主要方式，前有智慧瑜伽说，后有般若说。

瑜伽之起，源自《奥义书》的沉思法式，至较晚出的《奥义书·弥勒奥义书》，已将瑜伽定格为"六支"说：调息、制感、沉思、专注、思辨。后来，《瑜伽经》又有发展和专门化，最终就有了《薄伽梵歌》的智慧瑜伽说。

瑜伽的本义是驾驭，后引申为修行、解脱的方法，而《薄伽梵歌》的智慧瑜伽，则指万物的平等、等同观，以及经由理解、认同万物的平等、等同而化解自我，终至与神我大梵同一不二。

这个理论简要表述之即：

a. 神我大梵变化而有"五大"，或说原分殊出了因，因（"五大"）再变现，便构合出了大千世界、万物万象，所以，世界是同质、等同的；

b. 然而，同样源于神我大梵的还有一类因，叫"三德"（善、忧、暗三性，音译为萨埵、刺阇、答摩），此"三德"以因论，构成了万物、万象的秉性与功能差异，所有的痛苦、欲望、愚昧、执着均由此"三德"导致，所以也称"三德"为业；

c. 以此即知，仙人们所说的自我向神我大梵的还原，实即是要化解此"三德"，消去万物、万象的业因；

d. 什么方式足以解除"三德"之业呢？它只能是瑜伽，通过瑜伽，既可以平衡"五大"和"三德"的关系，更可化解"三德"的负性。

上述理论中，智慧一语非常关键。它不是常人所说的感觉智，也不是理智，即不是相关推理、归纳、演绎、算计、预测、筹谋的能力，相反，它视这样的智慧为无明、摩耶、假幻、我执，是要消解的对象，而真正的智慧（般若）正是消解这些无明、摩耶、假幻、我执的觉悟，它直接贯通神我大梵，还原梵我本身。可说，这是一种以智去智的还原之善，也是一种弃因入原的理路。

般若说是由大乘佛学弘扬的智慧还原义理。

般若所说的智慧还原，是指智慧对自身的解放。其解说有，真如念动，便有了法、色、我、有，这使真如受染了，结果使智变成了识，因此，智慧的必然之为是反向去识、去染、去执，从而还原智慧的真与完整——涅槃。

这同样有了一个问题：如何去，或如何解放？

我们先看中观派之说。

中观学是由三个概念构成的：空、假、中。这三个词很容易让人联想到《奥义书》的真—伪—真，只是它将最后的那个真改成了中。这一改，学问就来了。真—伪—真的链条，是一非常客观的描述，其中几乎见不到人或主观能动性的影子，大乘佛学的最大意义就是，将人的意义和价值凸显出来，认为最后的真是要由人去实现的，没有人之觉悟的证成，其真不能成为真。这个套路还直接影响了吠檀多派的商羯罗，他主张幻有说，却大力宣扬人的意义和价值。那么，中又当作何解呢？中之义即贯通。贯通什么呢？贯通前面的空与假，使空假同一不二。如此的贯通，即可获得世界的全义：色即是空，空即是色。贯通也是有定说的，它是指心无障碍，无有恐怖，超越颠倒，达至涅槃。或说，所谓贯通，就是即体即用、体用不二。

后来，《华严经》寻此理路，继续高扬贯通的大义，用圆融无碍一语来解说贯通。此圆融无碍涉及事事、法界，无有遗漏，所谓事事无碍，六相圆融即此（《法华经》又复出"三谛圆融"说，大意类同）。不过，为了证成此圆融无碍，《华严经》施诸人的诱导中，还刻意强化了践履历劫之过程的意义。为此，它预设了"十地"的阶进制，第十地为佛地，亦涅槃之境，同时又塑造了一个人物典型——善财童子，他的生命历程和觉悟过程最终证成了涅槃的圆满。

与此有些差异，却也无关大碍的是唯识学。它认为，既然识是世界变现的业因——阿赖耶识变现为前七识，方有大千世界的显现——那么，解放的方式和路线就是消解诸识的错觉，返还阿赖耶识，即可还原梵我。这个套路源自小乘佛学的原素减少法，只是它把小乘的构成说置换了，直接以幻有说为前提，从而立论的。

综括诸言即知，智慧还原之善虽有多家别说，然其大要基本相类，约之可说为以智去智，还原证成。

四、解苦与成佛

上言的以智去智、转识成智、还原证成，的确有终极的意义和价值，然而，阳动成佛、成涅槃诸说在印度，充其量只算是小众义理，大众更乐意耳闻和实践的是一种解苦的教义。解苦与成佛貌似差异不大，其实不然。

解苦的前提是生命、生存的困苦与强压，以至于人们难以承受，故有解脱的企望，它是被动的，也是救续性的，比较具有个体性特征；而成佛则是主动的、能动的，也是自我和生命超越性的，它更多表达的是人类整体的价值与意义。成佛的结果肯定是终善，解苦则不一定，可能达至了佛梵涅槃之境，也可能只是生命的安顿。正因为解苦有广普性，所以在印度灵魂说更普及，智慧说反而成了曲高和寡之论。这便是大乘佛学最终必得离开印度，来中国发展的根本原因。因为中国文化中的成圣、成仙诸义理，正好与之对接（当然是经过格义转换后）。

环视印度文化，有两点表征较为突出，一是印度教乃至小乘佛教侧重解苦说，所凸显的恰是被动之人性，这就与吠檀多派主张的阳动说，尤其是大乘佛学主张的能动修行说极为反逆；二是诸教义又几乎都推崇智慧说，以至智、识诸说极为盛行。或问，这两个表征有些不搭界，何以如此被动的人们又如此地亲昵智慧呢？其实，这种现象的因由也不难解释。

智、识诸说的生成，实与印度文化认定的神我大梵有意志这一大前提直接相关。或说，本原有意志，当然就有智慧，而万物或世间又是本原的假化，其所直接关联者，便是本原意志的分裁别载，以此，万物也因而有了智慧，这是不容置疑的。这个智慧更通俗的叫法是灵魂。灵魂的价值与意义终极是为了返还本原，与其同一不二。但是，它身陷形物，这样的返还不可能轻而易举，非得历劫迂回的磨难、艰危不可成真，而且，这样的磨难要害不在肉体，而在智慧（灵魂）本身，只有智慧自己的化解与去杂才能最后成真。这就是智慧（灵魂）在所有印度教义中成了关键概念的原因。

若以此为说，应该的效果是全印度人民的积极进取和阳动挂帅，何以大多数印度人又被动消极呢？

这种现象又与印度的地理环境相关。这个地跨热带和温带的大陆，有着两极化的气候现象，湿热本身易致人入慵懒状态；而跨纬度的结果，还不只是气温差异，燥湿两极化的问题同样突出；此外，印度板块一头撞进亚洲大板块，也带来了频仍的地震发生；还有地貌上的山原阻隔，致使居民分割自治，不易一统的问题；还有高山隆起和热带气旋、热带洋流的共同作用所带来的超常降水问题；还有因无地理屏障保护，致使频繁的外来者的入侵和统治问题，等等。其综合作用是将这块土地变成了困苦不堪之地，大多数人如动物般地生存，其心身的困苦、无奈，超出了常人的想象，至少中国人未曾经历，也不可想象。印度教的临世，其本意便是为了帮助人们解脱苦难，其中的仙师圣哲先知般地觉悟了自然神的义理秘藏，结果是有了《奥义书》和后来的佛学义理的建构。然而，这个脱胎于自然神的义理体系却因高雅艰深而被高阁放置，大多数人仍然在受着自然神的影响，明知世界的前景，而于每个承受着高压、磨难的智慧者言，他们只能被动而为，无法放弃苦难。是以，更广普化的文化流所表现的依然是生命的无奈与被动。

主流文化屈服于历劫迁回的命运，无法逃逸，当然只能被动。所能为的只有诸如祷告、乞求、咒祝之类的偏术，充其量还有积德行善的辅行，至于人的价值和主观能动性之类，大抵只会失落和隐没。小众文化虽然紧扣智慧主题，极尽所能去识智慧的构成与阶链，一意以智去智、转识成智，可其智慧、诸识之论，多是概念、范畴的演绎、罗列、编排，其能动性、实践性非常地不周延，既不能解物理、析结构，走化物解物、化物成善之路，也不能圈心性、击良知，行一体之仁、道德成善之径，结果是内外两失，只能作为宗教信仰面世。可以说，以智去智、转识成智是概念与范畴的逻辑成善的智证，或说是静态成善的觉悟，它缺失的是道德的内证与物理的外证，因而不是动态与过程中的觉悟与证明。

第四节　心性之善：善恶的性智觉悟与一体

善，中国文化的核心概念。或即说，中国文化认为，世界的本质即善。文化既为世界的观念再现，结果当然就是，中国文化是围绕善来展开的。

善是世界的内质。此于文化的作者们言，属价值观、世界观的范畴。这样的价值观要落实于作者之身，还必须要有可资以行为的原则和规范，否则，善只能是空无。于是，文化的建构中，便必然有了相关善的原则和表达之规范的设置。中国文化所说的道德，即是此相关原则和表达之规范的范畴，它主要作用于文化的作者们。可见，道德是承载善的，没有道德的架构与承载，善不成其为善。以此为据，说中国文化是道德文化，亦是确论。

道德之为概念，由道与德两个概念合成，它源自老子，《道德经》是其说由所在。道与德的分说，实已表明，善是由道与德构成的。亦可说，善有道的层面和德的层面的分致。此意老子已多有表达：所谓道，乃世界之善本身的概念，而德则是人们（或文化作者们）理解道和参与道、践履道之善的概念。二者有相关的通约性，却也有涵意上的差别，可说道主德辅。这里，我们不详究老子之道与德的义理，只需注意到，至儒家构筑善的学说与义理始，道与德合二为一了，成了道德。个中意图似乎很明显：匡范人向善的原则与规范的德，不能与世界本身的善即道分开来说，这是其一；其二，道与德的合称，更能凸显阳动大义中的主观能动性，即理解道、参与道、践履道之善的自觉性、主动性、能动性。此意是儒家学问的特色，后人说儒家之学为道德理想主义，或心身性命之学，大约正是此特色的把捉。

现在，我们主要依据儒家学理理解中国的道德之善。

一、道德之善

道之为说，悠远流长，其义所指无外乎本根、本原、本体。不过，若以字义论，道本指道路，含有引申的规范、规则之意（包括行走的方向和道路的设置诸义），其对象是行路人。这说明，此概念之原初，其义与后来的德几乎相同，用来指称本原，显然是后人提升、抽象以至再定义的结果。略加关注，我们会注意到，这个概念有以下特色：起先，它隐含了人的价值取向，并不是一个完全客观化的概念；还有，从字形结构看，道的形义是指用头脑走路，此处的头脑应专指智慧，故其所指排除了盲目、纯自然的路和行走行为。如此之特色说明，道之为名，有着人为意义的附着，至少意味着人与自然关系的合理与恰当。

这样的缘起与价值取向，在老子的视野中，明显被认为有问题。他作为试图将道和德予以真理化解释的思想者，在继续使用这个概念的同时，当然会作出真理化的再解释。首先，他用可言说与不可言说判别了真（常）道、假（非常）道的差异，并以此设为标准；其次，他又将道的绝对性地位予以降阶，认为道只是域中四大之一（当然是四大之首）；最后，他设定了一个完整的世界关系链：人法地，地法天，天法道，道法自然。

这样的布置用意何在呢？

前说老子是真理的解释者，其实他也是中国文化中的真理体系的开启人，为此，他肯定会重新解释和建构这个文化域中最重要的概念和范畴。不过，这只是表象的，更质要的是，他的世界观和解释方案比之原来由王者们主导的道统体系要深刻、完整得多。老子的理路简约之即，世界的阳动只是表现着的现象，亦是假化、显化的世界，真实的世界是阴静虚无的。基于此，相关本原的范畴就不能只求之阳动缘起而为说，更当直指阴本本身，而这个阴本却不是道所能涵复的，所以，道之外还当有更本质、更真实的称谓。于是，他用了无——由形容词转为名词，本原原真状态的形容——这样的不是概念的概念；也用了自然——自己成就自己，本原行为意志的形容——这样一个描述性的概念，并置它们于道之上。由此，他为世界构筑了一个完整版的解释框架：万物负阴而抱阳，反者，道之动……天下万物生于有，有生于无。

老子之德是由道派生的，主旨是人类如何去实践道的意志。以此他说：人法地，地法天，天法道，道法自然。大要而论，德的特性是柔顺守静，自然而然。他之所以反对主观能动、阳动激进，是因为他认为，本原意志本即是自己成就自己（自然一语由此成为概念），于此而外均是多此之举，人力是不能改变本原意志的。

老子构筑的道与德的真理解，很难为儒家认同、接受，但不能因此说老子之学对儒家没有影响。相反应该说，老子对儒家，特别是对其宗师孔子的影响是非常大的。这样的影响略可归结为：

首先，鉴于《道德经》之作本意在批判《周易》，这让孔子必须要深研《周易》，以便他能以他的立场重新解释这部正统文化中的经典著作，《易传》便是这一长程深研的结果。

其次，传统或正统文化过于看重阳动义理，却忽视了阴本的本原性，这让以道统为旗帜的正统文化失去了真理的制高点，如果孔子希望弘扬正统文化，且能发扬光大，他一定要融合老子的阴本义理，以此，他最终提出了"一阴一阳之谓道"的新命题。

再次，老子说万物由道而生，又说人、地、天、道必然的价值归宿是，还原本原，自己成就自己，这表明老子彰显的基本义理是：世界是内部的，没有外内之分，更没有多元分致；世界亦是还原自成的，无需外力作用。这一立场对孔子同样影响深刻，他基本上完全接受，以至他说："天下何思何虑？天下同归而殊途，一致而百虑，天下何思何虑？"唯有一点他有独立见解，这便是思与虑。思、虑是人的异秉，万物不曾亦不能齐列，从中孔子窥出的是人的价值和意义。

他认为，人不只是世界的构成者、参与者，更应该是世界还原自证行为和过程的引领者、主导者，这样的责任他定义为命（使命）。正是此命决定了人的价值和意义：参与、觉悟、实践、引领世界还原归善。只此一个价值与意义的恢弘，便改变了老子还原成善的理路，从而有了还原自证成善的新意。

复次，儒家之学意在说明人的重要性，此重要性是指，世界虽有本原、有法则、有必然性，可以"自己成就自己"，然，此之大道若无人的参与，特别是自觉、主动地参与，没有人自觉、能动地同一于此"自己成就自己"的必然过程，或说没有人性的践履和承载，则实无自然和必然可言，而此，正是人类之善，亦是世界之善的真义，所以，世界阳动的本意即此人性的自觉与能动，亦是善的本质。

最后，儒家的目的是为了求善，虽然善的实践主要是人事，可人事之善若无有更完整、更本质、更本然的解释，则人事之善只是狭义之善，不足以上升为世界全义之善，这会让儒家之学失去崇高与宏大，为此，孔子便要依据老子的道德之分，分别予善以再解释，将老子无人性参与的道之理同一为人与世界不二的善理，再以此解释德之善理。

综此数说即知，老子之学虽强调世界的同一性与还原自我的必然性，可客观上他也把人与世界对立起来了，认为人为是对世界自己成就自己的对抗，实有不二而二之嫌。孔子之学所要恰在于，人是世界构成本身，故人的行为亦是世界本身的行为；更而进之，人还是世界构成中的灵秀，是世界还原过程的参与者、主导者、能动者，自觉、能动地成就世界的完善，正是人之所以为人的价值与使命，而此能动、自觉地参与善的方式，于世界言，便是一种自证其真、自我完善的方式。此表明，孔子的世界自己成就自己不是直线的返还，而是动态的实践和使命的变幻。结果是，阳动哲学不仅没有错，反而意义更加宏阔，更具真理性。意即，阳动是世界的自证方式。这便让老子的世界自己成就自己，变成了孔子的世界自己证成自己。

另一侧，阳动、能动虽说是人的本性，然，这并不意味着人可以胡作非为，可以盲动、乱动，为此，孔子及其学派便需要基设和建构出阳动之善的标准及体系，于是，儒家的道德之善与心性成善学说因此成为了中华文化的瑰宝。

有此理解，我们便不难把握道儒两家的内在关联性，可以说，两家义理的同构，才有了中国文化的恢弘与肆溢。而此理解，也是我们把捉儒家之善的前提。

儒家的道德之善是一体不二的义理体系，这里为描述的方便，我们暂且分析别述，以道之善和德之善两说论事。

道之善

道是本体的概念，然道家说本体，似已将其作了无体和有体之分，这与稍后的儒家区别明显，他们基本上没有这样的关照，延至宋代，才开始有了类似的别析，不过没有成为主要论域。因此，我们对儒家相关本原、本体概念的关注，主要还是道。另外，儒家还有几个算是别称的概念，如仁、诚、心，当然还有无极、太极、理之类，这些要么更加偏重了人的主观能动之善性的定位，要么是为了提升完整性而借用（如理本就是道）的概念，可以暂且放置，不必细述。这样，我们便无需作出相关概念的铺展，只需直接讨论本原之善的话题，即是儒家道之善的理解。

儒家所言的道之善，是依阳动哲学的要义而表达的世界道理，主要可分述为两方面，其一是生化、显化、变化之善；其二是养育、互

助、同构之善。或许还应该有一个还原成善之善，只是此意发挥不明
显，仅有"殊途同归"之说，故不论列。这两种善的作为者均是本
体、本原，故可说，生化、显化之善与养育、同构之善是本原或道的
基本志业与事务。如若从善是完满价值取向和判断的根据或事实看，
或可说，道是有意志的。它的志业与事务并非随意妄作，而是以善的
必然性控制和规置着整个世界。孟子云："万物皆备于我矣"，正是
此理的昭示。

孟子所言，回溯《易传》诸翼，便知其非虚构：

> 动静有常，刚柔断矣。方以类聚，物以群分，吉凶生矣。
> 在天成象，在地成形，变化见矣。是故，刚柔相摩，八卦相
> 荡，鼓之以雷霆，润之以风雨。日月运行，一寒一暑。乾道成
> 男，坤道成女。乾知大始，坤作成物。乾以易知，坤以简能。
> （《系辞上》）

> 显诸仁，藏诸用，鼓万物而不与圣人同忧，盛德大业，至矣
> 哉！富有之谓大业，日新之谓盛德，生生之谓易。（《系辞上》）

> 夫易，广矣大矣！……夫乾，其静也专，其动也直，是以大
> 生焉。夫坤，其静也翕，其动也辟，是以广生焉。（《系辞上》）

> 天地之大德曰生。（《系辞下》）

> 天地细缊，万物化醇。男女构精，万物化生。（《系辞下》）

> 万物出乎震。（《说卦》）

上列诸言，意指非常明确：世间万物之生化、显化、发生，均是
本原意志自显的实现，她将自己由阴本寂然显现为形物实然，从而成
就了万物，世界因此而存在与彰显，是为世界最大的善。

此善亦称为阳动之善："大哉乾元，万物资始，乃统天。"
（《乾·象》）

　　阳动之善是儒家义理的基设，正是本原的这种生化、发生的善意，才带来了所有的世界事物和各种具体的善。这些善中与生化之善关系最为直接的是养育之善，其意指有二：一是本原施诸万物的养育，二是万物相互间的养育。

　　显现、生化、发生而表达的善，以及养育、互助而成就的善，的确是世界诸善之最要，一句"藏诸仁，显诸用"，便将此善义包纳无遗。是以至宋代，理学家们索性解去文节，直接以仁代称本原、本体（此意在《易传》的三材说中已有伏笔）。如朱子的解释中，他让仁、理同一齐名，说仁为宇宙之心，仁生万物天地，仁生人，人得以仁为心。这个论述简洁之即：仁生人，人以仁为心，人始自仁，成自仁，守其仁，成其仁。

　　非惟朱子有此义解，晚于他且以他的批判者面目出现的王阳明，于此却有更极致的认同感。他径直提出了"一体之仁"的命题，并以之统领他的心学大义。所谓一体之仁，意即：宇宙以生命、造化、进取、生生不息为本体，宇宙在生生不息的生命基础上和谐一体。这个一体之仁至少有四层意思紧扣了儒家之学的精要：一是，世界是内部的，没有外在；二是，世界是阳动进取的；三是，世界的本质是善和善化意志推涌的；四是，本体的本意就是人的觉悟和心性本身，故善之精粹仁不只是人之善，亦是本体之善，所以可以替代使用。

　　以此可说，至宋明理学时代，儒家以仁为体的称名，或仁体同名，实是让道之善与德之善，也让人的价值与世界的价值的同一不二达到了极致。

德之善

　　世界同一不二，或说人的价值与世界价值的一致性，决定了德之善的涵蕴。德之善其实即，人觉悟世界的同一性并践履世界之完善的责任与使命。如此的表达意味着，德之善既是被动的，也是主观能动的。何以说呢？

所谓被动是相对道之善而言的。德作为反哺进善于道的特定现象，在现象化的条件下，它的发生、表达均由道决定，非是凭空自显，所以他受使于道，是以被动。然而，存在或万物是本体的自显自证，德作为存在之至，其存在与行为当然是阳动本身，属阳动中的智动现象，故有天然的能动性，它所求索的取向与目的非主观能动不可为。而且，人为存在之至，亦即是还原至善的会聚者，它因而又变成了阳动之中最强势和最本质性的主动现象，它的主动性其终极与本原的阳动意志——自证其完美的至善——是同一不二的，以此，它由受使转化为了原意志本身，是以主动。这个道理表明，德之善所要者，便是将被动转化成主动，进而与本体同一不二。

这样的转化中，有些具体问题是必须要解决的。诸如，何以说形在各异的存在、万物是同一不二的？何以说人的价值与世界的价值具有一致性？以及如何去实现、实践这同一不二和一致性？对此，儒家给出了自己的答案。当然，这个答案起先是由先于他们的王道学说和更早的八卦义理给予支援的，不过，这里我们暂可不去理会这些。

《易传·乾·象》说："乾道变化，各正性命"，可说一语即揽要害。语义指明，乾道即本体、本原，她的"变化"（此词很复杂，意含自我发动、自显化、自创生、自证自明诸义），便有了存在、万物。如此之存在、万物因为是乾道的自显，当然就是同一关系，所异者只是形构，其内秉质素并无不同。这种异同的分殊，便是万物各自的内在决定者，它们称为性。性在这里兼包形异与秉同两者。所谓形异，既指体型、样态的差异，也包括行为、存在方式和功能的差异。

不过，形异虽然碍眼，可它并非根本性的，根本性的是秉同。这里，秉同有二义，一是指同为乾道的显化，所以本质同一；二是指去向同一，即都以其所在证明乾道的善意。此二者在儒学中实有概念的分领，前者可直接称性（狭义），后者则别说为命。

命，以语词言，至少在商代末年就已成为名词，如文王的天命之说。而若究之语义，则知，它当有三义：一指生命——能动存在者的存在状态；二指命运——能动者，特别是其中的智慧者（人类）在其生命过程中的利得状态；三指智慧者应然承担的参与世界自证过程的责任和义务，这种参与是自觉的、主动的，也是明德至善的。考资料可知，命之第三义的出现当与周文王有关，后来，它成了《周易》阳动哲学义理的重要构成。只是，这个阳动哲学和它的命定说太过政治化，当它受到老子的强硬批判之后，试图坚守阳动哲学的孔子便改变了这个哲学的内质，同时也改变了命的内涵属性。

孔子的阳动大旗压制了政治化的单一性，另张道德善化的主导性，这让世界的同一不二与人的价值的必然性都归之了善的根底。将善作为世界的基设，至少它具有感情上的广普性。这一置换应该说是成功的，也是真理化的。现在，命作为一个概念和范畴，首先是与性有了内在的关联关系，即命非是孤立的善好或厄恶状态，而是灵秀者——因为秉承中性的殊异，故智慧者或人类成为了灵秀者——应然担当的使命与责任；其次，这个使命与责任是参与和引导存在世界或万物趋向本体的还原自证，而此参与、引导、自觉和实践即是善，或《大学》所说的至善。

宋明理学中，上言的套路，张载、王阳明诸哲只用了几个很简单的术语，便将其说明透彻，如理一分殊、一体之仁、致良知。可知，儒家所说的德之善其实即性命之善。

德之善是儒家学问的重心，较之道之善，其用心用力明显高出许多。这一现象非是说德之善比道之善更重要、更根本，而是因为，一，德之善是道之善的具体化与意涵主导，故易于留恋；二，德之善是灵秀者所应为、当为之善，然，诸灵秀者生存于万物之中，受物利困限，感觉误导，情欲驱使，以至他们很容易歪曲善的本意，从而忘却或变通进善的使命与责任，故德之善的厘定和成就是十分艰巨的难题，当用心匡范、教诲。这便是儒者首先是教育者，且是厉行"三纲八目"的践履者的根本原因。

查阅儒家的主要著作——如先秦时代的《易传》《中庸》《大学》《孟子》，还有《礼记》中的相关文章，以及宋明时代诸理学、心学著作——相关德之善的表述，我们很容易建立起一个完整的体系框架。下面择其要列举之。

象曰：天行健，君子以自强不息。（《易传·乾·象》）

君子以成德为行。（《易传·乾·文言》）

夫大人者，与天地合其德，与日月合其明，与四时合其序，与鬼神合其吉凶。先天而天弗违，后天而奉天时。（《易传·乾·文言》）

坤道其顺乎？承天而时行。（《易传·坤·文言》）

君子敬以直内，义以方外，敬义立；而德不孤。（《易传·坤·文言》）

一阴一阳之谓道，继之者善也，成之者性也。仁者见之谓之仁，知者见之谓之知。（《易传·系辞上》）

夫易，圣人所以崇德而广业也。……成性存存，道义之门。（《易传·系辞上》）

夫易，圣人之所以极深而研几也。惟深也，故能通天下之

志；惟几也，故能成天下之务。(《易传·系辞上》)

昔者，圣人之作易也，幽赞神明而生蓍。观变于阴阳，而立卦；发挥于刚柔，而生爻；和顺于道德，而理于义；穷理尽性，以至于命。(《易传·说卦》)

昔者圣人之作易也，将以顺性命之理。是以立天之道，曰阴与阳；立地之道，曰柔与刚；立人之道，曰仁与义。(《易传·说卦》)

大学之道，在明明德，在亲民，在止于至善。知止而后有定，定而后能静，静而后能安，安而后能虑，虑而后能得。物有本末，事有终始，知所先后，则近道矣。古之欲明明德于天下者，先治其国；欲治其国者，先齐其家；欲齐其家者，先修其身；欲修其身者，先正其心；欲正其心者，先诚其意；欲诚其意者，先致其知；致知在格物。(《礼记·大学》)

天命之谓性，率性之谓道，修道之谓教。道也者，不可须臾离也，可离非道也。(《礼记·中庸》)

修身则道立。(《礼记·中庸》)

唯天下至诚，为能尽其性。能尽其性，则能尽人之性；能尽人之性，则能尽物之性；能尽物之性，则可以赞天地之化育；可以赞天地之化育，则可以与天地参矣。(《礼记·中庸》)

诚者，非自成己而已也，所以成物也。成己，仁也；成物，知也。性之德也，合外内之道也。(《礼记·中庸》)

唯天下至诚，为能经纶天下之大经，立天下之大本，知天地之化育。……苟不固聪明圣知达天德者，其孰能知之？(《礼记·中庸》)

易与天地准，故能弥纶天地之道。仰以观于天文，俯以察于地理，是故知幽明之故。原始反终，故知死生之说。精气为物，游魂为变，是故知鬼神之情状。与天地相似，故不违；知周乎万物，而道济天下，故不过；旁行而不流，乐天知命，故不忧；安土敦乎仁，故能爱；范围天地之化而不过，曲成万物而不遗，通乎昼夜之道而知。故神无方而易无体。（《易传·系辞上》）

上面的引文中，有一些词值得追究：自强不息、进德修业、成德、合其德（其明、其序、其吉凶）、奉天时、承天、弥纶道、原始反终、道济、乐天知命、范围天地、曲成万物、继善、成性、见仁见智、开物成务、圆神方智、洗心、和顺道德、穷理尽性、至命、明明德、至善、修道以仁、仁者人也、至诚、赞化育、参天地、成己、成物、合内外、知天、知人、配天、立本、天德。这些词共同表达了儒家思想的旨要，其义可概括如下：

1. 人的主观能动作为，是与世界的阳动自证同一的，故天行健，君子以自强不息；

2. 人的德之善是道之善的组成，亦是其别出，所以，德之善是继善，它由明明德、成性实现，也包括洗心、进德修业、成德、见仁见智、配天、至命、至诚、至善、承天诸法式；

3. 人的善德必须合符道之善意，故说合其德、合其明、合其序、合其吉凶，故说奉天时、弥纶天地之道；

4. 人要行德之善，合天之道，首先就应该体会、理解天道、天理，故有穷理尽性、合内外、知天、知人、圆神方智诸说；

5. 有了上面的执意与觉悟，才能与天谐行，领袖万物，还原世界自证其成的至善，故说乐天知命、范围天地、曲成万物、和顺道德、参赞天地化育、成己、成物。

如此之善德思想与观念经子思之手，流进了孟子的生命与智慧中，以此，他进而提出了性本善、万物皆备于我矣，以及尽心、知性、知天，存心、养性、事天的主张，他还说，"圣人之于天道也，命也"。再往后，理学家更是在理一分殊、心性不二、心理同一、一体之仁、致良知、成己、成人、成物、成天诸论中，做足了文章，成就了德之善同一于道之善的义理大系。

心性成善

总观儒家道德之善说，其中的要害可认定为心性成善。或说，心性之说是儒家全部思想的根基，故其善当然是心性之善。儒家重心性是昭然不刊之论，问题是，何以如此？

前说儒家继承的是周公的阳动哲学，若仅以继承事实论，似乎不易解释儒家缮心性大义的因由，因为阳动更直接、更有效的表达是功利，如政治功利，也如物质功利，而其实，儒家普遍的立场是反对功利的，如孟子说与梁惠王：何必曰利？那么，儒者何以要接受周人的阳动大旗呢？内中的原因应该是，他们认准了人的殊异性。这个殊异性便是，人是心性之物或在，是心性的特定使物成为了人，成为了万物之灵秀。所以，要说清楚人——人是什么，人为什么，人要什么——的问题，唯有从心性入手，才有真实解。

心性之性不同于物性之性。物性只是物所以是物，以及此物所以是此物，彼物所以是彼物的因由。用现代语言说，物性即物理或物理性。心性属于本然性的范畴。本然性是说，本原意志分裁别载，此分裁别载的那个意志便是儒家所说的心性。这说明，心性是本原意志本身，只是分裁别载了，才让它有了表象上的异样。当然，在分裁别载时，一定会与物理或物理性杂合，结果会被其掩埋、扭曲，以至不能直接显现。这是心性的遭遇和现实，可其质地还是然本而来，故说是本然性的。

本原是否有意志的问题，在儒家诸论中表达不甚清晰，从其以仁称名本体，和强调至善的目的性推论，应当不出意料。如一体之仁、理一分殊、藏仁显用诸说，正好表明，世界是由阳动成就和显现的。这样的显现与成就是有意作为。

这是儒家持说世界同一不二的质要。以此我们便知，阳动哲学何以成了儒家学问的旗帜。本原意志最大的志业是自我的显化，她以此阳假之为成就了万物或形物世界，而此显化和成就还不是目的，它的真义是以其显自证其真。故知，阳动的本意是自证其真，或说，自证其真才是阳动的本义，也即世界最大的善。心性既为本原意志的分裁别载，当然就必然要觉悟此真义、本义，并践履、引领此善志大业。此才是儒家执意阳动哲学的根本原因。

无疑，儒者的取舍是极为恰当的，他们借用了周人阳动的旗帜，却将原有的内涵置换了。依其对真理的理解和认知，道德之善被确认为世界过程和趋势的大要，以此，儒家建构了自己的义理体系。其中，心性健动是阳动义理的根本，或说，心性健动才是本原意志自证还原的主打意涵。所谓体用不二、天人合一，实即心性成善的终极：止于至善。

以此为观，再看孟子所言"性本善"和"万物皆备于我矣"，还有《易传》的"范围天地之化而不过，曲成万物而不遗"诸论，就会有流畅淋漓的感觉。何为我？我是本原，我亦是心性之殊载，即同一者的不同表达而已。这便是性本善说的真义。有此同一，故可范围天地、曲成万物。

心性成善在儒学中还有其他表达，如觉悟成善、履命成善、继道成善、参与成善、效法成善、开新成善、成物成善、明德成善等等。

这些只是语词的不同，其义无异。

二、由己及善

儒学中的人，是一个很复杂的概念。说它复杂，不是名义、字义难闻，而是其义理解释颇多曲意幽义。

本来，人就是一物或生物，是受物性或物理支使的，然而，人却不只有物性，他还有心性，此心性即是本原意志的分裁别载者。仅此一心性的具有，便让简单的物或生物复杂起来。因为物性只支持生存、存在，而心性则是原意志本身。原意志之为原意志，是在自己显化为万物之外，还有意愿让万物经过自足、生养而进于至善，还原自我的完整与全义。这一意愿和作为恰好又是由其别载者的心性来觉悟、领会、参与、引领、实践的，所以，心性之为性，它更有命——必得践履的使命与责任。这样，人就成了复合者：动物与本原。

很显然，动物是现实的，也是阳动推涌的，相较之下，同一于本原则是将来态，或是值得追求的理想目标。其中，困难的不是如何分析人的构成，也不是如何设计理想，而是如何摆脱现状，化解物性，进心性于至善。或即说，如何同一于原意志，如何理解善，如何成善，应当是更不易解决的问题。

回观儒家义理之发生和发展，约略可辨析出其理路的形成。大要说，两种路径的合构，最终成就了心性成善的大义。这两种理路可称名为经验攀登之路与观察体悟之路。

第一种理路属今人常说的经验归纳式。它的要义在于，先不急于定义善是什么，也不必优先抛出善之义理体系的纲要，而是发现和寻找生活之中、日常之中属于善的行为、事项，然后引导人们去行善、执善。即由日常小善引发，最终渐以登堂入室，得出了德之善与道之善的大义理。

这个理路中，最典型的是孔子坚持从人们的亲属关系中发现善，并执意恢弘其理，从而有了相关孝道的宏论。孝，本意是血亲之内，子代对父代因生存依赖而产生的尊重与敬仰心理，一般表现于成年之前，它的基础是动物本能，至人类中，这样的尊重与敬仰被延长至成年以后，乃至终生。孔子认为，人类之所以能够延长孝顺长辈的时间，以至于永远（死后的祭祀是其表现），全在于人性中的心性使然。正是基于此，孔子认定孝是百善之先。因为它从最基本、最简单处开启，却在最深处展现了心性之善。以此，孔子把孝变成了孝道，其弟子还写了《孝经》，提出了"善孝者继人之志"的命题。

从小处着眼，发现善的大义，是儒家的一项发明，也是其学的机藏秘诀。故《中庸》说："君子之道，造端乎夫妇，及其至也，察于天地"。后来，孟子以此诀定格了"四端"说。故知，寻由经验和日常之路，照样可以发现道德之善的大义。孝-悌-惠-忠-信-爱-公共伦理-天人合一，是其登攀的台阶。对此，《中庸》结论说："道也者，不可须臾离也，可离非道也"。比较此语与老子的"道可道，非常道"之说，我们或许多有一层理解。

第二种理路属今人所说的灵感直觉与演绎之路。这一理路的重心是灵感直觉，或称觉悟。它与前一理路源之于经验不同，普通人基本无力作为，非圣人不可。故知，它属于圣人心性和智慧的显现。此呈显恰好印证了儒家的一个重要结论：人之心性与本原是同一不二的。问题只在于，人们是否愿意去发觉此心性，化解物性。当然，在当下，人之中除圣人外，绝多还只能受制于物性，故期待教化开悟和化解。

那么，圣人是如何有此秉赋和作为的呢？儒家的解释有说法上的先后差别。先秦时代，这种能力和功业的出现，被解释为圣人有超常的效法和摹仿能力，《易传》对此有充分说明：

> 易与天地准。故能弥纶天地之道。仰以观于天文。俯以察于地理。是故知幽明之故。（《系辞上》）

> 圣人有以见天下之赜，而拟诸其形容，象其物宜，是故谓之象。圣人有以见天下之动，而观其会通，以行其典礼，系辞焉以断其吉凶，是故谓之爻。（《系辞上》）

> 夫易，圣人之所以极深而研几也。惟深也，故能通天下之志；惟几也，故能成天下之务。（《系辞上》）

> 是故，天生神物，圣人则之。天地变化，圣人效之。天垂象，见吉凶，圣人象之。河出图，洛出书，圣人则之。（《系辞上》）

> 古者包羲氏之王天下也，仰则观象于天，俯则观法于地，观鸟兽之文，与地之宜，近取诸身，远取诸物，于是始作八卦，以通神明之德，以类万物之情。（《系辞下》）

需得道明的是，这些语录中所说的效法、模仿，绝非技术、工艺意义上的操作，它们基本上属于体悟与觉悟的表达，所以用了极深、研几、通志、成务、开物、冒道、定业、断疑、圆神、方智、洗心、明道、察故、备物致用、仰观、俯察、通德、类情、会通、穷理尽性、至命、顺性命、天道（阴阳）、地道（柔刚）、人道（仁义），这诸多的词语。这些词非一般语义所能表意，它们是深厚的心性觉悟的会聚。

至宋明理学，圣人们能力的具有和作为，又被作出了构成意义的解释。理学家认为，理气构合的结果，特别是气中的清气与理的合成，更当是圣人产生的原因。而清气与本原的直接合一，当然就从构成上解决了同一不二的问题。这便是圣人之为圣人的终极解，亦是体用不二、人的价值与本原意志不二的完成解。

数千年来，儒家孜孜矻矻地重视常人、俗人的教育、教化，究其原因，无疑就是上述的圣人之教具有先知的意义和价值，倡导和实践圣人之教，可以让小人渐以摆脱故有，日新而至于君子，乃至圣贤，最终止于至善。从某种意义上讲，教化成圣，止于至善，日新日日新，可说是儒家成善之路的第三条路径，由此而有《大学》之道，是其证。

第五节　本章小结

本章所言的四种善，乃各自为说，亦各有千秋，基本上都有数千年计的建构与铺展，是以成为了人类文化中主导性的内涵。若得详说，恐万言千纸亦不足为道。这里，本着相关世界的内部性与世界还原自证的判据可知，上言的四个样态其实就是两个善的类型：一类善充分表达着世界的内部性，并以还原自证为终极价值；另一类则断裂了自然本根，只求自我世界的善好与利得。这样的分判正好将中纬度文明带一分为二，即东方的印度与中国代表了第一类型的善，西方则成就了第二类型的善。

西方之善不能视为相关世界本身或全部世界因为所以的善，她只关及善之欲望者自身，及因此而发生关联关系的相对应者。这样的善其特征具有鲜明的对等、对应、公平、合意的品性，所以它有一个专门名称：正义。以此，说西方之善是正义之善，亦算恰当。正义之善所以发生，是因为文明带西段地域的环境和条件不利于单一农业文明的生成、发育，强大的生存压力最终挤压人们放弃了无限责任伦理，反致责任伦理的收缩，以至于解释和理解的自我化。所谓自我化，即以自我为原点，进而形成理解世界、解释世界和把握世界的观念与原则。可知，这样的世界是自我和其所欲，即功利诉求所搭建起来的，它不关及与此无关的他者。其中的极端者，是制度文明中的主体构成性法律体系，它将自我设定为主体，于是，主体之外的一切有功利价值的东西被视为物，也包括非主体的人，而无用的物和世界则随之放逐。这样的把握终至世界的分离，特别是自然本根的断裂。

没有本根缀系和维系的世界，只能是自我各自为政的世界，也是多元冲突的世界。所幸的是，人类智慧中的理智在这样的场景中起到了救济、拯救的作用，它所展现的理性极好地修饰、调整了自我和欲望的冲突，以至于最后生成了正义之善。此善既改变了自我的本能，也成就了制度文明和精神文明体系的建构。西方哲学中的理念论、绝对精神说，还有宗教神论的核心爱说，均是此理性、理智的最高弘扬。

观此故知，西方文化所构筑起的宏阔大厦，其实恰是断裂自然本根后的人为营造，它是以自我为核心，以功利为动机的建构体。其间，有一些本原论者，他们做出了完全异态的表达，几乎与东方哲理相一，可惜一直处于极边缘的状态，被略带贬义地称为神秘主义者，束之高阁。应该说，他们是寄生在西方文化中的东方义理哲人。主流的西方哲理虽冲破了自我、形物的禁锢，却依然难以寻找到本原的终极，只能在相存的境域中罗圈绕行。因为那个断裂了的本原实在不知道在何方！相域中的罗圈绕行也别开生面，理智的演绎之功，最终致使西方制度文明内的理性内涵因此而异常丰厚，如工具理性、正义诸说，一直有着强势的惑人之处。

当然，现代西方凭借自然物理的探究，终于发现了一种相对性的善，它与东方的本原之善有了衔接的最大可能性，是以正在改变西方的文化与价值观，故可期待。

鉴于西方文化不是相关本原和其世界之完整的解释，便知其所谓善，也只是自我之间，或存在之间的恰当性、合理性、正当性的表达，故不能与东方文化之善简单比语，其差异是本质性的。以此观照，如若只就东方文化内部中国的道德之善，特别是心性之善，与印度的智慧之善作概要性比较，或许我们能从中获得一些启发。

观中国文化，它与印度文化可说质地同材，均是紧扣本原、本根而形成的文化现象。因为认定世界是本原的显化，并以阳动为其因由，所以世界的同一性就成了不二之论；进而，世界的阳动与显化并非目的与目标，而是一种本原意志的自证方式和结果，此表明，诸在或万物只是本原行为的参与者、证明者，却非目的者；还有，在这一显化、阳动的法式中，原意志还自行分裁自己，使之别物承载，这便有了诸在中的灵秀之在人类，他承载智慧，更重要的是自觉地觉悟其所来所往，所因所由，由此而成为了本原自证还原之善的能动参与者、自觉者与引领者、引导者。

这样的义理套路是中国文化，特别是儒家义理的大要，其中的道德之善与心性成善是核心。不过，这个如此理想的义理体系其长短同样是鲜明的。

儒家义理所长中最紧要的是人的主观能动性，即人的价值与世界的价值同一不二，且这样的同一不二是自觉的、能动的、主动的，由心性使然的。这个长与印度的主流文化形成了对比。其初始原因当归之于，中国地域有良好的农业环境和地理优势，成功与发育良好的农业文明支持了农民心性品质的成熟、自信、良性。这其中，与自然环境的和谐、和睦，即有实惠、有利得的生存经验，最终成为了中国文化的基设，它促生了中国文化中无限责任伦理的观念与意识，后经圣哲们提炼、抽象，便成就了儒家的道德之善和心性成善，以及体用不二、天人合一的义理大观。公正评论，如果说这个世界真的是本原的显化和自证的实现，而她又自我分裁，让人类成为了智慧者，那么，智慧者即参与者、实践者、自觉者、引导者，并最终与本原同一不二，当然就是真理的结论。环视人世间，这样的观念与意识只能是极品之思。

儒家义理所长的另一处在于，它的道德观、善恶观是建立在践履自证还原的自觉者、觉悟者的前提上的，这就充分地拔高了人的价值品格，其开放性、包容性，以及善的本然化之类，同样高出了他样的学说与说教。

儒家义理所长的第三个紧要处是，善是任何社会性动物，甚至于植物最为期待的状态和待遇，所以它具有天然的通透力，是世间万物万事消解冲突、纷争、不睦的利器，凡有群处均有善。这不难理解，颇为不易的是，直接以善为目的，将善解释成世界存在的依据和归宿，从而厘定人类之善的性质与价值质量，进而还以之说明人的本质与因由所以，这在人世间出儒家之外，恐别无分店了。我们的生存历程中，不时有功利、物利、幸福、快乐、自由等愉悦情愫的东西冲击着，然而，即便在这样的激流中，善依然是推之不去的生命内涵和依赖，更不要说非激流状态下的生命常态，善更是我们生存的凭借与涵蕴。故知，儒家论善、说心性，其实是高明博厚之至了。

理会了儒家义理之长，侧观其短，也是比较的必然结果。

坦率执言，以智慧表述本原自证还原之必然大势的说法，当是最为全面、最为完整的表达，因为无论其表，亦无论其里，智慧本身所具有的特性，更符合人的异秉，也更具出了人的普适性。它既可说及智慧的本义，又可囊括智慧的变通义，甚至歪曲义；既可直照还原不二的终极，又可关照因智、识而有的人类自足、互助过程与历劫；既可满足感觉的欲需，又可协同公共之善，还可驱之至善。大要言，智慧的功能与价值可实现载者的自足，可沟通、理解世界和他者，还可直奔主题，还原不二。

　　如此的智慧还原义理，正是印度义理的强长之处，亦是印度文化的重头戏。公元前 1600 年前以来，印度哲人一直在为此冥思苦想，最终建构了吠陀奥义体系和后来的吠檀多义理，还有佛学义理。他们紧扣智慧本身说事、说理，形成了丰厚的智慧学体系。如佛家的般若学，以因明唯识的宏论，彰显八识五蕴和涅槃义理，主张转识成智、以智去智。与之相比，可以说，中国文化于物理——自然物理、社会物理——的建构不足、不充分，以至不出西方人强势彰显的物理学、化学、生物学、天文学、人类学、社会学、法学、政治学、经济学、地理学、医学诸知识体系，也未能在识、智之中谋出宏篇格局，其实便是它过于强调了性智和畸形化了理智，而忽视了真正理智的结果。

　　中国话语中的心性说，其质要就是智慧中的性智，它的重要性自不待言，可是，如若只此一点，不及其余，便会出现直奔主题，而忽略场景、环境、条件的偏差，结果很容易引起尚有丰富感觉智的人们的反弹。中国清代知识界之于宋明理学的反对，近一百年来中国社会主流之于传统文化的反逆，便是这种反弹的明证。

　　这样的义理演绎再比之印度的智慧说，大可见出细处。就历史过程的递进关系论，以智去智、转识成智更具完整性和逻辑性，它是说，低级智慧不化解、不祛除，则高级智慧亦难成立，所以以智去智要从感觉智开启，由之递进到理智，最后才是性智。如若一步先行踏入性智，下位的理智发育不充分，则感觉智依然会附着前行，成为性智志业的包袱和累赘，让心性成善变成虚伪的踏步，反致搅乱了人们的心态。这应当也是我们文化的教训。

结　语

　　书难载义，言不尽意。数十年来，观世间，思善恶，曾为善恶所困，亦为善恶所累。今以数万言了然一说，或许可清逸面临，坦荡自然。善恶者，如你我自在，关键是你的智慧境界。你是感觉智面对，还是理智面对，还是性智面对。我们都可慢慢自品。愿诸君自勉。

江山作品系列 15

智 慧 论

江 山 / 著

人民出版社

内容提要

智慧是什么？本书认为，智慧是人之所以为人的本质所在，是原意志的分裁别载。智慧也是我们区别世界他者的根本，故，理解人必须首先理解智慧。

实在世界是原意志因显现而有的实在化的展开，并依据诸相的相互作用塑造了多样化、复杂化的事实，然而，实在化也带来了各自化、界域化、固滞化和亲恐二致性的后果。这与原意志自我显现的本意（以其实自证其真，或自证还原的衍绎）相去天壤，是以，原意志便分裁自我，坎陷自我于人，从而引领实在世界化域求和，实践自证还原的完善与全义。此坎陷于我们的原意志便是智慧。

智慧具有本然性、无限性、超越性、全息性、永恒性。这是她和任何物理机能、功能、本能的不同处，因为物理机能、功能和本能，是有限的、界域化的、相对的、假化的、或然的、不确定的、各自作为的。经过世界过程的选择与优化，人成为了智慧的载者，这决定了人的意义和价值：参与原意志自证还原的过程，并成为这一过程的觉悟者、引领者。

智慧与人相融以后，基于载体的缺陷和殊异性，并没有立即表现出她的真面目，而是先以假化临世。所以，我们首先具出了感觉智，这是一种生成自我并拱卫自我的智慧。其后，人的生存经验和社会化的需求，共同开发出了第二种智慧，即理智，这是一种寻求公共善的智慧，公共善包括两个类型：物之善，自我之善。理智虽然彰显了善，可它是一种永远带有界域的善，无法具出彻底的广普性，是以依然不是真正的智慧，真正的智慧叫性智，她是化除界域、以相养在、还原自我的智慧，也是本然性的智慧。

经由智慧的重新理解和把握，我们方能再建人之所以为人之价值与意义的大要：践履原意志自证还原的必然使命。

目　　录

自　序

2013 年写完《自然神论》时，相关世界的理解和解释，我已有了别样的体察。那时，我开始不满意多少年来形成的体、相、用三界说，觉得这个体系不能完整地解释世界，更难以厘定我们之为我们的价值、定位。写作中，似已察觉智慧有特殊的归属和意义，只是当时思考很不成熟，不能肯定因由所以，以致我在彼书中曾写道："智慧何来？应说其来有二：一是说，智慧是宇宙诸在在其显化的过程中互养、互助、公共造就的公产品，只是碰巧被我们承载了；二是这个共同的造就其实也是形式，其所本，则来之于原意志本身，是它的殊异化显现，或说是显化中的原意志。"① 这是一种模棱两可的说法，表明当时我已有所悟，却不得要领。

休息两年后，我开始写《善恶论》，思考和写作中，这样的困扰终于得以奔脱。我坚定地认为，世界并非只有体变相衍在显之一路，还有智慧中途介入，扭转在化下流而致自证还原的另一路。即是说，体、相、在的三界说仍然成立，只是它予世界的表达不足够完整，如

---

① 江山：《自然神论》，中国经济出版社 2014 年版，第 450 页。

果没有原意志自我的特别降临，在界是无能践履自证还原之必然的。随着《善恶论》的完成，这个想法亦愈趋稳定，当然还有许多解释和说法不够系统、充分。彼时，我最常用的比喻是珍珠和盘子，智慧是珍珠，大脑是盘子。盘子由诸在衍化、进化所成，而珍珠则直接源于原意志本身。以此，我决定完成许多年前的一个朦胧的想法，写《智慧论》，了却我的大愿。

几十年的学习和探究中，我已太多地领略了中外哲人、先贤们相关世界的大思路、大命题，摄其要，不外乎，世界是内部的，世界也是还原归真的。这些命题通常包括：乾坤不二、翕守辟成，有无不二、自然而然，心性不二、诚明尽性，体用不二、天人合一，梵我不二、历劫迁回，智识不二、转识成智，色空不二、以智去智，存天理、灭人欲……如此之类，无不明示，圣哲们的确揭示了真理。不过，大道理之下，问题也非无有，俗人更多地感觉是空泛、简约，不足具体。无怪乎数千年来，世俗众生难以理解、把握，更不要说介入其中，身体力行了。应当说，必要的解析和填充、说明，确实必要，然则，符合先哲们觉悟之真理的根要，而非是生存的经验和感觉的愉悦与快乐，当是其据，否则，人类文明的大旗何以标识，何以指向！《智慧论》正是充分啮咬世界是内部的，世界亦是还原自证的内核，并执守此本然性理念，相形展拓世界的构成和其价值取向的补白作业。它试图说明人何以是万物之灵秀，以及此特殊之灵秀何以担当、何以执命、何以解脱的常道常理，同时也希望冀此道理说明世界的因为所以。

世界由体、相、用三界同构而成立，亦循由体变相衍在显之法式，去践履以在为流、自证其真的必然性。然而，诸相的殊异性和专门化所同构的诸在，既受益于诸相的养育而在了、而各自、而在下去，也受制于诸相的锁制而有固化和先天缺陷。逻辑上讲，这样的局限或缺陷是诸在自身无力化解和解除的。原意志自身相化成在，并非为了滞在和各自即止，她之所愿是以在为流，自证自我的完善与全义，于是，诸在的固、滞、碍、定就必得有化除、化解之愿力的介入，以促成显现大势的转折、转化。正是基于此需和意愿，原意志决然分裁自我，直接坎陷、介入诸在之中，以便以在为流的转折和转化。以此，世界的真理便不能仅依三界说，或体变相衍在显为结论，还必须充分体认智慧之为智慧、智慧之所由来、智慧之执命诸论域，如此，方能说明世界的完整。

此认知和觉悟之中，还有一要事须得道明述要。这便是，智慧之坎陷、介入并非普洒诸在，而是要有特定的载体为之承载，否则，阴性的智慧万难介入诸在的自证执命。现在已知，这个特定的载体便是我们，特别是我们的大脑，以此，我们成了万物之灵秀。这说明，世界的自证转折非是智慧自身独自可以完成的，诸在的聚、敛、历、炼、化、成的衍化、进化之功，万不能隐没，特别是其中性相的特异作为，更是功不可没。准确说，是诸相、诸在的衍化辟进与智慧的坎陷两合，才能成就原意志自证还原的终极必然。

或可说，实在世界或宇宙世界并非封闭的孤立系统，它与相界、体界有着开放互通的关联性。以此亦知，实在世界并不会（如熵定律所言）热寂死亡，它有着体与相的无限外源。然而，由专门化、殊异化的诸相所同构的诸在，恰也因此殊异化、专门化而有了局限性、缺陷性，其表现便是各自的固、滞、碍、定。这样的固、滞、碍、定虽然因开放之由不会热寂死亡，可其状态却只能是各自的固化与下流。如此的结果实非原意志自我变转、殊相、成在的本意，必须改固化、下流为以在为流、还原自证。正是因于此理，原意志便自我分裁，坎陷于诸在中的特定殊异者，即本类群，经由融入、同化、迁就、自足，而致本意的渐显渐成。这样的过程可以说为，智慧最终记忆出了原意志自我的完整，亦可说为，世界化除了诸在的界域壁垒，实现了以相养在、以善养善的完满，还可以说为，原意志终极地展现了自我的完整与全义。故知，世界的构成与阳动流变的过程中，实在的存废由本原决定，由诸相凑成，而其大命的执着与转还，则是智慧主导的。当然，智慧本就是原意志自身，故其说不当二致。

多少年来，我异常地敬仰乡贤大哲十力先生。记得当年读他的书，特别是《新唯识论》，几至狂奋，其激动与启迪之至，当说不容已。十力先生秉承《周易》阳动哲学的大道，复融合佛家的唯识学的要理，以心辟为本体，以翕辟说世界，以心觉成大用，主张体用不二、即体即用、明心践性，成就一代新儒宗师，可谓之为人类之大幸。

十力先生高举阳动心辟的大旗，构造出了一宏伟体系。积年的思觉，也让我有了一些别样的想法，不时涌动抵目，总觉得应该说一说，哪怕予十力先生有不敬之嫌。

认真体察，十力先生实构造了一阳动哲学体系，其对《周易》经传的承传与弘扩，可谓鲜明彰著。宇宙以辟动为心、为体，诸用以觉悟、体会（识）此心、此体为义务、为使命，如此便有了体用不二之说。依此论，十力先生的体用不二，亦可说为体识不二。识是世界的最高价值，或说，世界的同一性、完整性全在于觉悟、体会辟动的绝对，如此即是体用不二。这里，大乘佛学所说的转识成智，华严的六相圆融，法华的三谛圆融诸命题，均转换成了更符合中国儒学体征的大道理。

体用说源出魏晋时期的王弼。十力先生除了以辟动为体（心），重新定义了体之外，亦对用予以了再规范。他用儒家的觉悟、体察和大乘的识（八识的递进与转换）诠释用的意义，于是，用说就变成了世界的显现对其显现者本原的觉悟、体察的同一。此同一即体用不二的定义。

问题是，此心识或体用的建构有平面之嫌。世界何来？识又何来？世界的价值究竟是什么？他说得太过简略，只说世界是辟动（心）的显现，而略去了生成与构成；说用是识，是觉悟，此识、此觉悟是显现而有呢？还是心对自身的觉悟呢？亦未有明示。世界的价值只是识、体的不二吗？似乎太过疏阔。其实，显现不能是一个空泛的概念，它有真实的内涵和链条。这便是，本体先要变相，以分殊出专门、殊异的因，然后，诸因或相再去同构实在，如此方有显现。而识或觉悟恰恰是心自己对自己（体）的记忆和归真。为什么会有自己对自己的记忆和归真呢？乃因为，本体为了自证其真，必得改造和归置自己的显现结果诸在，否则，诸在会因为诸因所致的局限性、缺陷性而自行下流，固化死亡，而改造与归置，必得自我坎陷、介入，如此方能转折、转化诸在，进而引导在化之流成就自证的必然使命。这其中，因坎陷之故，本体的别载必然会被载体所污所埋，所以就有了自己记忆出自己的完整之觉悟的再必然，当然，此必然也包括觉悟过程中，对诸在的固、滞、碍、定的化解、消弭。如此这般，才足以显出世界的价值和意义。

道理并不繁芜，只是十力先生固了一种执念。首先，他排出了道家的阴本说，还有印度《奥义书》中的大梵本体说，他不认同无中生有的绝对，于是生成问题一概斥出了视野。没有生成也就没有构成，所以，相因的讨论也因此失缺。结果是，他的世界只是显现本身，而此显现又是线性的平面化，最终失落的正是非线性的过程化的世界。

复次，认真辨察亦不难发现，十力先生对西方的生命哲学和唯物论也有衷情，他的阳动哲学至少形式上是此两种哲思的合并。某种意义上讲，他似乎将此作为了一种结论标准，来规制他的体系。所以，他将世界的本体，也就是心，定义为了辟动，将觉悟或识，定义为辟动的流行。这样的合并，实是将心（本体）更改为了阳动本身。其实，阳动只是手段，还不是体，阳体是原意志，即心，是此意志的发动才有了阳动，而不能将结果说成本原。

世界的完整，首先是阴本阳动。它是说，阴本必先自转为阳本，即原意志，再行分殊，遣出殊异化、专门化的相因，最后方能以此诸因（相）去同构成在。这样的法式和流程才叫显现。

世界的完整，其次也是还原自证。它是说，体用不二其实是流化的过程和参与自证的践履。意如前述，实在化因其先天的局限、缺陷而无法自解，如此必得有原意志的介入和引领。此介入是，她分裁自我，坎陷于实在中的殊异者。这种坎陷和别载的结果，是原意志别称为了智慧，惟此智慧方能引领实在参与自证还原的过程和实践。此才是真实的体用不二。它由两种法式成立，一是渐行引导载者自己化解己我和感觉，使之记忆出原意志自我的完整和全义；二是引导诸在化解各自的界域和域抗，终以以相养在、以善养善之法展现世界的完整与全义。

应该说，十力先生的启迪和激发，让我有了思考和觉悟的可能。我希望我的制作是十力先生的接续和传承。这正是我写此《智慧论》的业愿所在。

本书今年 7 月开始动笔，适逢疾恙之中，每天写一点，少则几百字，多则三两千字，悠悠自运。其间身体实在不支，也曾停笔月余。

现在总算完成，也是心愿自酬。本书的思考和写作过程中，一直与诸多友人和学生有良多的讨论、切磋，他们让我受益不菲，必须提及的是黎晓平、夏勇、李平、叶树勋诸君，也包括那些没有提名的朋友和学生，在此，我敬致谢意！我的学生樊雪英帮我录入了全部手稿，甚是辛劳，亦致感谢！

本书的成功出版，我的朋友樊晓华、李平、李磊、韩梅诸君给予了全力资助和帮助，人民出版社和责任编辑江小夏君提供了方便和辛勤劳动，我在此一并敬致谢意。

足 无

2019 年 11 月

绪论　阴本阳动，自证还原

世界缘何？因何？又若何？如何？常为人类思困，亦有顿觉。代代因传，至今渐有梗概，以此备说，或为道理。

一

世界之本、之原，以其寂然、虚空本貌而论，当为阴本。别名称谓，亦可说为无体、空体、虚体、本体。此意之于世界最为紧要，尝为《奥义书》《老子》所厘定。然则，这样的阴本并非我们所知，亦非所在、所存的世界，而如我们本身及其周遭寰宇，恰恰是可视、可感、可触、可知的世界。如此，不难引出疑问：空无所有的阴本与形化物在的世界，是否有关系呢？它们同一吗？

老子曾明确回答过此题：有生于无。若以此为说，则必得进而理解和解释：阴本的无如何生出了有？有，即形、物、在、事、化、是的同义词，可说为我们的世界。我们的世界或在，与无或阴本世界构成了对应关系，这是常情所持之说。不过，此对应只是概念的对应，而非对立、对抗、两在的对应关系。

生，是一个很特别的词。中文中它有生产、出生、生成、生化、生长、生育、制造、生活、发生、开始、生存、生命诸般涵义。不过，这些词与有生于无之生大多无直接关联，充其量只是一些挂联、推衍之而有的表达。有生于无之生，其义实即显现、显化。意思是说，有显现、显化于无，或反说：无显现、显化出了有。此说首先是保证了有无的同一性；其次还在于，有是被无所决定的，有并非自立的自在；再次，有被无所显，亦意味着有是无之状态的改变——虚无成为了在、有、形、物。

状态的改变表明，寂然不动、无影无踪、无义无差的本原，开始了动静、奋进、情态、过程。如果我们将寂、无、空、虚当做阴，依例则知，状态改变所出现的动、奋、进、态之类，可视为阳。这里，阴、阳首先诉求的是相关世界的形容，尔后，这样的形容便转化为了名词：阴本、阳动。故知，阴本之有显现、显化，实乃阳动驱使的结果。以此，前言的生、显现、显化，实即阳动，我们的世界正是此阳动的状态。

何以要阳动呢？何以会阳动呢？

这是两个不同义的问题。要动有目的性的包含，而会动则是因果关系的辨析。我们先看何以要动？

前言阴本最大的着处，是寂、无、空、虚。此意亦表明，彼世界什么都没有，什么都不是，既无意义，亦无价值。如《大森林奥义书》所言："太初，宇宙唯'自我'也，其形似人，环顾，则舍己以外，他无所见"（一.4.1）。这样的虚无世界，既不真，也不实，无法自我实现。以此，阴本决定自我转变，从虚无阴本中显现出真与实，由自我的阳动作为，实现自我的自足。自足，便是本原的自我证明与证成。所以，前面所说的阳动与显现，或生，即是本原的自我自证作为与法式。

自证之义，一是说，本原自我证明、证成自己；二是说，以其实自证其真，是必由的过程和由路，具有唯一性和绝对性；三是说，真与成是自证过程终结的结果，而非自证方式本身，自证方式和过程只是终极结果的前件，当然是必备前件。

真与成的终极性，实是指定了自证过程的目的：自证是为了自我的完善与全义，自我的完善与全义并不在过程中出现，它只能是还原本原的绝对。即，终极的善与全，是过程和其参与者还原为本原自我本身。所谓还原自证，或自证还原便是说，自证是以还原自我为目的的。这样的还原即真，即成。当然，过程和参与者都有与自身相关的真与成，只是此真与成是相对而言的，它们不具有终极性。

如此便知闻，阴本何以要阳动呢？正是为了还原自证。

至此，世界的大要已了然：阴本阳动，自证还原。同时，我们也知会了两个世界：阴本虚寂的本原世界，她的显化与实化的阳动世界。

二

世界若此，可疑问依然很多，比如上面提到的何以会有阳动？以及阳动如何去动呢？还有，诸显化的结果之间构成什么样的关系？它们之间肯定会有各种负性的关联状态，这样的负性现象又当如何消解呢？各种负性现象与自证还原有同一性吗？这其中，还有一个更容易为我们关切的问题：我们如何是我们？我们与此阳动又是何等样的关系呢？

这些疑问当然一一有解。我们先来理解世界的构成与关系，它会让我们获得所有理解这些疑问的基础。

前说有两个世界：阴本世界，阳动世界。这两个世界之说不当是物理之论，她们只是一种概念的表达。其实，她们仍是一个世界，差异是显与不显：显现即阳动世界，不显现便是阴本世界。这中间的要害是，如何显，怎么会显的问题。

要理解如何显、怎么会之类，刚才说的阴本世界、阳动世界这两个概念太过简略，不足以让问题条分理析。为此，我们还得做进一步的文章，一是让这个所谓的世界一分为三；二是予本原的概念再行差别，以至她可由虚而实地显化出阳动。

汉语中的阴阳二词涵意繁多，这里，阴，除指义虚、无之外，还有一隐义：不能、不会；而阳，则隐含能、会义。故知，说阴本世界或阴本原，即意指了这个本原她不只是空无、寂寥，也包含有她不能、不会显现、显化出有形世界。那么，有形世界是如何显现出来的呢？其关键在于阴本对自身的转换。这里的转换是指改变状态——由空无寂寥转而为亢奋爆发。说得牵强一些，约略可理解为睡与醒的转变（这是一种抽象的睡与醒，与肉体无关）。此醒即阳动之缘。

正是此转换导致了其意念：以其实自证其真。

此意念非常重要，她是阴本转换的结果，亦是阴本自身；更重要的是，她决定了所有的阳动现象，而且还是全部阳动本身。

本原以意念为其质涵，意味着她与阴本原虽然同一，却也新开别泰。以我们的理解和解释方便言，可另议称呼：阳本体，简称阳体。阳体的要害是她有意念或意志，我们的世界正是此意念或意志发动的结果。

前言的还原自证，本质上便是这本原和意志显现为形、物、在、有，诸形、物、在、有以其流化为过程，最终证成自己的终善与全义。以此立论，说阳本体就是这意志，亦无不可。定称之后，阳体即可称为本原意志，简称原意志。

阳体是体，阳体亦是阴体的别称，她与阴体的同一是根本的，别称只是依了解释的便利。说及解释的便利，我们可进而将本体、本原、本根予以两层化的分述。前述的阴本可称为虚体、空体、无体、本体，由原意志所代表的阳体则可依其论说之便，称为有体、性体、心体、道体。此有体、心体、性体、道体即原意志的变称，不可二致。

现在，原意志是我们讨论的缘起。

我们的世界是本原的显现、显化，我们的世界所以被显现、显化，是本原为了自证其真，还原为同一不二的终善、全义。或说，我们的世界既要显现出来，又要承载自证其真的使命，还要还原同一不二的完善、全义。这其中，包含了超量级的因果关系逻辑。一般说，所谓果有二，一是我们的世界，二是还原至终善。那么因呢？当然就是原意志本身：原意志发动了果的显现与过程运动，原意志决定了果的必然性。然而，以原意志为因，似太过笼统和抽象，她与诸在之间实缺失了中介者。说原意志决定了诸果和其必然性，多是大概之论，若要说得清楚明白，还当别析条分。这依旧还是原意志的分内之事。那么，原意志当如何作为呢？

原意志，亦意味着完善、完整、无差别、无形态、无类型，这当然不能成为生化果的因。相较原意志的混元无分，因，应是具体的，可分致的，功能化的。如此，我们便知会，原意志为了让结果和过程成为实有，她只得先将自我分殊。此分殊不是直接分殊结果，而是分殊为构成结果的质素，即因。何为质素或因呢？当即是，混元无分的原意志将自身殊异、庋敛为不同职能、属性、专有的别类，然后，这些分殊的因再去发生相互作用，从而同构出果。

因的出现，成就了原意志与结果之关系的中介所需。更重要的是，任何结果都是具体的，也是固化的，而这样具体与固化的果，又必得参与自证其成的必然大流。这便意味着，因不只是要成就果，更要支配果参与自证的必然。于是，因的重要价值就不言自明了。

因之为说，还有他称可以定名，如相、存之谓。这样，我们便获得了相关世界构成和逻辑关系的基本架构：本体是世界之原，相、存是世界之因，在、物、形、有是世界之果。

原、因、果的分判，可以补足我们认知的困缺，从而有了解释和理解的便利。原、因、果，可视为世界的三界：即体界、相界、用界，亦可说为体界、存界、在界，表述不同，意义无别。

前说体有二层理解：无体、有体。有体即原意志，她是世界的原，世界的诸般现象、事物、因由、过程、目的和必然性，均是她意愿的自决，而且，亦是她本身的显现。这其中，首先要说及的，便是她自我分殊，将自身的混元无分，殊异为各种职能、功能、特长、专属的相。是这些相的相互作用，凭空生化出了诸在。

相是多维的，其要者有 7 种：时相、空相、性相、形相、质相、能相、法相。正是这些各有司职的相，它们既相互为养，亦相互制限，从而同构出了诸在，让空无的世界生出了果。相的互养与互限，实是设定了诸在的相与关系和可能性。它表明，诸在的关联性、同一性是在界的预设基础，所有的可能性都不能脱离此基础成立；同时亦意味着，任何在只能在可能的前提下为在。此可能是说，所有的在均是有限的、暂且的，也是有缺陷的。

相的职能化庋藏与分殊，亦为在的特异化提供了前提，结果便是，诸在之间不必是平等关系。诸在的等差表达，恰恰是在界能够凭此阳动的条件。当然，等差并不一定是统治和控制关系，更可能是为其必然性提供基设。这种必然性有多种多重表达，如诸在中各种特异性物态的形成，如生命世界中的进化现象，更有以在为流、自证其真的绝对必然，等等。

相为因由，不只是生化了诸在，更在于它控制了诸在的存在方式、构成，和以在为流的必然性。亦即说，它们既可同构生在，为在的养育供给需求，同时，它们也让诸在有限、有边界，有缺失，这样才足以保证诸在不会自以为在、自在无他，才能强制诸在参与自证的过程大流。

知晓了原意志分殊为诸相，亦理解了诸相的互养、互限及同构，便生化出了诸在，我们亦知会了三界之为说的要义。以此看在界，或我们的世界，就会清晰无碍。

在是诸相的同构，或同构的同构，以此，物理开始主导在界。故说，理解物理，可把握在界的大概。特别提示，此说，只是大概而已，若得完整地把握，还得有本然的会通。在的要害有二：一是各自为在，可俗称在了；二是摄养以为在，俗称在下去。

以在了论，凡在都有边界，也就是域。此边界可能是模糊的，也可能相对清晰，然边界或域的出现，实已决定了诸在的存在样态和行为方式，结果便是：在是各自的，或各自自在的，至少感觉可作如是观。以各自作为在的形式，亦即表明，世界被各自分割着。分割、各自便潜藏了诸在间的对立、对抗、冲突的可能性。虽然，在的本意是以在为流，去自证世界的完善与全义，可分割与各自的状态，很可能与此背道而为。

以在下去论，问题更加麻烦。在下去的本义是摄养，即任何在，若得继续在下去，必得从域、各自之外摄取养源，以为营养。依上言的因果关系论，此摄养本当以相为养，即摄相养在，然而，在的各自化、固化，恰恰降解了诸在的此种能力，在无法直接摄相以为养的情形下，所有的在只能曲线摄养、变通摄养——摄在以为养，此即以在养在。以在养在，是说，一个在的在下去，必得要以毁灭另外的在为前提。如此作为，实即是让在界变成了冲突、竞争、搏斗的炼场，其不可开交态，你我熟悉异常。

麻烦并不就此止步，随着诸在的进化衍绎，这种被冲突所主导的摄养方式还在恶化。比若生命现象出现后，生命体之间的摄养方式又被禁锢在了生命世界之内，以致以在养在脱变为了以生命养生命；而当我等以智慧者的形态出现在在界之后，我们的作为进而曲变为了以利益养利益，以至于最终出现了以恶养恶的怪象。

若仅以此为说，我们当无能解释在界的真义。世界的如此设计，诸因的这般作孽，自然有其合理性。老子说，天地以万物为刍狗，听之刺耳，实则真理。前说昭明，完整的世界是体、相、用三界的同构，故道理所论，不当仅以在界为权，而应贯通三界立说。依原与因论，果只是其所推怂的必然性，和其过程的表现形式，或说，果只是原与因的假显、假化。这其中，必然性和其过程具有绝对性，形式只是表象的，故在与不在并非世界的目的。当原意志决意以在为流，去自证其真时，诸在就只是流与过程的参与者，这是无法计较得失的。

退步思考，若执意以在界为说，则诸在亦不能静止居留，它们得发愤图强，以合阳动进取之必然法则。我们了然，在界中有进化现象。何为进化呢？本意即参与者的优化选择。进化是由进取驱动的，而进取则又需有环境和外力作用，这种环境和外力作用所形成的压力，便是进化现象成立的初始原因。那么，什么外力才是最合适的压力呢？无疑非（在下去的）竞争不可，竞争由是成立。作为在，你既已在了，且还得在下去，如此，不参与竞争，可能是难为之事。试想，若以我等为万物之灵秀论，假使在界不曾有竞争与选择、进化，何来我们呢？故知，在界的压力与残酷实在是有其合理性的。倘若说，我们已经在了，可以就此打住。这恐是想当然的梦呓。

再不济，顺从个体立场论，竞争在有利的环境和机遇的条件下，会给有能力者带来好的结果，这也是不争的事实。整个在界中都充斥了这样的现象。

问题不在于竞争、冲突，而在于恶性的竞争和冲突。我们这个类群中，这样的恶或负性现象真的是太多了。它们大多与自然状态下的竞争无甚关联，只是自作聪明，精明算计而已。当然，这也可视之自然。因为，我们是优了，可我们却优得太稚嫩，这样的恶和负性现象，恰正是此尴尬情态中的必然表达。

在不只是各自的，也不只是在了和在下去，而在于它必得以在为流，参与原意志的自证必然过程。这样的流化和参与，充满了多样性和优化的机渊，同样值得玩味。

若以简洁观世界，其原只有原意志，其因也不过数维而已，恰恰是这数维的相因构造出了复杂和多样化的在的世界。其神奇与奥妙，实在不易言表。如此之观，进至在界，亦有同理。相因所造，最初只是诸在的构件，如物理家们说的超弦。构件的简约，早已是物理所供认的事实：开弦与闭弦的相互构合，成就了夸克，夸克的不同组合，成就了质子、中子、电子……质子与中子组合出原子核，再加电子，便是原子，而原子，即是所有有形物质的基本构件。表面看，是超弦、夸克、质子、中子、电子，甚或原子的不同组合，便导出了我们世界的多样性、复杂化，其实不然，真正的因由是，诸相的不同作用和参与方式，决定了物质状态的差异，四种基本相互作用或许显出了些许端宜。只是，物理容易关注的是有形的表象，而不能理解相因的互养、互限方式。故知，简洁、简约是结果的观察，内中的复杂化是物理所难以解释的。

这种貌似简洁的同构关系，它导致了两种后果。一是物质形态的多样化、复杂化，其中更包括了生命现象的多样化与复杂化；二是它导出了选择与优化。

选择与优化，通常被物理解释为进化，或许这是一个可借用的概念。惟得谨慎的是，进化只是自证的方式之一，它不能视为目的。何以有进化呢？乃因为，诸因诸相在化的结果，是各自为在，以各自为在的在，几乎都有一负性现象：固滞各自，自在即止。若诸在均各自即止，固滞不前，则，以在为流的自证必然，便会无以为然。为此，让诸在有摄养需求，且优先以摄在养在的法式，实现这样的需求，便成了有效的抑制固滞之负性的强势驱力。不过，仅此还不够。摄在养在，进而包括摄生命养生命，固然可以激发诸在的奋发进动，以之为阳动的铺张，然，只为在下去而动，实并不能证成原意志的终善与全义。个中因由在于，盲目在下去的阳动无有方向，它只是在动而已。此表明，阳动与以在为流，必得有自证其成的必然所向，否则，阳动与在化就无意义、价值可持。

如何才能保证阳动与在化的必然性呢？这就要借助优选与进化了。优选是说，诸在必须出现引领者，而引领者的出现，又必得借助进化的程序。可以说，理解和引领以在为流，理解阳动之必然性价值的，恰正是引领者的殊异所在。如此的引领者，非有诸在的历炼、化成、敛聚、锤制的前奏，绝不会显现出来。当然，其中的质要仍是诸相的自我炼化。

三

世界之要，是她的内部性与同一不二；世界之巧，则是她的自我分殊，差异同构，亦是其阳动显化，以在为流，自证其成。

说世界阴本阳动，自证还原，不过一说辞。因为阴本若何，实在不可言说，能说者，惟有阳动。所谓自证还原，便是此阳动的全部涵意，是以得罗致一二。

阳之意，有显现、行为、能动、变化、辟进、刚健诸义，或说，总凡所有显化者，均可视为阳性表达，故阳可与动联贯，称为阳动。以阳动来描述世界，可谓至确。

阴本自转，变身为有体、原意志，世界的阳动即已开张。从此，所有的事物、事端、事项、价值、意义、行为、过程、法式、结构、作用，均是此阳动的表达。以此，说世界即阳动，或可。这其中，在界的显现，应说是阳动最大的结果。

原、因、果构成了世界的内在关联关系，而其关联的作业者便是阳动。故知，理解世界必得理解阳动，不能理解阳动，即无法理解和解释世界，亦包括不能解释我们的世界。

人类社会中，最早表达阳动觉悟和价值取向的书有两本：一是中国人写的《周易》，另一本是印度人写的《薄伽梵歌》。当然，这两本书并非突然得来，它们各有漫长的阳动观念前奏。如《周易》，它的前因可追至早它2000多年的伏羲时代，伏羲的八卦学说与思想实已充斥了阳动的理念。而《薄伽梵歌》的前导，则来之于前它1000多年的《奥义书》，那里的"热动"说，已表达了世界所以显生的因由。

《周易》所念，是它抓住了乾元本体，以之解释世界所以兴、所以为、所以成的必然性，并说明事理之间、行为之间、构成之间，相与关系的因由大要，以此主张人力得尽忠乾道，刚健作为，积极进取，奋发向上，自强不息。《周易》的卓越处，不仅是因此解释了人事的因由必然性，更在于它不是盲动者，其所主张的阳动，是由世界内具的规则制约和控制的。这种规则由道德伦理担纲，名之为"坤德"。坤德所向，即世界事物、状态及物理之间的和谐协同，以及诸物之于乾元大道和此和谐协同的遵守、持节。亦即可知，《周易》的阳动学说或哲学，是由刚强进动与遵德持守两厢同构而成的。后世之被尊宠，便是此阳动哲学的精神理念。

《周易》不仅规置了中国社会的政治形态和演变，更是肇发了儒家的根本学说：变政治主导的阳动哲学为伦理向善的阳动哲学。儒家主张积极善化的主观能动作为，认为人之品性、品格的善化，即是人类参与世界自证成善的根本承载，进而有了人之所以为人的价值逻辑：成己、成人、成物、成天。

《薄伽梵歌》的阳动观念较之《周易》，则突显了直白与率真。它借黑天（大梵）之口，宣扬了世界事物、事件发生的因由所以，认为神我大梵不停息的健动，即是世界生成与运动、变化的总原因。是以，人作为世界的构成，理当积极主动地参与到这个阳动不息的流转之中，尽情作为，直至灭亡。为此，它颠覆了人世间的伦理法则与陈规，将动视为了绝对真理。《薄伽梵歌》的超越和绝对性实在是《周易》所不及的，因此，它也暴露出了一个重大的缺陷：人的能动其实是被动的能动，它与人之所以为人的觉悟无关，所以，它不包含心身修养、性命营造这样的问题。不过，为了解决人的智慧问题，《薄伽梵歌》倒是有一个解脱困苦的方案，这便是智慧瑜伽。

智慧瑜伽，意即通过瑜伽方式的沉思、参悟解脱智慧。如何要解脱智慧呢？《薄伽梵歌》认为，智慧是神我大梵的假幻，是这样假幻导致了世界的冲突与纷争，或说导致了世界有问题，因此，解决问题的根本方案，即是要化解掉这种假幻的智慧。而瑜伽，它以沉思、觉悟、穿透为法式，成为了化解智慧最根本的手段和方式。佛家学说中，这种要化解的智慧也被称为识，而视神我大梵为智，即真智慧，于是，智慧瑜伽也叫做"转识成智"，或表为"以智去智"。

智慧瑜伽和阳动穷变，均是黑天所言的世界大道。显见，智慧瑜伽之说有对阳动制衡的意味，这与《周易》所言的乾元刚劲，坤德顺守有类似处，只是印度文化不重道德说教，反而更在意智慧事项，是以其说有分差。其差可约略谓之：印度以去智为方，中国以成善为法。

这两本书共同蕴含的道理非常鲜明：阳动不只是指动的必然性、绝对性，亦包括了排斥盲动、乱动、妄动的内源性原则。故知，阳动不能只说劲动、冲突、竞争、成就，亦得说修为、化解、完善。有此道理，我们再观阳动，便不难明澈。

阳动是持续发生的，其衍变本身有逻辑关系。它们所形成的链条，便是我们理解世界的进路。这链条的主要节点可描述为：念动、相动、域动、能动、特动、智动。现予简略析解。

念动，意指阴本变身阳动，是为原意志。原意志诈念灵动，决意以其实自证其真，追求表达自我的完善与全义。

念动之为说，似为虚拟，然其逻辑的绝对性不容二致。它表明了本原意志和我们世界之间的内在关系，亦表明我们之为我们的终极性原由。在此原由的支配下，我们既是原意志自身；同时也是原意志之必然的参与者；更重要的是，我们还是原意志的分裁别载者，担纲着引领自证还原的使命和责任。

说世界是内部的，即是说，世界的全部因、果，均为原意志的灵动诈显，无有他因外援。这因、果共同系成了阳动自足的过程和必然性，如此方能自证其真，实践还原的完善与全义。

相动，念动实践的开始。其要是原意志自我分殊，使混元的原殊异为了职能化、功能化、特异化的因维相存。相存之别，实是为在界的显现准备了因由和前件。设若没有功能化、特异化诸相的别致，原是无法直接导出果的。此表明，相因的价值特别重要。此中介之因，解决了果的构成问题；同时，它也为果的后续需求提供养源，并内置制限。如此，世界的果或在界既可在了，在下去，亦有内源性的法则和秩序的规置。当然，还有一重要价值，它便是，相维的殊异化，为诸在提供了优选和进化的可能性。正是此内因的机巧，才让在界有了多样性和复杂化，以及进化优选的机会。

相的分殊，其同构是有了在，而其互养与互限的双重作用，又保证了在的同一性与关联性。可以说，相对在言，相是本质的、主宰的。然而，表象的世界中，我们很容易发生错觉，以为在就是世界的全部，或世界的根本。这样的错觉当然是在化的结果：因为形化、在化，致使相的流转、互养、互限，被掩盖在了形、在之内，是以不觉，能感觉到的只是物、形、在之类的表象。此意味着，认知世界的由路，当超越在、形、物，而至于相因，非此，不得正解。

域动，诸相同构，世界形化、在化的开始。以此，世界上有了相的固化，有了因形而出现的各自，进而，各自亦有了单元的意义，世界由之可以算计、计量、定位、预估、评判。

域，即界域，它以边界见长。所谓各自，便是边界现象的表达。边界意味着分割、自立、自为。这样的分割、自立、自为，当然会破坏世界的完整性与一体性，可，世界的显现却非分割和各自不可。于是，我们的世界不得不以此分割、各自之法表现着。表现是一回事，既已分割、各自着，便必然要出现诸在之间的对立、对抗、竞争、不和睦等现象，是以，表现着的同时，更充满了矛盾和因界域而有的各种问题。此表明，在界恰恰是世界整体中最有缺陷和问题的部分，这些缺陷与问题让所有的在历劫着艰辛与困苦。若视此为炼化，亦为恰当。

以此观察，域动的主义有二，一是每个在为了在了和在下去，必得奋发图强，从而表达各自的意义和价值；二是，世界既以在为流，即表明，在是流中之在，非定在、滞在、固在。这里，流是主导的、必然的、不可逆滞的，在只是参与者。

域动即在。此在依理可说为两大类型。一是作为构件的在，二是由构件复合同构的在。

所谓构件是说，它们可以用来构成任何复合形式的在。需得注意的是，构件之说亦有二义，一是形物之构件，若超弦、夸克、质子、中子、电子，甚至于原子亦可视为基础性构件；二是意义或属性之构件，如各自性、亲恐性、共价性。构件是基础的，它会在任何形式的复合同构中执守其基设性的价值和意义。

形物之中，原子具有二重性，它是所有他在的基本构件，即凡复合物都以原子为构件，故为复合物所共；同时，它本身又是复合物，即由质子、中子、电子合成，而它们复又由夸克合成。表面看，复合物是由构件堆垒而成的，如房屋中的砖、瓦、木料、铁钉、泥浆之类，究其实则不然。任何复合之在，均应是参与同构之构件所内具的相因共同作用而成就的结果。这个道理在当今的物理学、化学、生物学和相关技术领域中，已变成了常识，即，特别的物只能由特别的构件同构成立，而其特别就特别在，内中相维的量差与作用方式的不同。

由此故知，我们之于特定物的理解和利用，一定要明了它所以特别的因由，而此因由，即相。观此亦知，愈是复杂的在，其所以构成，不是它有多重或多层的构合，而是其构件所内具的相维有各种特殊性，是这些特殊相维的相互作用才有了复杂和优选的可能。这是在界的复合与同构原则。它在后续而至的能动、特动中表现更加鲜明。

能动，专指有机物的自维、自为行为，并以此获得在了的状态和在下去的能动性。多数情形下，有机物有自我复制的能力，且可能动地摄获养源，甚或逃避被捕猎的后果。故知，这里的能动是特定的，它相对无机物成说，其相对的内涵，是自我复制的能力和能动摄养的能力。不过，若推延说只有有机物才有动，无机物无动，则大失偏颇，无机物亦有其动，只是这两种动有着质地的差别。

能动的世界，可约略等同于生命现象。说为约略，是因为生命体的构件氨基酸、蛋白质肯定是有机的，但是否为生命体，向有别说。这里从略，泛称有机者为生命现象。

生命现象有两层指意，一为生命者，一为生命体。说为生命者，是指生命的控制者，它掌管着生命复制的密码，还能不停歇地复制生命体。这个控制者叫脱氧核糖核酸（DNA），它有一个副手，叫核糖核酸（RNA）。而生命体便是被它们复制出来的载体。载体承载什么呢？承载 DNA。因为 DNA 不能自在，它只能被承载而为在。为此，它便不停地复制载体，是以便有了生命世界的多样化与复杂化。这种情形有点类似于相，任一相存不能独立为在，它们必须要借助在、有，方悠然无限，而此在、有却又正是它们本身的同构，即还是它们自己。如此的关系，着实让人容易糊涂：同一呢，还是同一呢？生命者与生命体差不多就是这种关系。以表象论，它们构成载与被载的关系，而其实，它们是自己承载自己。

能动的最大表征，是在界开始了优选的新景象。这种优选将相对而言的被动与主动差别开来。这些差别的出现很重要，它表明，在不只是被动、被塑造，在还可以能动作为，还可以主动为在。这个预设为智动者最终成为以在为流的引领者，张开了机巧。亦即说，如若没有能动的开张，断无智动者出现的可能性。

冷观阳动现象，从域动至于能动，也包括后续的诸动，我们不难发现，动的级次越来越高，也越来越特别，可诸动过后，诸在的被制控或环境压力状态，却也越来越严酷。若这里所说的能动，它导出了生命现象，的确比无机者高级了，然而，所有的生命体也因此被规置进了一个残酷的圈子：生命世界。这个圈子有什么残酷之处呢？那就是，它们的在下去，其所需的养源主要是内部解决。什么叫内部解决？它是说，无机世界的摄在养在，现在变成了生命世界中的摄生命养生命。或说，一个生命之在的在下去，是以他生命体的毁灭为前提的。结果便是，直至今日，包括我们在内，完全被这种内源性的摄养逻辑禁锢着，我们既不能摆脱，也消解不了困苦。

此逻辑的确太过残酷，然其动机不正值得我们理会吗？设想，倘若生命界没有此禁锢的规置，会有生命现象的进化与复杂化吗？我们会来到这个世界上吗？故知，优选的特出，是由严酷的环境压力推怂的。

特动，乃生命世界内部再进阶的法式。能动相对于无机之在言，是有了能动为在、主动在下去的特别意义，然此阳动作为还不足以续成过程的完整链条，它所带出的复杂化、特殊化，只是简单和原始的能动彰显。除非生命现象有变异的可能性，否则，更高级的优选难以为继。

特字本义，在汉语中指公牛，这里引申为生命世界中出现了雄性动物，它为两性交配而有的生产、繁殖现象提供了保障。雄性生命体本是母性生命体孽出的别体，属同根现象，可其功能和意义却非同小可。交配的结果是让基因的突变或变异有了可能性，于是，物种的多样化、复杂化因之成为事实。

非但如此，有性生殖的种群中，性的竞争几乎成了主宰性的群域事件。雄性竞争性交的优先权和占有权，雌性竞争优秀的配偶，早已成为常态。内中既包含了暴力冲突，你死我活，亦包含了机巧灵动、精明算计。正是如此的作为和竞争，直接导致了优生优育和种群进化，及至人类社会，还演出了政治、战争诸般事项。

智动，因智慧而动，故为智动。

阳动的最大成果，是它锻造出了智慧者。智慧者与一般的在不同，它不只为形物之动，更能为智慧之动。智动实是阳动的一种转向。此前，自相动以来，诸动之功均只生化在，充其量是生化特别的在，如域动出在，能动出特异之在，特动让在多样化、复杂化，智动则不然。它凭借复杂化的在为基础，反转去理解、研究、感觉、把握诸在，以至诸相，终至会通整个世界。这是阳动的重大转折。为什么要理解在和整个世界呢？表面观之，是智慧者为了自利，为了自己更好地在下去，而其实，只有基于对世界的理解、把握，才能体察以在为流，自证还原的大道。或即说，阳动的前半节大约只是在铺垫以在为流的条件、预设，它是被动、使动的，惟待智动出现，自证才会进入实质性的过程，世界由之转换方向，变被动、使动之显而为能动、主动的还原。如此之说，乃因为，智动有此自觉和能力去把握还原的完整与全义。

阳动的逻辑与其完整性至明至确。我们是此阳动的结果，亦是此阳动过程的参与者，更是其大道承载的担当者，因此，自觉地体悟与实践，正是我们的责任与使命。

四

智动的显现，是整个世界中的大事。可以说，所谓阳动，若无智动为之接续，实在无能导出自证其成的完善与全义。

依某种观察言，世界的显现或展开，可理解为被动或使动的阳动，它只是被推涌着显现而已，其所向所求具有盲目性，若仅有此显现与展开，则世界便不知其可；与之相应，世界的自证与还原，则可说为主动和能动，它是有方向和目的的执着，而此主动和能动的执掌者，便是智慧，是她开启了世界自证还原的转折。故知，智慧之为智慧，是她之于世界的主动与能动之变，及其自证其真。

久远以来，我们发现了一种相关智慧，亦相关人的价值的差异，东方哲人说天人合一，体用不二，又说为天地立心，为生民立命，为往世继绝学，为万世开太平。方寸之间，何来如此的自信与雄气？与此相左，我们也看到不少西方哲人将智慧进行了自我化的收压，以之为求生存和生活愉悦、幸福快乐的本钱，充其量会从理性的角度去探究智慧的公共价值，与此同时，人的价值亦基本固化：自我的存在与欲求的满足。如此差异的原因便是，东方人的狂奋恰恰是他们理解了智慧的真谛——智慧不是自我的守护者和固持者，西方人的实在也正是他们断裂了智慧之所以的链条。

念动诈起，世界便开始了她的自证还原过程。认真说来，这个过程是由两节同构而成的。前半节，主打是显在，以此铺陈自证的场景、参与者，亦即设置条件和前提。这样的设置，主要由相动、域动、能动、特动担负。后半节，主要是实践、实现自证还原的志愿，以求得世界的完善与全义，其大命由智动担负。

过程的两节，也可以视为来回的往复。与大爆炸学说所言的膨胀和大坍塌不同，这里的往复并非直线运动，也不是机械行为，它的本质是完善与全义的呈现。何以会有此呈现呢？全在于两节之间的转折处有了一个特别的参与者站位，并在后半节的实践中成为了主宰者。这个参与者、主宰者即智慧，也包括她的载体。此载体便是本类群。

智慧是什么呢？东方义理，比如印度人的智慧说，对此有定论：智慧即神我大梵本身，是其假显使智慧变成了识，所以，世界的必然即是，转识成智，以智去智，以此恢复神我大梵的完善。这个说法颇得要领。依此，我们不难理会，智慧即原意志，是她分裁自身，选择我们为载体，于是，我们便具有了智慧。准确地说，她本就是原意志，分裁别载后才叫智慧。

正因为智慧就是原意志，如此便不难理会智动的特异价值与意义。她的呈显即是为了引领诸在实践自证还原的必然。个中道理在于，智慧是原意志本身，因为分裁别载了，所以她有了还原自身的必然；然，这样的还原并非简单地回归，别载的状态意味着，还原不是脱离载体自行归去，而是联带着载体，并且亦要让载体完全善化，而后方能与载体一起还原终善与全义。以此即知，在界的铺张与诸在参与自证还原的必然之旅，其关键点全在于智慧。没有智慧，在的铺张与显现同自证还原是挂联不起来的。

至此，我们必得要说明的是，载体与智慧是何等样的关系？

载体，简单说即本类群，或人类。惟人类才能别载智慧，他者无此可能性。这个表述意味着，我们得优先说明我们与诸在的关系，否则，言不得理。

西方物理学中有一种学说，叫人择原理。是说，整个宇宙的生成与构合，完全是为了最终出现人类。其中，宇宙的诸多物理行为及各关键节点的参数变量，几乎都是为人类的出现而设定的。不幸的是，这个学说最后的结论是人类中心主义。抛弃结论，人择原理的若干论证和表述还是有合理性的。或可说，前言的相动、域动、能动、特动诸作为，几乎都是为了选优，进化的逻辑最后指向了人类。当所有的前提、条件都具备后，人类登场了。

人是世界过程的参与者，可它是一特别的参与者。其特别处就在于，本质上它是一个容器（比方说盘子），这个容器，惟有这个容器才能承载分裁而至的智慧，其他所有的在均无法成为这个盘子。不要说他者不能成为盘子，就使形已为人，若构造中有隙漏，或不铆处，亦难以盛装智慧，纵然盛装了，也可能让智慧变异。以此故知，自相动以来，在界轰轰烈烈、千难万险、不屈不挠地爆炸、吞并、爆发、竞争、抵抗、互依、互养、互限，所求之要，便是要优选出盘子。

此盘是特定的，它不仅能盛装智慧，还能与智慧相融为一，即载体与其所承载的智慧相融合一。此合一的结果便是人。人之所以为人，即在于它是优选之在与智慧融合之后的在。其与他在的不同，亦是此承载智慧及与智慧的相融合一。

依阳动之逻辑不难理知，人依然是诸阳动作为的结果，亦是诸相相互作用的同构，或就诸相为原意志分殊论，我们的构成当然还是原意志分殊、同构的在化之果，必须改观的是，这个结果难以定义我们，我们除此之外，还有一由来，这便是必得承载原意志本身——通过承载原意志的分裁者智慧，承载原意志。

这个套路，是我们世界中第三个自己被自己承载的典例。前言诸相与诸在构成了这种自己与自己的关系，DNA 与生命体亦构成了这种自己承载自己的关系，此处则见，原意志和她特殊的一果之间，也构成了这种自己承载自己的关系。静思这些典例，或许不难心得：智慧之被自己承载，不正是前两种自己承载自己先例的真实诉求吗？

现在的问题是，原意志为什么需要承载？诸在的显现为什么不能直接实现自证还原的必然？

第一个问题不难回答，原意志虽为有体，她却非形非在，凭空不能实践自证其真，还原自己的终善和全义，非得形化、在化，而后以在为流，方可实现自证还原，是以承载就成了必须；抑或说，原意志本身就是完整，若无有形化、在化，她即无还原的必需，如此，当然就没有承载之说，问题就出在她变相成在了，是以必得有承载。

第二个问题的答案则有些复杂。诸在应对了成形成在的必需，也可展呈以在为流的大概，然其内在的缺失和固疾，又让诸在直接成就自证还原不可能。何以不可能呢？这是因为，原意志分殊为诸相，诸相的职能化、特异化，既能互养诸在，也可互限诸在，此互限的后果中，执形自固，各自障隔，恰恰是任何在自身无能化解的。连自身都不能化解，何谈参与自证还原！是以必得有引领者。这引领者，它得有一种超越诸在的能力，此能力可以把握和贯通世界的完整，能记忆出本原的全义，同时也能理解、解释诸在和它们的因由所以，并据此改造诸在，当然也包括改造自己。这样的觉悟和改造，最终能使在界归流以在自证的必然过程中。

引领者的能力何来呢？诸在本身的进化与优选是不能具出此能力的，在的形化、各自化，只能继续生化在，却不能自化自解，不能自我化解，便不能实践自证还原。于是，这种能力只能外来。此外是针对诸在而言的，并非说来之于世界之外。这个外实即是原意志自身。

她的绝对性和无所不能，足以保证她能支配诸在参与自证，亦能优选载者，使之别载自我的分裁，从而成为引领者，带领诸在参与还原的大流。

如此即知闻，我们的殊异是两厢同构的。一方面，由之诸在的历炼锤成，成为了最优的载体；另一方面是，我们别载了原意志自身，因而成为或必得成为诸在的引领者。

智慧与载体的融合，不只是造就了引领者，其所引出的问题远比这复杂。

融合的结果是，智慧已不是她本身，她必得与载体相一。这种现象叫做智慧坎陷。坎陷的后果是智慧必被扭曲、变态，很难直接呈现原意志自我。于是，我们看到的智慧首先是她的假态，典型者即我们具出的感觉智。

感觉智若何？经智慧作功，诸在的各自属性，现在变成了一种非常特定、专门的在，它叫自我。感觉智不只是塑造了自我，还以捍卫自我为唯一价值追求。这样，诸在广普的各自进而变成了智慧包装的自私自利欲望。它预定了人类社会的构成基础。

自我本是本原或原意志的专称，如印度《奥义书》中的神我、梵我说，即是。与智慧分载原意志同理，此自我亦被分裁别载，与智慧一起坎陷于载者。故知，依质地说，分裁之自我与本原自我并无差别，实为同一，然而，载体的埋压、拖赘，同样有效于此自我，几乎使它完全成了载体的主词称谓，而将其本真义隐匿了，变成了扭曲、变态的自我。此孽确为感觉智之原创，亦为其核心。正因为有此变态和扭曲，所以载者就有了让自我还原本真自我的使命与责任。所谓还原自证当此。

当然，感觉智所捍卫的自我价值虽有广普性，却不具绝对性。因为人的社群化很容易阻击这种自我，使任何自我反致得不偿失。为此，智慧很快作出调整。在原状性亲恐性原则的引导下，她找到了一种继续以自我为原点，却不自伤的自利方案，这便是理智。理智是感觉智的升级版，亦是导向智慧之真的中介智慧类型。它寻求的是一种公共的利好，或直称公共善。这里，公共是弹性变项，两个个体以上及其关联者均可称为公共，而其上是不封顶的，可至人类全体，也可至在界全体。

这种公共善意含两个领域，一是如何分配占有养源、交通相互关系，二是如何摄获养源。第一种善可建构利他和公平、正义之善，其本质是自我观念的无尽推演与同质化，故也可称它为自我之善。第二种善同样前景无限，它在探究摄获之善的同时，因方法与对象的无限性，终会致使探究者异化初衷，将摄取之善改换为理解、沟通和参与之善，其本质是形物和各自所压制、拦截的固有之善的解放，所以可以称其为物之善。这其中，因为摄获能力的提升，摄取方法的变异，将有助于改变其之于养源的观念，即，养源有限的陈规得让位于养源无限的新念。当养源无限之时，表明以生命养生命，甚或以在养在的旧套都会放弃，其时，以相养在的新装会卸去智慧者，也包括诸在的求养困厄。彼时，无有在下去负担的智慧者和诸在，不只是轻松了，更是要改换门庭，放弃形物之固滞，放浪意念之无碍。此，正是智慧之真，名为性智。惟其如彼，世界的完整和全义方有实处。

性智之出，不惟理智渡介之一途，智慧本身的觉悟，或智慧对原意志自我的记忆，亦能显现出来。依此论，性智觉悟即是，智慧记忆出原意志的完整与全义，智慧亦让所有的实在释放出了本有的善意。这便是智慧之为智慧的真，余者只是假显、扭曲或副产品。

《中庸》有言："唯天下至诚，为能尽其性。能尽其性，则能尽人之性；能尽人之性，则能尽物之性；能尽物之性，则可以赞天地之化育；可以赞天地之化育，则可以与天地参矣。"

又曰："其次致曲。曲能有诚，诚则形、形则著，著则明，明则动，动则变，变则化。唯天下至诚为能化。"

这里的诚，即上言的智慧。参赞天地，化育万物的根本，便是此诚（智慧）。她的作为，是通过尽性——透彻地理解和贯通诸在、诸因与原——实现的。而曲呢？则是智慧的扭曲、假显，如感觉智。不过，曲既是智慧之假，当然也包含或具有着智慧（诚）。这个被具有的诚（智慧），可致形、可致著，可致明，可致动，可致变，可创化。结论是，万物之化乃至诚（智慧）的必然性。

现在，我们明了了智慧的因为所以，智慧的三重样态，智慧的必然性与其价值，如此，便不难理解人的价值与使命，也不难贯通世界的完整与全义。所谓原、因、果三界的同构；不过是一个意念故事的衍绎：阴本阳动，自证还原。你我是此，亦是彼。

怅然乎？畅然乎！

世界之念，即自证还原。何谓自证？何谓还原？理当条晰。

其一，自证之自，实指称本原、本体，亦原意志。故，说自证，就是原意志自己证成自己。

此外，若以体用不二、即体即用说事，原的对应者诸在或实在，亦可视为己。此说之自证，是指诸在以流化的完整和全义，证成了世界的真。

此二说确有站位的差别，然其质意并无不同，不能别为两事。

说原意志自证，若依法式论事，还可以解说为两路行径。其一是阳动的显现与开展；其二是阴密的坎陷与转化。以此论，体变相衍在显、同构互助自足，是自证之法；智慧坎陷，引领化域，以相养在，以善养善，亦是自证之式。它们之间虽有被动与主动、能动之别，可其义并无二致。故说自证，不当偏说其一，不及其二。

说诸在自证，亦有两层指意。

其一是，泛指诸在的显现，诸在的以在为流，诸在之界域和域抗的化解，亲恐或善恶二致性的化解，而终能成就以相养在、以善养善的完整。

其二则有殊义，指诸在中的灵秀者，即本类群，因为他承载智慧，所以其自证大命便有异说，其要亦有二义：一是要觉悟、体会智慧的本真，让已我之自我记忆出原意志自我的完整与全义，此得渐行化解智慧的虚假和错觉，终证成智慧与原意志的同一不二，是为性智觉；二是自我还原之外，尚得引领诸在之各自的化域求和，践行以相养在、以善养善的完善至命，是为体用合一。

其二，还原之说，可因由自证成立。其义也有两说：一是诸在诸物所固有的善意经智慧的化解、改造和引诱，得以完全解放，以此再无亲恐或善恶的二致性，是为善的还原；二是分裁之自我还原为了本真或本原自我，自我再无二致，是为自我的还原。如此两说，便是还原之要义。

有此完说，方是自证还原之本意，亦是体用不二、即体即用的主义。

第一章　智慧正义

　　智慧，非常熟悉的名词，可以说，我们之为我们，就因为我们有智慧。然而，这个熟悉的词，这个当谓之为我们的本质的称谓，其义若何，或许是一个并未被我们理解到位和解释清楚的概念。亦可说，这样的理解不到位和解释不清楚，一直影响着我们的世界观和价值观，自始而来的许多观念、文化架构，甚或文明体系都因此而错滥扭曲，不得要领、章法。职此，我们有重新把握和觉悟智慧之为智慧的必要。惟此，方可厘定人之所以为人的大要。

　　智慧是某种能力的表达状态。我们姑且先这样认定。这些能力包括却不限于如下表现：想象、跳跃、虚拟、梦幻、分析、推理、归纳、演绎、算计、记忆、选择、判断、抽象、类比等；进而，也可以认为，这种能力还能够将这些表现予以系统化，使之成为原理、原则、定理、命题、逻辑、理论、观念、学说、模型，即知识，并借助它们去理解世界、改造世界，形成文明和文化现象。

　　问题在于，如此之说，只是相关智慧的形式理解，并不涉及智慧的质要。如果依此形式理解来定义智慧，实不难发现，这些表现中，有许多与动物本能是非常近似或类似的。于是，我们便无法区分本能和智慧。这导致了许多动物行为学家和心理学家们拼命去研究动物，甚至植物、微生物的"智慧"，其中最集中的对象当然是黑猩猩。如此之为，全在于人们没有探究智慧的本质，而只把她的形式表现当作了内涵的全部，是为不得要领。

上述相关智慧的现象之外，还有一些更重要的表征通常容易被我们忽视，而这些可能更能表达智慧的内质。比如智慧的超越性记忆功能，它可以记忆出像神、本原这样的绝对；比如智慧的穿透性或无限性，它可以无限小至于超弦，也可以无限大至于宇宙；比如智慧的全义性或全息性，它可以完整地理解和把握体、相、用的同构；比如智慧的本然性或还原性，它可以觉悟本原的虚无和阳动，立意善的参与和还原，等等。这样的超越性、穿透性或无限性，全息性或全义性、本然性或还原性，恰正是智慧之为智慧的本质，不为任何物理性的功能、本能所具有，更不能被它们表达。

循此理路，回观故有以来相观智慧的思考与把握，或许东方哲人的理解和解释更接近本意。这里，我们从中摘要回味，以正智慧本义。

第一个要回味的是印度人的《奥义书》。

印度的吠陀诗篇中，吠陀（Veda）即是智慧，且被视为天启智慧，即本原本身，她具有创造宇宙、生成宇宙的绝对性，亦是万有的根本原理。

《大森林奥义书》说："太初，宇宙唯'自我'也，……环顾，则舍己以外，他无所见。始呼曰：'此我也！'由是而有'我'之一名……盖在万物之先……故称为'神我'。"

这个智慧本身的表述和创造原理，亦被称为梵（Brahman）。它是吠陀概念更抽象的称名，即人们所说的世界本原。此概念的出现表明，本原或本根、本体是有意志的，她是全部世界现象和行为的原，而且是主动作为的，当然也就是智慧了。将智慧定义为本原，是印度仙人对人类知识和文化的最重要贡献。

此当谓之是人类之于本原和智慧认知的第一节点。

第二个是佛学。

佛教出现后，教义中出现了一个概念：般若（Prajñā，相关词还有菩提）。其涵义是：显现世界之真实的智慧，见明一切事物及道理的智慧。这个词的出现表明，佛理更关心智慧的载者人这一特殊的在。因为他们在全部世界现象中已发现，惟人具有智慧，而智慧又是世界之本根、本原，所以，世界的问题其实就是人的问题，因而，解决世界的问题，得优先解决人的问题；进而，人之所以有问题，全在于智慧被人承载后扭曲了、变异了，故得经由历劫迂回的过程和觉悟，化解这些扭曲、变异了的智慧，让智慧的本义出现；这其中，觉悟和化解的可能，亦由智慧自身完成，其套路可名之为"以智去智、转识成智"。

般若即智慧，亦即原意志。有所不同的是，此概念放弃了相关世界生成创造及其原理、原则的探究（或说它认为创化乃自然之事，无需多言），而倾尽全力去解决此世间的主要问题，也即是人的问题。这便将本类群推上了世界的最前沿，其责任的无限性与智慧的绝对性直接等一，其意图亦尽显无遗。如此的结果即成佛。可以说，这（智慧能动性）是最具东方文化枢纽价值和意义的要津。惟其如此，才能称为东方文化。

故此即知，将本原智慧与人绑定，是人类认知史中第二个主要节点。

与此相关，还有印度教中的吠檀多派，他们也有自己的思考。他们的核心经典是《薄伽梵歌》。这部书的主题有二：一是世界的本原梵，以其意志让世界显现出来，并张辟不已，故梵亦即本原自我，这与中国《周易》主张的阳动哲学类似；二是探究什么方式可以去智归梵、还原自我，它提出了智慧瑜伽（此外还有行为瑜伽等）的法式，即通过沉静、深思、忘我、禁戒诸方式，将"三德"消解，从而实现以智去智、还原自证、梵我不二的终极。

说及智慧，第三个我们无法不提及的，是中国儒家的经典《易传》，特别是其中的《系辞》，同样构筑了一套相关智慧的特殊理论。

理解《易传·系辞》的智慧学说，有如下判据需得理会。

其一，《易传》主旨是阳动哲学，但《系辞》中却隐含了阴本哲思，下面这两段话值得玩味：

> 易与天地准，故能弥纶天地之道……是故知幽明之故。原始反终，故知死生之说。精气为物，游魂为变，是故知鬼神之情状。与天地相似，故不违。知周乎万物，而道济天下，故不过……范围天地之化而不过，曲成万物而不遗，通乎昼夜之道而知，故神无方而易无体。（《系辞上》）

> 易无思也，无为也，寂然不动，感而遂通天下之故。非天下之致神，其孰能与于此。（《系辞上》）

引文中的"知幽明""知生死""知鬼神""知万物""神无方""易无体""易无为""寂然不动""致神"诸语，其所表达的不是阳动，恰是阴本的内涵。

其二，易这个概念在《系辞》中，不止表阳动，也表智慧。所谓"知、知……"非阳动之意，而是智慧的能动。当然，《系辞》的诡异在于，它为了表示坚守阳动哲学，依然假"易"这个字，其实所指应是智慧。

其三，《系辞》的世界是两厢同构的，一是乾坤，约相当于后来理家的气，另一则是智慧（易），相当于理家的理。并且，智慧是被乾坤蕴含的，或说，智慧是被乾坤承载的，并运行其中。故说：

> 乾坤其易之缊邪？乾坤成列，而易立乎其中矣。乾坤毁，则无以见易；易不可见，则乾坤或几乎息矣。（《系辞上》）

这段文字中，后面的意思非常清楚，表达的就是载与被载的关系。唯第一句有问题。按字面理解，它是说，乾坤是智慧（易）所蕴含的。若此，意思与后文就反了。后文非常直白，智慧（易）在乾坤之中，没有乾坤，就不能有智慧，没有智慧，乾坤就寂灭。何致如此呢？应该是前面的文字有问题。或者是乾坤与易位置颠倒了，或者是问号后面还有答语，否定了前面的话意，然后才有后面的正确说法。

其四，智慧无限，无所不能，无所不为。

> 易与天地准，故能弥纶天地之道。仰以观于天文，俯以察于地理，是故知幽明之故。原始反终，故知死生之说。精气为物，游魂为变，是故知鬼神之情状。与天地相似，故不违。知周乎万物，而道济天下，故不过。旁行而不流，乐天知命，故不忧。安土敦乎仁，故能爱。范围天地之化而不过，曲成万物而不遗，通乎昼夜之道而知，故神无方而易无体。（《系辞上》）

> 是以君子将以有为也，将以有行也，问焉而以言，其受命也如向，无有远近幽深，遂知来物。非天下之至精，其孰能与于此。（《系辞上》）

第一段重复引用的文字，极透彻地告诉我们，智慧（易）的能力无限。第二段文字则说，人类如果善于运用智慧，同样可以无所不为。

其五，循由第四义，《系辞》认为，圣人之所以是圣人，就在于他们觉悟了智慧，并能运用智慧成就事功，为天下谋福祉，特别重要的是，他们凭借智慧成就了"三才"的大道理。

> 夫易，圣人之所以极深而研几也。惟深也，故能通天下之志；惟几也，故能成天下之务；惟神也，故不疾而速，不行而至。(《系辞上》)

> 子曰："夫易何为者也？夫易开物成务，冒天下之道，如斯而已者也"。(《系辞上》)

> 《易》之为书也，不可远；为道也，屡迁。变动不居，周流六虚，上下无常，刚柔相易，不可为典要，唯变所适。(《系辞下》)

> 《易》之为书也，原始要终，以为质也。(《系辞下》)

> 《易》之为书也，广大悉备，有天道焉，有人道焉，有地道焉。兼三才而两之，故六；六者非它也，三才之道也。(《系辞下》)

《系辞》之于智慧的特别见解，确乎独到非凡，它的这些说法，可谓之为人类认知史的第三个重要节点。

第四个是稍后相接的思孟学派。

他们的经典之一《中庸》对智慧有非常独到的解释。《中庸》有言曰：

> 诚者，天之道也。诚之者，人之道也。诚者，不勉而中，不思而得，从容中道，圣人也。诚之者，择善而固执之者也。

> 唯天下至诚为能尽其性。能尽其性，则能尽人之性。能尽人之性，则能尽物之性。能尽物之性，则可以赞天地之化育。可以赞天地之化育，则可以与天地参矣。

唯天下至诚，为能经纶天下之大经，立天下之大本，知天地之化育。

其次致曲，曲能有诚。诚则形，形则著，著则明，明则动，动则变，变则化。唯天下至诚为能化。

故至诚无息。不息则久，久则征，征则悠远，悠远则博厚。博厚则高明。博厚，所以载物也。高明，所以覆物也。悠久，所以成物也。博厚，配地。高明，配天。悠久，无疆。如此者，不见而章，不动而变，无为而成。

诚身有道：不明乎善，不诚乎身矣。

《中庸》之诚，其实就是智慧。它说，诚者，天之道也。此是将诚置于了本体的定位。又说，唯天下至诚，唯能尽其性（此性包人性和物性），可以赞天地之化育，可以与天地参。这表明，诚的功能是觉悟，是理解，是把握，而且可以达到无界无域的绝对境地，所以她能参赞天地之化育。这正是智慧的根本价值。

非常重要的还有，《中庸》不仅认为诚就是智慧，是本体，它还进而阐发了另外两个重要的观点，一是说，智慧的本真是诚，但现实中的智慧却是诚的扭曲，它只是"有诚"，还不是真正的诚。这与我们现在说的感觉智、理智相关。二是它厘定了诚的价值本质，这便是善。所以说：不明乎善，不诚乎身。意思是说，不理解诚（智慧）就是善，便不理解诚（智慧）本身。

如果说，佛学通过智慧明确地将梵的自证还原与人的使命和责任绑定，开创了东方文化的价值内质（八卦与《周易》亦有此意，只是彰明不够），那么，《中庸》的贡献则在于，它规定了这样的使命与责任是善本质的，从而将世界的还原自证归置到了本然价值的逻辑链条中。或即说，承载智慧的人，其使命和责任不是中性的，它是由善规定的，也是以善为终极的，所以要"择善而固执之者也"。由此便有了至诚参赞化育，成己成物，至诚无限、永恒，至诚自我自证还原之诸说。

这当是人类认知史中第四个重要节点，它规定了智慧的价值内质。

人类认知史中，相关智慧的第五个节点是宋明理学。

理学家提出的理气概念，承继了《系辞》的衣钵。理气，实即我们所言的原意志和诸相的混合称谓：理——智慧，气——诸相之总称。有所不足的在于，理学家注意了理气的一体性，却忽略了它们作为概念的差异。例如性，他们有气质之性和天命本然之性的分述，本来分别属于气和理的范畴，可最终都致之了理的名下。这样做，满足了性即理的说法，进而还说心即理，似乎很周延，然而，气作为承载者的价值反被隐没了。同理，由于概念建构不充分，没有相的概念设置，故只能将诸相一揽子解决，用气来称谓，同样也导致了辨析不清。这种不清还有，理不只是主承了原意志或智慧的含义，亦混淆有相的内涵。如将礼法、性之类入理。不过，认真分析理学资料，也能大致将相关的内涵清理出来。气所包含特指义有，阴、阳，还有气质之性情、物性、性相、礼法（法相）、物（形相、质相）、势（能相）等。这里，我们很难找到时相、空相的内涵，应该是缺位了。

如果依据诸相去理解气，则理学的理气之说就完美无缺。

首先是理气同体，这个体是太极、无极，这表明，用二元论来解释理学是失当的。

其次，太极（原意志）变为理气，应当视为开启了二路进程：气成就实在和世界的多样化，而理（智慧）则降临气之清者人，也包括物。

再次，人具有了气质之性（性情），又承载着理（天命本然之性），这意味着人的特性昭然。

最后，正因为人是气、理的复合者，所以才出现了理即性、性即理的命题和向往；延后，载体心的重要性又突显出来，进而便又有了心即理和致良知的讨论。

这样的解释和理解，更能够把握理学的真谛。只是在彼时代，理学家无有相的观念，只能不清不楚地讨论一个近似的概念气；同时也没有两路进程的逻辑铺陈，这便让理气之间相互纠缠不清，其中常被诘难的问题有如，理气先后，理气孰重之类。还有，他们未能明确指明，理即智慧，反而牵就性的概念，于是就有天命本然之性的比拟说，这又让它与气质之性纠葛不清，还让天命本然之性（理、智慧）的主动性、能动性大打折扣。

理家重性，源于先秦儒家，特别是思孟学派之于性的独到解释，一句"天命之谓性"，肇起了张载的天命本然之性说。这中间的逻辑链相当清晰。然，依性说智慧却有难以破壁的观念障碍。天命本然之性是性，气质之性同样是性，性与性之间就有了辨析问题，而此，几乎所有理家都漠然以对。前面有了理气两路的分说，应是开了一个好头，奈何气的指意分类不清，结果后面便出现了理气的纠缠不清。朱子与门人之间相关理气的讨论多得罕见，可结论依然不清晰。

理家用理和天命本然之性表达智慧，除学理继承外，还可能有观念的误导。中国文化向来排斥智，因为它很容易让人们与机智、谋算、阴阳术等事项挂钩，为此，《中庸》逆向而为，用诚表智慧，同时也用性来辅解。这是一种有意的避让。问题是，避让成功了，可带来的遗疑更复杂，不能直面智慧的后果是，让本来的智慧学理，放弃了智的多样性、复杂化探究，只将其引入到了道德理想主义的价值域之中：诚—性—善。亦即是，还原自证之路最后只有道德修养之一途，余者一概蒙视。就此而言，儒家以性说智慧，应不若佛家直面智慧，终以转识成智、以智去智收场好。

评论如此，并不影响理学之于智慧的独到解释。他们以理气说事，又用性来挂联理之载体人，这仍然是寻着东方文化所坚守的道理主线之思。这条主线的主要观点包括：智慧生化世界；人身为智慧的载体，有着特别的使命和责任；人作为自证还原的参与者、引导者，必得循由善的标准去能动、自觉。其中，理学的贡献应是：它从构成上解释了智慧载者及其物形世界与智慧（理）的同源性、同一性、同向性，从而成就了体用不二、天人合一、一体之仁的哲理。

至此固知，东方文化和知识体系之于智慧的理解和把握，可谓至当至确。她虽然被赋予了不同的称谓，如神我、梵、般若、易、诚、理，还有道，等等，这些显然是语境、环境、说法差别所致的结果，丝毫无碍与智慧本义的会通及彰明。智慧的本义可做如下的归纳。

首先是本原化，亦本然化；其次是揭橥其承载者人的责任和使命；复次，又探究了世界的两厢同构，为智慧的绝对性、无限性张目；再次，进而将智慧的本义规定为善，而善的内涵又是，成己、成人、成物、成天；最后，人之所以有此责任和使命，乃因为生成的必然性，即人是理气的同构、构成，所以必得承此责任和使命，自觉地证成天人合一，体用不二。如此之思与觉，犹如艳阳当空，实是不刊之论。了解了东方经典和哲人们相关智慧涵意和本质的概要，便不难理解智慧的本义：智慧即原意志或本根、本原本身。

当然，本为原意志的智慧之被称为智慧，的确有她特别的地方。这便是，她其实是原意志分裁别载之后的称谓。此意味着，由质地言，她就是原意志，而以其被承载论，她因之有了与载体融合之后的顾盼与拖赘。这即是诸家提出历劫迁回、转识成智、以智去智、俯仰观察、极深研几、原始反终、唯变所适、明诚曲化、贵诚合道诸说法的因由。即，她要通过一个艰难、长程的觉悟、化解、成就、引诱、超越的过程，而后才能还原为原意志本身。

　　智慧是原意志或本原本身，此即智慧的正义解，也是我们必须柢固的觉悟与信念。正因为智慧就是原意志，我们的世界方会如此这般，更会延绵衍进，以至于自证还原。这里的还原意即，被承载的智慧最终化解了载体的扭曲与拖赘，记忆出了原意志自我的全义与完善。

第二章　世界的构成与解释

　　明了智慧的因为所以，我们才能正本清源。何以久远以来绝大多数人没有理解智慧为何呢？其原因可归之为，我们对世界缺乏完整的理解。这种缺乏或不完整很容易让人们断章取义，亦容易表象为说。因此故，我们得完整地理解和说明世界，它的构成和其必然性。

　　世界的构成与结构话题，我已在过去的相关著述①中有较多说明，不过，这里仍有重述的必要。一是论说的深度有别，二是为了说明智慧问题，还有另行说法，而此另行说法，以前并不曾觉察或说法不到位。

　　世界的完整在于，她是体、相、用的同构，这依然是不刊之论。其体、相、用可换言表述为体、存、在，或原、因、果。世界之所由，即是本体变相，而后诸相同构，从而有了在。亦即是，原分殊出了相，诸相既是原的分殊，亦是原的殊异化庋置。这样，相不再同态表达，而是各异其性，各备其能，各表其义。所谓在，恰正是这些殊异各表的相的同构结果。

---

　　① 可参见拙作《法的自然精神导论》《互助与自足——法与经济的历史逻辑通论》《自然神论》《善恶论》等书。

相的殊异化，首先是秉承了原的绝对性、必然性，或意志力；其次也在于，它们也因此具有了限制性、相对性、有限性。此意彰明，凡为在，无论它是什么，就一定是此二者的结合。即，除了必得呈显为在之外，所有的在都有无法逃逸的有限性、缺陷性、相对性。或即说，呈显是在之为在的共性，而诸在的有限性、缺陷性、相对性亦是无法缺失的，其差别仅在于同构方式和量维的多寡而已。

世界有其必然性。这个必然性是：本原呈显为了在。由此便有问题，世界何以有此必然性呢？进而还有问题，呈显的结果是在，那么，诸在又如何为在呢？

必然何以有？诸在如何在？是我们相关世界的重大问题，所以得有所回答。

世界为什么会有必然性？这涉及到我们之于本原的理解。这里的"理解"有特别涵义，它是指因为我们需要理解，于是便有了理解问题。此理解的需求，在我们这个世界中很特别。其意义是，我们有智慧，然其智慧又未能全义化，于是，作为载体的我们必具如此的诉求。这样的需求于非智慧者，亦于智慧已全义显现者都不必需。抑或可以说，智慧因为别载了，所以她有记忆自身的完善与全义的必然性，而此必然之为，就表现为我们所说的"理解"。

本原问题，属只可意会不可言传的问题。为了满足我们理解的需求，大约只能做出比拟的说法。

本原，即世界之所以的原。以简洁的语言表意是说，世界原本没有在、有、物，或宇宙，只有虚无，此虚无即是原。原的虚空无有，是其本来状态，所以称为本原。本原的空无，是没有时空的空无，亦是绝对的空无，当然就无有意义、价值可言，因为虚无是不能表达任何东西的；而若冀有意义和价值的表达，就必须要无中生有，只有有才会表达意义和价值。此理表明，世界的有、在、物或宇宙，首先是无中生发出来的，其次，它们是为了表达意义和价值的。

无中生有之生，其义是呈显、显现。即由无显现为了有、在、物、宇宙，此也可说为虚无的一种展开：有是无的展开。这说明有与无是同一关系，所差者只是状态。更重要的是，由无而有，是一种自决、自执，它不是外力使然的。此表明，本原的自变显现或展开，当是有意志的行为，是一种意愿的执着与力行。而此意愿的固执，便是世界之必然性之所由。亦即说，必然性正是本原自己对自己的设定与推衍。其动机是，让自我以其实在、实有，自证出自我的完善与全义。

此必然亦是我曾言说的真必然。她是世界全部因、果之所原。以此论，本原的意志问题就是我们无法回避的问题。说本原有意志，是说她有自证其真、自我实现的意愿，非此宏愿，世界不能无中生有，亦不会让有形世界千变万化，复杂纷繁。我们只能将此执着视为意志，它无关唯物、唯心诸浅表妄论。次而论之，我们自视本类群是有意志的，可我们并非天外空临，我们只是刚才所言无中生有中的现象和环节，既然我们都有意志，何以不能证明我们之所原无有意志呢？就算所谓衍化所得，那是谁在衍化或推衍呢？不正是原分殊为因，诸因同构为果，而后，果又与原意志相融合的结果吗？故知，本原的意志问题，其实是一不证自明的结论，只是我们一直有人类中心主义观念作祟，自视为绝对，而忘却了这个所谓的绝对，不过是某真绝对的一个浮标。

现在，可以将本原的这种意志称为原意志。她是能够替换本原、本体的概念。本原的绝对性是说，原意志之意愿延伸出了世界的必然性。这是必然何以有的真实解。

世界之所以有，乃原意志为了自证其完善与全义的法式。这是我们相关世界最重要，也是最本质的把握和理解，非此之外，均不过是此基设的变异、扭曲和复杂化、形式化而已。有此基设，我们再来看在又如何在？就不会作难了。

在是诸相的同构，而相又是原的分殊异秉，或分殊别具，问题之滥觞就在这分殊别具。说相是体的分殊，她们有同一性，只是概说，真实的情形是，相作为原的分殊，它们是将原的完整、全义，庋置为了各种殊异性，每一相各专其一，而所谓在，恰正是这些各有所专的相的同构。如此的结果是什么呢？

首先是，原呈显为了在，此表明，在与体，或果与原具有同一性，虽然显现了，却还是原本身；其次是，各殊异性所同构的在，亦意味着，它们是由局限性、相对性、有限性制限的，即它们不能如原那样具有绝对性、无限性、全息性。这样，在的特殊性就成为了：它们是暂且的——特别就个体言更是如此——不能无限为在；它们是被局限的，其表现即在于，所有的在都具有界域限制，离开界域条件即不为在；它们还必须不停地从自身之外补充给养，否则，有限和有界域的缺陷，将会让任何在迅即归于消亡。于是，我们看到的结果便是，原意志为自证其真，发动了自我显现的流变过程（这样的显现与发动可称为阳动或阳假），而其实，这个过程之流并非每个在的全程参与，而是以在为单元，由无数的在不停地呈现、又不停地消亡，接力实现的。这样的接力过程我们叫它"以在为流"。这意味着，每个具体的在与永恒、无限是无缘的，它必须消亡、代谢。其间，流是永恒、无限的，或说，自证的必然是无限永恒的，然，参与其中的单元（每个在）却必得不停地消亡、新生。

如此，我们便看到了世界显现中先天的局限性和缺陷：显现必得由在来承担，而在却无法永恒、无限；非但如此，为了保证以在为流的阳动大势，每个在既已在了，还必须要在下去，即不能即在即灭，得占据一定的时、空、性、形、质、能、法的特殊，以保证以在为流的真实化，而此占据，每个在又必须得有能量供给的可能。困境在于，每个在由于相的局限性，致使它们只能以界域为存在方式，而此又阻止了它们的自供给能力，反得变通求养方式——从界域之外摄取养源，这样的摄取不是直接摄取相，而是灭失他在，然后再从中摄取养源。或说，是以毁灭他在为代价，满足在下去的诉求。结果如我们所闻，诸在不能无限、永恒只是问题之一，另一更严酷的事实是，每个在还必得为在下去而竞争、拼搏、冲突。

鉴于此，吾等大约已不难知晓，三界之中，在界是充满着麻烦和不幸的：

其一，相较原的绝对、因的不确定，果或在是虚假的；

其二，以在为流即意味着，诸在都必得有限有界，不能永恒无限；

其三，就算无法永恒无限，若可自在逍遥，无拼无搏，没有你死我活，也算万幸，事实却是，在了，使诸在之间有了形式化的分割、阻隔，而在下去，则无法不冲突、纷争、域抗，或以恶相向。

如此之意，是我们之于在界的初步会意。的确，这些麻烦和不幸似乎无解。这其中，我们也不难发现，追求有意义，有价值，恰正是与不幸、麻烦成反比例的。同时，我们也注意到，上述诸般麻烦与不幸，其实均是从在界的立场认定的，即，作为承载者的在之于自身惨状的自我感受，它不是基于世界完整立场，或本原、诸相的立场所言之事。

在的立场当然很重要，但显然它不是完整、全义世界的表达。因为，在并非孤立、独自为在的，它们与体、相之间不可分割。或即说，它们只是体变相衍的结果，而非世界的全部。此表明，相关世界的理解和解释必须全面和完整，否则会成为无明和妄见。不过，换一角度言，在界的不幸和麻烦并非不重要，依刚才所说，世界的意义与价值正好与在界的麻烦、不幸成反比。如此则知，在界的问题恰正是世界阳动自证的主要内涵。其把握和解决之道，当是世界自证还原的必由之路。

在是各自的。它是说，任何在或明析，或模糊都有界域，即在是受界域限制的。这是诸在的基设。在的各自化，便意味着在与在之间是分割、隔阂的。此分割、隔阂即界域化，此当是在界全部问题的缘起。各自亦即在了。它表明，诸在之间有立场、交互、关联等方面的差异、对峙，亦意味着不通达，不同一；并且，这样的差异、对峙、不通、不同，还不是静止态的，它一定会向前深化、复杂化，是动态过程中的差异、对峙、不通、不同。最紧迫、最直接的困境在于，每个在要想在下去（即使是暂且、有限地在下去），也必须如前所述，得摄养以为在，而此摄之主要，便是在与在之间的相互灭失、败毁。

我们现在已摆出了在界的主要问题：在了，又各自化。这表明，诸在有天然的隔阂、对立、分割、固滞之欲；各自还要在下去，这又意味着，在就必须冲突、对抗、斗争。如此之问题，可说为诸在、诸物并无存在取向的同一性，它们只能各自执意，各自为政。

以此而论，我们的世界的确问题多多。差不多可以说，这其间几乎没有什么真正的意义和价值求索。无怪乎存在主义者认定，我们被抛弃到了这个陌生、无情的世界，没有意义和价值，只有痛苦、不幸、悲伤、孤独。这样的迷茫、惶惑、不安、痛苦之中，我们，也包括所有的在，惟有凭借本能、机能、功能去欲求在了的固滞、拦截、竞争、冲突之能事，枉然抗争而已。

依在界而言，这也不失为一种必然逻辑。因为在了，就得在下去，而在的各自化设计，又让困境逃无可逃。只是，这种必然是在界的必然，与原意志的以在为流、自证还原之必然性比论，它不过是非真必然；而若以人说事，亦可将经由智慧帮助的此种非真必然称为人为必然，合称人为或非真必然。既是如此，无论其真或非真，必然所共者，就是不得不为之。所以，在界和人的所有现象、行为，可以说都有合理性。此大约是黑格尔之名言成立的因由。

合理性毋庸置疑，否则就不为在界了。问题是，这样的非真或人为必然，只是为了表述真必然而显现出来的，所以，它们的合理性只在在界中才成立，一旦将其与相界、体界贯通思量，即祭出以在为流、自证还原的绝对必然，则所有思量、把握均告淡然。我们能如此思量、觉悟吗？

这些还只是我们遇到困境的一方面，另外还有，就算我们能够认同真必然，淡然地对待以在为流的绝对性，世界就可以实现自证还原吗？依然要打问号，甚至于说几乎不可能。

何以说呢？

如若我们仅仅是理解了此一思路：世界是体变相衍用显，同构互助自足的，很显然，这并非是相关世界的完整理解。内中不可解的矛盾逻辑告诉我们，此理路或过程无法实现还原自证，充其量只表明，这个世界有了。这个矛盾逻辑是如此构成的：诸相的专职化、殊异化和诸在的界域化，让所有的在均无法突破自身，即无法破界，无法全义化，而不能破界，结论只能是，世界便没有自证还原。所以，我们现在碰到的问题，不是诸在的固滞、界域对抗、自私自利这样的问题，而是诸在显体的方略有根本性的缺陷。结果是，世界是显现了，可世界却因为显现而异化，出现了动机湮灭的后果。依此逻辑衍绎，世界的自证还原基本无望。

理解此意，我们还有待再理解诸相和诸在。

前说，原是完整的、全义的，相是专门化的，殊异别具的，问题就从这专门化、殊异别具开始。相的专门化、殊异化，或功能化、职能化，其所长是，能有所势、质有所定、形有所固、时有所量、空有所矩、性有所长、法有所制。这无疑为在之成在提供了因的供给，以致在可以凭此时、空、性、形、质、能、法而同构成立。否则，混然无分的原，无论如何是显不出在的。如此的相因供给，成就了实在世界，若果仅此，当然是善好之事。可说，这样的同构与供给，正是本原之善的流行发散。然则，如此所长，也必然要伴随着所短，而且，其短之于原意志的本意还是致命的。这些短便是，同样是时、空、性、形、质、能、法，它们均因专门化、功能化而有限制、禁锢的后果。此后果即，诸相在成就在的同时，也让在自限自囚，残缺无解。

诸在的自限自囚，即是在的各自化、界域化，所谓自囚、残缺，便是此各自与界域所致的后果。它们禁锢了什么呢？实即禁锢了善，或说让善残缺了。如刚才所言，诸相本是互养互助的，这即是本原的善意，在没有禁锢的情形下，这样的互养互助畅通无碍，而一旦界域和各自出现，如此的善意、善为，便要遭遇禁锢、滞碍，于是，物与物之间形成了壁垒、对抗关系，善不能自发流行，或说，就算由于某种在了的压力，可致使部分善流出界域，但，更多的是相互间的对抗、冲突。甚至为了在下去而有的摄猎。这种现象即是我们说的亲恐二致性：对可亲者有善意和行为，对可恐者则以恶相向。亲恐二致性亦即善恶二致性，它阻止了实在之间善的流行与广普化，制造了固、滞、碍、定的结果。说这样的结果对原意志是致命的，乃因为，这应当是世界所有事件中最大的异化现象。

其实，之于此异化的必然，原意志并非一无作为，她在变相时已予以了预制性的防范。比如时相、空相，即给予每个在以有限的时空，迫使在不能永恒，只能以代谢的方式为在，而且，其制法中还有如此效应：简单的在其时程量较久远，复杂的在其时程较有限。这样的预制之于具体的在，的确有预防之功，它不允许一个在有永恒之量，即意味着在的固滞、自私自利的欲求，不能终极化，不停的死亡、淘汰、更新，可以保证以在为流不息不已。当然，如此的制法还有一个重要的后果，那便是，在诸在中强化了择优、选择、演化、进化之大势，从而造就出更接近原意志本意的在。不过，此论题当稍后再议，这里先不作详说。

问题是，如此的预制防范并不能解决根本问题，它可以因此让在界多样化、复杂化，甚至于衍化、进化，却无法让诸在自破界域，展呈原意志的完善与全义。因为，在就是各自，没有各自就没有在，而各自绝对只能优先自利、自私、固滞、竞争、对立。如果用物理方式（如物理家们说的大爆炸——大坍塌模式）消解了这样的各自，则在就不为在了，亦意味着以在为流的自证法式终止了。

二难的原意志！

异化必须调整、校正。世界的同一性、同体性，因为变异而相互分割、阻隔、域抗，并且这样的分割、域抗，诸在自身还不能化解。这其间难免有多重评价：原意志的失误？方略失当？还是另有用心？无论如何，我们最后看到的世界，又有了新的解困方案和展呈。这个新方案是，原意志自身分裁自我，降临至某些特定的在之中，即与演化、进化所造就的特定之在相融合，从而成就全新之在。经由分裁的原意志与优选之在相融合，然后才可以开启引诱、觉悟、践履成善的渐慢过程，实现化域求和、以相养在的功德，最终呈显自证还原的完善与全义。这个分裁的原意志，即我们所称言的智慧。

智慧与诸相均源由原意志，由此言，她们并非二致、二元，或多元，然而，她们的差别亦非常明显。诸相是原意志的分殊别具，它们有专门化、功能化、职能化、殊异化和局限性、相对性的特征，所以它们只能同构出以各自、界域、域抗为形式的在，只能让诸在表达亲恐或善恶二致性，只能让固有之善有选择地释放，且这样的殊异性还不能自行消解，只能更加复杂化；智慧则不然，她是原意志自身，没有变异、殊化，只是自身的分裁别载，所以她具有着原意志本身的全息性、完整性、无限性、永恒性、绝对性。正因为此，她才有可能引领诸在之各自、界域、域抗和二致性的化解，引领物之善的完全释放，以此证成自我的完善与全义。

职此故知，智慧与诸在貌似二致，而其原实一：原意志自身而已。一则分殊别具，一则分裁别载。当然，各自的功能、价值亦是有差别的。或说，原意志用了两种途径去践履自我的执意：一是呈显之路——体变相衍用显；一是隐性之路——分裁自己，引领化域。

有此知会，方能明了世界的完整与构成，也能正经会神，通达世界的完善与全义。否则，我们相关世界的理解只会偏颇、怪异、表象、局域化。不过此意之中，有一事得明示，即智慧虽是绝对、无限、永恒、全息、完整，可一当她与载体融合，其扭曲、变异、假化的结果，亦不容忽视，而此，正是本类群正当经历的劫数，它的负面性有甚于前言的诸在的各自、域抗。此论题先且放置，容延后专门论说。

　　知会了世界大要，还有一事须得理会。

　　智慧降身至在，并非说凡在都可承载智慧，必得是特定之在，方能承载得了。而此特定之在，对整个在界言，它是衍化、进化、选择的结果。其过程不仅时程悠久，而且几乎是全部在界复杂化的历、摄、敛、炼、化、成的共创，否则，智慧是无以着落的。

　　简单的描述，可以让我们建立起这种选择和衍绎的印象。

　　诸相同构有了超弦，超弦合成夸克，夸克组成中子和质子，中子、质子合成原子核，又与电子结合，形成原子；原子核的构成，或说中子、质子的数量不同，形成了元素；元素又由轻向重，依据不同的温度等条件依次发生，从而形成组成物形世界的全部元素。这其间，诸相因本原变转所形成的能量暴涨，为超弦和夸克的生成提供了温度和能量支援（条件），使显现成为事实。现在，人们称此显现为宇宙大爆炸。而后，元素由轻向重递进合成，亦由不同量级的温度和压力等环境共同塑造，它们造成了类星体爆炸、红巨星爆发、黑洞等等。这些爆炸和爆发，最终形成了我们所说的宇宙，其中，不同的元素形成为不同的物质和物态。自然元素大约 83 种左右，而构成主要物质的元素实只有 30 种上下。这些元素还可以依某种特性分别为有机元素和无机元素。构成生命现象的主要元素，其实只有 10 种左右。一般说，有机元素在元素表中大多占位靠前，无机元素占位靠后。这或许印证了宋儒的一个著名命题：人得清气较多而成。生命是由一些轻质或前序元素组成的。它们的出现，充满了选择和偏爱，以致有人表达了一种学说，叫"人择原理"或"人的宇宙学原理"。这些说法多少有现象描述的合理性。

　　理解宇宙的生成或显现，除了我们必得理会诸相相互形成环境、条件此一重要原理之外，还得充分理知，不同时空条件下，不同的呈显进程中，诸相的表达方式和作为是有差别的，局域性地观察，可能会得出某些相为主要的结论。比如大爆炸状态中，甚或后来的类星体爆炸、红巨星爆发、黑洞等状态中，能量相显然是主打；还比如，超弦合成夸克之时，承载质量相的希格斯粒子又表现突出；而如生命现象出现后，一直居次要地位的性相，反而日趋重要起来，以至最后，主要是它贡献出了灵长类。除此之外，有些相则没有如此强烈的阶段性表现，它们一直在平衡、平稳地为应为之事，如法相、时相、空相、形相。

诸相于不同时期、不同环境、不同状态中的强势表现，也易于帮助我们理解在界中的物理现象，或说诸相的造化机制或许有门道可寻。我们已知，物形世界是由若干单元构件组合或同构而成的，这些构件可分为基础单元和次基础单元两大类。前者如超弦、夸克、质子、中子、电子，甚至于也可以包括原子；后者有分子，还有如生命的构件单元蛋白质、细胞之类。诸相在制作这些构件单元时，因其功能不同使用了不同的法式。那些基础构件单元所依赖的主要方式，是能量相的极高能作用，我们所说的大爆炸和暴涨，便是这样极高能的场所和方式，其产品具有时程悠长，结构坚固的特征，相形之下它们制造的时程可谓极短；而那些次级基础构件单元的制造，基本与高能无关，它们主要依赖时间的延续，究其原因，其实是因为塑造生命之在，必须依赖性相的聚敛、炼化、提纯，没有充足的时间，这样的提纯是难以实现的。

比较而论，高能环境中更多充满着或然性，消解或然性，得依赖更多的相互作用机制，其中，四种相互作用（强力、弱力、电磁力、引力）的贡献是其主要；性相的提纯与炼化则不然，它有很强的方向性、目的性，所要为的是如何合理、合适和更优，而此，恰好是由性相自控的，一旦单元构件定案，后续的复合结构和多样化就变得容易了，主要是如何装配的问题。比如单细胞的制作用了差不多近30亿年的时间，其中，真核细胞几乎用了近15亿年。而后多细胞生物的演化也用了近8亿年。再往后，时间开始大为缩减，海洋生物变成陆地生物，用了2.8亿年左右；夷陵虫爬了7000万年，就变成了海口鱼；从鼩鼱到原灵猴，只用了2700万年；而猿到人，才200万年；现代智人，也就是本类群，不过10万年左右就成就了。如此之类即表明，不同的相所管控的结果及方式是有很大差别的。

摘要表述一些相的阶段性强势，是为了更好地理解性相之于生命现象的意义和价值。依某种表征观察，可以说，性相是最接近智慧的相维，或说最类似的相维。是它的职能化、专门化炼化、提纯，让生命者有了本能的显现，直至催化出了神经系统和脑组织。然而，性相既是相，其分殊别具的天然缺陷，仍然让它不能等同于智慧本身，充其量只是相似而已。性相之要，是它的个性化的固执。这是支持本能固化的原因。与此相反，智慧是本然性的，它无限、无域、全息、全能，故可消解、化除性相之于各自的固执。

原意志的真必然法则告诉我们，诸相既同构成在，也催化了以在为流的大势，而宇宙间的选择、衍化、复杂化、多样化，及各种环境、条件的生成之类，恰正是诸相各司其职的合力结果。亦如刚才所言，这样的合力并非均等用力，而是在不同阶段、状态和类域中，有不同的表现和表达，当然也有相对常态化的司职与恪守。这其中，性相可能是较晚发挥功能、作用和价值的相，或说，在生命现象出现之前，它的表达相对不明显，只有进至生命现象之后，其意义才渐慢明显起来。

　　我曾明言，阳动有六种类型，它们是念动、相动、域动、能动、特动、智动，其中，念动是阴本作念自欲，使自己成为了原意志，以此为阳动之本。相动是原意志自我分殊为诸相，域动是诸相同构后合成物质的单元构件和复合物态，能动则是生命现象的开始。从此以后，性相的价值和意义便明显开来。性相的功能、价值有多层面的表达，其最主要者，当是能动性的特出。

　　能动性当然是动，但它不同于能量相之动。能量相之所动，是一种泛化的动，具有张力强悍、爆发无限的特点，而能动性之动则是一种有向的动，或说有目的和动机的动，它主要关照具体的在，支持个体谋得在了和在下去的福利。这样的谋求是主动的、可变换的、机巧的、效率化的、功利的，以至于最终它能够改变生命体的生理结构，成就专门化的载体组织，如神经系统、脑体等。其所表达者，我们称它为生物本能。有所意料之外的是，这个充分满足诸生命体自利、自卫、自得的性相，却并不停止于个体的如此构造，而是在塑造特殊生理构成的同时，推动了生物的演化和进化，以不停歇的选择之为，最终造就了具有完整承载功能的神经系统和大脑结构。虽然表面看，这样的生命体具有更强势的自私自利或在下去的能力，然其真意却是为智慧的降临准备了载体，否则，原意志就是想分裁自己，也找不到可以承载的在。

　　以此即知晓，我们的世界其生成与构成，不只是体变相衍用显之一路，还有原意志自我分裁，被我们承载，从而形成特殊之在的另路行径。此二者的同构，才是我们世界的真实。如此的两条路径，并不构成对抗或分立，它们均源于原意志，只是她们的制法有别。此差别是分殊别具与分裁别载的差别，本质上并不影响它们依然是原意志本身之命题的成立。

原意志如此作为，乃因为以在为流的成例有不可自解的天缺，即诸相的殊异化、功能化、专门化，禁锢了诸在的破界能力，它们无法自证化解，无法担负起自证其全义与完善的使命，于是，原意志只能将以在为流设定为一种选择和优化的程序，然后，再自我分裁，中途介入，与可以承载自己的殊异之在融合，以智动的全新法式，去引领诸在的自证之旅，最终才可实践其自证还原的宏愿大业。

上言大意，可以简要表述如下。

原意志为了以其实自证其真，便显现自我，先经由分殊别具的法式自我变相，尔后再由这些殊异之相相互作用、同构，从而生化出诸在。这可以定义为体变相衍在显，亦为世界的阳动，具有阳性偏执的特征。然而，诸相的殊异、职能化，却让诸在的呈现有了各自固滞、自私、自利的后果，即原与因的善意由此而被拦截、固滞，只能用善恶二致性之法相对作为，并且还不能自化自解。很显然，如此之为和如此情状，是无法实践自证还原之宏愿大业的，充其量这只能算是假化的以在为流，为自证还原作了流化解脱的铺垫而已。

如果我们将此视为原意志自我的展开和下行流化，也无不可，而若冀完成自证还原之宏愿，还必须要有化除界域、消解域抗、以相养在的践履。这是向原意志还原的上行之旅——逆展开而求全义与完善。

如此的下行与上行同构，才是真实的以在为流、还原自证。当此转折之际，唯有智慧才能担当如此专任。她是原意志自身，没有诸相的相对性、有限性、局限性困扰，反而可以无限、永恒、全息、贯透，故其价值与意义至明至确。原意志别具为智慧，其所突显的特性，是本原的阴性底蕴，她所表现的无所不能、无所不在、无所不为的柔性、蕴涵，正是阴本的原质，所以，智慧之所能本质上是阴性的。这由她的无影无踪，无形无声，以及深刻的思想必得沉思、入定、静默方有所得，共同确证。以此即知闻，智慧是实在世界由下行而至还原自证上行之转折的关键。没有智慧，就没有世界的自证还原。

第三章　智慧坎陷

原意志自证还原的执愿，首先由体变相衍在显的法式推展，其结果是创化出了宇宙世界，实现了以在为流的初愿；其次，以在显体的致命缺陷实难以最终完成自证其完善和全义的大命，必需的解困法式是原意志自裁隐入某在，以其本然的无限性、永恒性、穿透性、全息性、阴柔性去引领诸在化域求和，以相养在，从而成就自证的完善与全义。依我们可以解释的讨论言事，这可算是原意志自证还原的两种方式。第一种是显性的，也是阳性的，它让世界真实化或实在化，也多样化、复杂化，而且还造就出了最优选的在，然而，这样的多样性、复杂化、实在化和优选结果，却有不可自解的天缺，仅此是不可能完成自证还原之大命的；于是，第二种方式中途介入，它是隐性的，也是阴性的，多少有些突兀而来，它的坎陷和介入，目的就是为了化解实在的天缺，实践自证的使命。

这两种方式可简洁表述如下：

阳性：分殊—相化—同构—实在—各自—相互作用—衍化—选择—灵秀之在；

阴性：分裁—坎陷—融合—假显—三态—渐化—消解—还原

全义。

大要言，这是我们世界的基本情态。有此理论，方能明灵自得。现在，我们需要专门理解智慧的坎陷论题，亦即，原意志的隐性法式是如何成立的。

第一节　智慧坎陷

坎陷的物理涵义是指，塌陷或高地前的低洼。其引申义是，一个外物掉进某物中，从而成为了一个复合物。它包含有行动方式和结果两层意思。牟宗三先生另辟其义①，提出了良知坎陷的概念。指意是，圣人们自我完善之后，以其良知入世俗，拯救众生，兼济天下。智慧坎陷，略与牟先生的指意近似，只是其主词不是圣人，而是原意志，即世界的本原、本体。

原意志自我坎陷，是在界生成以来最重要的事件之一，也可以说是全部世界的重要事件之一。它的发生，改变了以在为流的流势和去向，让世界的自证还原意愿因之有了实践的可能性。这样的改变，其实是从改变实在的结构开始的。

我们素知，在或物是有结构的，诸相的特异性和职能化正是通过各种结构被具有，并发生相互作用的，所以，从某种意义上讲，改变结构，可以达到改变特性、功能、价值的后果。这样的实在行为和现象，我们已有相当成熟的经验和理解，以致形成了各种专门的知识体系和学科专业，如化学、物理学、生物工程学、分子物理学等。深度观察和思考后，我们亦不难知闻，知识与文明之有，其实只是人类发

---

① 参见牟宗三：《王阳明致良知教》，载《从陆象山到刘蕺山》，吉林出版集团有限责任公司 2015 年版，第 164 页。

现和模仿的结果，其原始作为者还是世界本身。诸相用不同的组合方式和作用方式形成不同的物态、物理，而它们的表现形式，恰是通过诸在的化合、化分、叠加、析离诸方式实现的。其中的大道理便是，如若希望有特异之功能、特性、价值，必得先行改变诸相的作用方式、量维，也就是改变结构。追求起来，如此作为的创作权当然不在诸在本身，它们显然只是诸相相互作用的结果。甚或说，诸相也是被动而为——虽然它们被定义为因——不算原创作者，真正的创作者是原意志。她的这种意愿与作为，决定了全部宇宙的结构和行为。

改变结构的主要功能和价值，是让在、物有代谢和选择的可能性，只有这样，以在为流的大势才能推演，否则，就只有实在的固滞和静止。那么，智慧坎陷与诸在的结构改变有什么关系呢？这是我们应当理会的论题。

智慧坎陷于某在，某在是特定的。此特定是说，它足以承载得起智慧。所谓足以承载的前提是，智慧虽无所不能，可其运作、能动得有物理基设为之铺张，而此物理基设恰是由物质结构提供的，这样的物质结构并非简单的材料单元堆垒即可，它需要复杂化的交互作用和选择、优化，进而亦知，此优化、选择并非直线完成，它多少有点类似如海选。即，必得先有多样化、复杂化的铺设，然后才能按有向选择方向运动，其间，既有多样化的铺垫，也有试错式的实验与曲回。

如前所述，最可能衔接智慧的相维是性相，它不只是最类似智慧，更重要的是，唯有它才能帮助智慧凭借载体而运动、能动。然而，性相之有与其强势化，并非自来如此。它在我们这个世界的中前期基本处于隐性状态，是生命现象呈显之后，才渐以活跃起来的。如此即知，性相的殊异性成就了生命现象，同时，也是生命现象拱卫了性相，它们之间构成互依互存，亦互成互化关系。这中间，结构的改变是重要的手段和方式。亦即是，经由有机元素的化合作用，出现了生命现象，以此，性相有了作为舞台；而性相一旦担纲主角，生命现象便又获得了殊异化成长、变化的动因……如此循环往复，终至高等级生命现象出现。

若依物理结论立论，也许 DNA 可视为性相最关键的载体，同时也是性相塑造出来的生命者。它掌管着生命复制和变异的密码，亦以此炼化出更特出的性相相维。正是 DNA 和 RNA 提供了如此的场所和能动承载，才延续出了细胞的特异化、专门化衍化的能动性。其中，最特异的事件便是神经系统的出现，它聚集了性相之所能的全部优势，从而顺势推演出了脑结构，并最终完成了大脑构造的塑造。大脑，才是智慧得以降临坎陷的理想场所（居留之窝）。

故知，智慧与实在世界之间，其关系主要有二，一是通过结构的改变，让实在世界复杂化、多样化，以此成就优化选择的场景铺垫，让优选成为可能；二是此优选的结果，它更是结构不停地改变之后，所得到的成果。改变结构，方能让实在世界具出不同的功能、价值，才能让殊异化、特定化的在成为事实。此意无论从以在为流的必然性言，还是从智慧坎陷的可能性言，都是至明至确的。

经验中的坎陷，主要有两种物理方式，一种是刚性坎陷，若陨石坠入地球，最终成了地球的组成部分，然其自身形固多保持原状；另一种是软性坎陷，如一滴墨水溶入水池中，它会与水融化合一，自身消散了。智慧坎陷可谓是这两种之外的第三种类型，也是介乎此两者之间的第三种方式。

智慧无形无质，她不会如陨石那样刚性坎入，无法与受体完全相融合一；她也不会如墨汁那样，一旦入水就消散了自己。智慧之于受体的坎陷，既可以与受体相融合一，又有自我本然品质的固持，并且，她还以显和隐两种方式表达这种奇异性。因此故，她会让人觉得，智慧就是受体本身，我有智慧，所以我张狂，这是她的显性表达；另一面，她会于潜移默化之中，让受体渐慢记忆出原意志自我，渐行摆脱界域纠缠，趋向公共之善的境地，这是她的隐性作为。

究实而论，智慧坎陷不当是物理性的坎入，上言的奇异性所以超出了我们的经验之外，即是此非物理性的坎入方式的杰作。

首先，原意志分裁自我，非如我们想象的裁剪那样，从一块布中剪下一小块，然后植入受体中，此处的分裁是指，原意志将自身的阴柔性、本然性、永恒性、全息性、穿透性，以同质方式坎入受体，这些别载于受体的原意志，我们称她为智慧，不是她与原意志有什么本质差别，而只是被别载了，才给了一个专门的称名。

其次，她之坎陷于受体，不是随机的坠入，而是经过了长程过程和多维化方式的选择，专门选定的特定受体，然后才有向坎陷的，具有很明确的目的性和特定性。

最后，这样坎陷非任何物理方式的坎陷所能比拟，它既无影无踪，无声无息，又让受体完全脱胎换骨，别异于他实在者。

智慧坎陷，是原意志阳动显化、自证还原之宏愿和其实践过程中的必然事宜。她以其阴谋密作的方式改变阳动的过程和结果，使其化域求真、全义完善，故知，实非心血来潮或偶然随机的掷色子。我们之于此宏愿和其实践过程的把握、理解，恰恰是智慧记忆出原意志自我，及其完善、全义的应然表述。

原意志的阳动显化、生化和自证还原，亦如前言，是由隐性和显性，或阴阳两合而成的。显化之路让世界实在了，或在了、物形化了，可实在之界域化的死结，确实无法让诸在自化自证，而不能化域自证，世界的完整和全义终无法显现出来。这是阳动世界的痼疾。概要而论，体变相衍在显，其所能承载的使命主要有二：一是让世界在了、实在了、形式了；二是依此实在的前提，凭借诸相的相互作用，可以衍化出复杂化、多样化的形物样态，也能凭此实现进化、选择、优化、优选的执拗。然而，无论多么优选的灵性之在，它都无法逃脱界域的樊篱，反而会执意强化界域的价值、功能。此意表明，在，无论它如何在着、在了，都难以完整地承载自证还原的使命。

阳动自证的初衷，是经由实在化去显现世界的真实，而后再行化解实在的界域假作，从而证成世界的完整和全义。问题就发生在此过程中。实在被自身的各自固滞了，它们无法前行，以在为流无法自行至终极。如此的困境，实在化的阳动已无力自解，惟有原意志自己出场，方有解困的可能性。

智慧坎陷便是当此之际发生的必然志业。这里，智慧坎陷非是平铺直洒，各自均沾，而是先行衍化和择优，等待最终出现合适的受体，然后方能与此受体相融合一。

智慧坎陷的大意有四层指义：

其一，原意志为了解除实在进动的困境，自己舍身陷入实在之中，以自我的本然性、阴柔性、无限性、永恒性、全息性、穿透性，去帮助、引领实在或各自渐行转折，即由实在化而进入自证还原的必由之旅；

其二，为此，她必得先与载体相融合一，让载体无有外来赘入的感觉；

其三，她一定也会因循载体所欲，扭曲和假化自己，以便满足载体的在了与在下去的欲求，即让自己缺陷化；

其四，潜移默化之后，再行觉悟、解脱、超越、还原之本意，以此带动载者和实在世界化解，如此方能证成世界的全义与完善。

智慧坎陷不止是要优选载体，还有一重要选择与载体的选择同时实现，此即是，载体必须是社会性的，它们不能个体化生存，或个体化的在了和在下去。这个前提很重要，它是智慧坎陷之后，可以运作和恢弘、开化、归真的必要条件。因为智慧的具有只是事态的一部分，同样重要的是，智慧的开化与运作，而此，是个体智慧无能实现的，她必须依赖社群化或社会化、同类化的相互学习、砥砺、激发方有可能。所以，智慧之选择载体，不只是要选择合适、恰当的承载者，还必须确保这样的载体具有稳固的社会群。是以故知，智慧坎陷实是双重的选择。

智慧坎陷非只是种群的优选，还有次级的坎陷绵延不断地发生，这便是在智慧者内部不间断地给新生命体坎入智慧。如此之为，与生命体的代谢直接相关，同时，智慧是坎陷而有的，它本身不可遗传，可遗传的是坎陷的方式和必然性。于是，每个本类群的新生命体，都必须从胎腹之始，接受智慧的坎入，直至出生之后3岁左右，这样的坎入才算基本完成。现在看来，这个时间节点大有提前之势。此后，就是智慧的开化和知识的学习了。我们把这种相关个体的坎陷方式称为个性化智慧坎陷。它可能与个体的聪明状况有关系。亦即说，智慧坎陷特指智慧坎陷于人的专属，而个体性智慧坎陷，则只是智慧坎陷于下属个体的具体操作。这两种坎陷方式密切相关，相辅相成，缺一不可。

回溯过往，我们会发现，智慧坎陷非一日之功，她经历了漫长的过程和诸般方案，其中的一些故事和情节值得我们重述。

智慧坎陷的第一要务，是要为智慧找一个窝。这个窝就是我们现在所知的大脑。依据现有知识，我们的大脑源起于8亿年前，有一种生物叫真蜗虫，它有116个特定的脑基因，开始生成最原态的脑结构，人类大脑基因与之相同者多达 95%。从那以来，生物界有一条明晰的衍化成路，直至到达灵长类、人类。这其中，主导者便是前面提及的性相。性相的特殊作用，可以让真蜗虫无论切割成几节，它们都可以再生出完整的身体和脑结构。性相更支援脑结构沿着专门化、专职化、特异化的路径，向特定方向衍化、进化，最终让大脑成为专有的实在，可以承载坎陷而至的智慧。

智慧坎陷最后成就了一种全新的实在或生命现象，这就是本类群。我们之为我们，其要不在于我们是生命体，而是生命和智慧的复合、同构。固此，如若我们不能真正地理解和把握智慧，便不可能说，我们知道了我们自己。

理解智慧，我们还有必要理解智慧和本能的关系。智慧之在与其他的在是有本质差别的，其本质就在这智慧的有无。一般的动物只有本能，并没有智慧。

性相的最大作为，是让生物的感触功能专门化，最终生成了大脑结构，也就是可以承载智慧的坎窝；其次，它是让生物，特别是动物有了有益于生存、繁衍的本能，这些本能在较高级的动物中已经有了类似于智慧的表达。如灵长类和某些家养动物的模仿能力、学习能力之类。问题在于，性相的推演不能是无限的，它的殊异性和界域之限，最终固住了本能的前途，让它就只是本能。据此，我们应当知悉的是，即使黑猩猩能在哈佛大学获得学历证书，可它还是黑猩猩。

经验中，我们易于见闻，许多家养动物与人类有感情，甚至于可以相互交流；野生动物中，家族群体亦有非常紧致的关联关系，它们结成稳定群，共同生存和繁衍。然而，无论这样的情感和交流多么亲合、流畅，也不论这样的家族群多么稳固，它们的社会性表现至此就中止了，不可能再进步以致产生同类意识、共同体观念、世界大同、天人合一、体用不二诸思想学说及其向往。何以如此呢？当然首先是，各自的界域化禁锢了任何破界的可能性，其次则是，本能非但不能破界，化除各自，反而是强化各自的有效手段和方式。这说明，性相之为，它必须忠诚于相的限制性特定，即使相养作用可致在的进化、衍化，可致选优，最终还是无法自己破界。

与此参照，我们则不难发现，智慧有超越本能的特有功能和价值。她可以在血缘群之外，发明同类意识、共同体观念、人道大同的理想，甚至于天人合一、体用不二、体相用同构、还原自证诸思想与学说，有些还可以进入社会实践的过程中。如此之别其义即，智慧是与实在、性相之类完全不同质的，她的功能和可能性是无限的。相反，任何在，只要它在了，不论其高级还是低级，它们自身是无能破界的。

智慧坎陷的第二要务，是她与性相相融，当然也包括与其他相的通达、连贯。这样的相融、相贯，不是物理性的植入或嫁接，它无声无息、无隙无倪。智慧与性相所融的第一个成果是感觉智，她将动物本能智慧化，因而是一种表象化且虚假的智慧。此智慧的主要贡献是，把实在中的各自修饰为了自我。从此，我们的世界中，不仅有各自，更有了自我。在一些特别的地域和社群中，自我因环境条件的作用，它最终成为了文化体系、知识体系和文明形态的原点。相关感觉智和自我的详说待后面再续，这里先不置言。

智慧坎陷的物理前提，是受者生物功能的特别。此项工作先由性相承担，它让生理结构和功能按照所需的方向衍化，以此便有了大脑结构的特别。而后，智慧再加入，予大脑以体质和构成的调整、改造，以此，终得以成就我们的大脑。大脑的特异，在于结构的开放性和神经元的网络化构成。一般而论，单体的神经元不论它在谁的脑中并无本质差别，但是，联成网络的神经元系统，特别是由复杂结构的神经元所结成的网络系统，正是人脑区别于其他脑的根本缘由。人脑中的复杂结构的神经元被称为巨型纺锤体神经元，共计有 90 个之多（倭黑猩猩有 70 个、黑猩猩 40 个、大猩猩 20 个），主要集中在带状前回区，它们之间的网络结构和复杂化运作，最终成就了智慧坎陷的结果。值得注意的是，带状前回区恰恰是大脑沟通、交流和理解他者，或站在他者的立场上思考的区域。这隐含了人类具有社群性和智慧类化的基质。

毫无疑问，大脑的复杂组织单元，以及网络化结构和其开放性，首先是性相衍化的杰作，而其衍化和最终定型，则是由智慧与性相相互作用而至的改造实现的。换一角度言，也可以说，这些特别其实是以受者的生理代价的付出来实现的。亦即说，必须有物质结构的配合，智慧才有坎陷的可能，这是前言过的道理。反观生命现象的衍化和进化，我们不难发现，生物衍化过程中，为了承载智慧，本类群付出了结构和物理功能丢失或丧失的代价。这些代价包括但不限于，体型结构的改变、外在行为能力的弱化或退化，大脑增大，基因的改变或删除，等等。

其中，典型的事例如，大脑的增大，它导致人类婴儿必须早产，只能在胎腹中待 9 个多月，而不是正常需要的两年或更长时间。这也为人类哺育后代增加了麻烦，进而带来了家庭结构的强化，及社群关系的强化。

还如 CMAH 基因的丧失。这种基因的具有，可以保障动物心脏和心血管不出问题或发生病变，不幸的是，人种在过去的 100 万年至 300 万年间，这种基因消失了，它引发的后果很多、很复杂，其中之一是，人类在受到生活、生存、事业、感情诸类打击、不幸之时，会产生心痛、心碎的感受，而此，恰好是强化感觉智作用的有效手段，虽然它的发生是很负面的，可它生成的对智慧的冲击、刺激却无可替代。还有 MYH16 基因在大约 240 万年前也被丢失，它导致了咀嚼肌的萎缩，而它和 CPH1 基因（人类独有）的共同作用，便为大脑的增大提供了机会。

至于说，人类许多外在行为能力、功能的退化、丧失，我们因此处于了生存弱势，已然是经验之见。然而，它却更好地刺激了智慧的开发、利用，以致我们有了独有的文明现象、文化体系和知识体系之类。由此即知，为了智慧坎陷及功能价值的畅行，本类群付出了物理结构和功能、本能的代价。以此观世界，我们或许有些别样的感悟。

理解智慧坎陷，还必须充分关注坎陷过程中的试错与差错现象。

智慧坎陷至大脑，不是线性作为的，它有过诸多的试错性选择与放弃，亦有坎陷差错的发生。我们为承载智慧付出了物理结构和功能、本能的代价，却不能因此说，她是一蹴而就的。久远以来，我们不难发现此坎陷过程中，出了太多的差错，也包括优选中的试错事例。这些差错和试错是我们不能忽视的事实，它们约有五种类型。

一是选择中出现了方向性的错误，以致不可能出现承载者；

二是优选中的试错，承载出现失败；

三是载体与他类的错误结合，致使承载不可能；

四是载体结构有问题，出现了坎陷无效或不完整的后果；

五是绝大多数载者，动物性太过，虽有承载之实，却只能表达感觉智，无法超越。

选择或优选中的试错，是实在衍化中的必然现象。原因在于，在是由诸相同构的，诸相既互助互养，亦互限互制。这决定了化合、同构的结果很难直线如愿，而其中，原意志虽能推动阳动过程和衍化、选优的流变，可她的作用只是间接的，具体的选择多随机偶发。正是如此的或然性必然发生，导致了阳动显现只能采取多样化、复杂化、多维性的应对方略。惟其如此，才能消除无效结果。

这样的应对和选择方式，充满了宇宙世间，从原子的合成，到元素的聚集，从大爆炸到类星体爆发、红巨星爆炸、黑洞，从无机到有机，从单细胞生命到灵长类动物，几乎无有例外。如果依据优选出智慧能被承载的载体大脑为终极目的设论，则知，阳动优选过程中的试错应有两种类型。一种是结构性方向误选的错误，一种是结构性方向正确中的错误。

前者的典型事例如恐龙的出现。它们身型巨大①，称霸世界，无敌天下。然而，恐龙的出现并不代表优化衍化的方向，其身型结构无论如何也衍化不出大脑，属结构性方向错误。

后者的事例可能如尼安德特人、克罗马农人，它们是智人的早期代表。其身型及大脑结构与本类群相似，甚至有报导说，尼安德特人和克罗马农人的脑容量要大于人类。可惜的是，这样的一些优选种群，却从地球上消失了。为什么会消失呢？学界有多种设想和探究，不过一直无法定论。依愚孔见，是否是选择性错误被纠正的结果呢？或即说，无法调整，只能以消失的方式解除危机。如此设想，不能实证，聊备为一说。

说及智慧载体与他类错误结合之事，是指人类与他灵长类相交合，所产生的子代，其身型似人，可其承载却完全不可能。经验中，这样的事例极为仅见，相关报导中，有湖北长阳县的曾某（被当地人称为"猴娃"）与此近似。曾某生于1957年，死于1989年，身体

①　据说，陆地巨体龙重达220吨，实在是难以想象的庞然大物。

基本人型，有差别的是某些器官和体征，还有行为方式。他头大脑小，脑容量只有 676.97 毫升，属猩猩等级，锁骨呈三角形，手掌、胸前、屁股多处长有半寸长的黑毛，头顶有三道隆起的棱，走路猫腰，行动敏捷，一年四季不穿衣服，没有羞耻感，不会讲话，只会"啊"，属单音节发声，高兴时拍大腿，生气时边蹦跳，边双手捶胸。"猴娃"的出现，见证了一个事实：只具有人型，而没有完全大脑结构的动物，并不能成为智慧的载体。即或说，它是生命体，却不是智慧者。

上言的第四种错误，是指他们属于人类，没有异类杂交的问题，可是，由于生理结构出了差错，结果是完全承载不可能。这样的例证有一定代表性，凡此之人即被称为"天爱"。我的乡邻中有两位具典型意义。他们一位叫求德，另一位叫软腰子。

求德长我三岁左右，居离我家约二里远的杨家湾，一米七几的个头，身体壮实，头大，身体外型正常，长得与我有点像。可叹的是，他患有先天性的脑疾，生活勉强自理，有时会发一点疯病，见人就打。他很少说话，也吐音不清。他有一个很特别的行为，就是每隔两三个月的时间，会来我家看看，不过他从不进屋内，只靠在大门柱上，看见我就笑，一般会待一个多小时离去。我与他从来没对上话，他却看见我就一直笑，而对别人则不如此。这让我和乡亲们都感到奇怪。

软腰子也长我二岁左右，他就住在我家后面，身高一米七上下，身材相对瘦弱，头呈长圆型，腰部无力，右腿正常但很瘦，左腿可能是患过小儿麻痹症，非常瘦小，且短了一节，脚掌与小腿呈直线，只有着地的时候前掌才会弯曲，双手很长，过膝。他没有正式名字，乡亲们根据其身体形状和行为特征给他起了一个绰号软腰子。软腰子既聋又哑，生活勉强自理，无法正常思维，会笑也会哇哇叫。他的一个特别行为是，几乎每天要来我家看看，我们可以进行简单的交流。他大概活到二十几岁就去世了。

求德和软腰子是典型的大脑出现病变的例证。这类病变或许是大脑结构有了某些缺陷，致使智慧坎陷不完整。通常情形下，他们并非完全无智慧，从其行为方式和特征看，一些基本的感觉智他们也具备，只是再多的智慧就难以表达出来。

至于差错的第五种类型，实在太有普遍性了，以至经验中，我们几乎不将此种类型视为差错。朱子曾言，与其他生物相比，人是得清气较多者，而人之中，圣人几乎全由清气构成，其他大多数人则由较浊的气构成，是以愚钝、鲁莽。朱子之言，虽不完整，可它的确与此第五种差错有相关性。即是说，我们大多数人是正常的智慧载者，这没有错，有错的在于，这些载体于构合之时，动物本能、功能固执太多，以致智慧与之发生融合之后，其真义本意被此动物性深埋重压，只能出示最假化和表象化的感觉智。我们当下的景况是，因为感觉智丰厚者是多数派，所以将此视为普通现象，反将具有理智较多的人，更将具有性智的人视为异类。以此反观历史，何以佛家说要转识成智、以智去智，儒家说要教化诚明，道家说要去伪存真，笛卡尔说要给怀疑建立规则，康德说要给思想立法，就会明了其良苦用心了。

固执动物本能，即固滞各自。依本能固执各自，是性相驱使的最高状态，它有力地支援了生物，特别是动物的生存、繁衍，也是物种承传的重要内因。智慧融入后，智慧载者的动物本能获得了智慧的修饰、提拔、升华，从而有了谋求生存、自利的重装备——有智慧的本能——感觉智。感觉智将各自升华为自我，使它成为了载者一切观念和行为的原发点。如若没有更高级智慧的超越和呈显，不庸置疑的后果便是，感觉智会压倒一切，自我唯大。这其中的问题在于，智慧坎陷的本意是为了化解各自和本能，现在，如此的责任和使命非但不能履行，反而成了各自和本能的帮凶，并且是以智慧的方式去执念帮办。依长程过程观察，如此现象也不为过。这是智慧坎陷的初步，也是不得不为之的事项，几千年、几万年不过尔尔，然而，厘清和明晰这其中的因由所以，实在是人之所以为人的要务。

现在，我们需要再看一个与智慧坎陷相关的问题：灵魂为何？

灵魂，是东西方文化都热衷讨论的话题。认真考察会发现，相关灵魂的观察和解释，东西方的主流看法是有差别的。西方的观念中，比如古埃及人，他们认为灵魂是个体性的，是固定不化的，所以，一个人死亡后，应保留尸体，以等待与灵魂一起复活。灵魂的个体化和固化，并没有把握住灵魂的真义，是一种假化的表达。

柏拉图有一种灵魂学说。他认为灵魂是从理念世界中掉出来的东西，被物质世界承接了，其所合成的世界便是感觉世界，或说人的世界。因为灵魂源之于理念，所以承载者必然因之具有理性，这是人的社会性、伦理性、政治性的基础。此外，对人而言，他还有一项悠久的使命——让灵魂回归理念世界。柏拉图的灵魂学说，其实是非西方的，它在西方文化和知识体系中一直处于非主流的状态。原因在于，他的这个说法不是西方土生土长的观念，反而是东方印度文化的泊来品。只是，他没有完整理解印度的思想和学说，截了半节植入到西方文化和知识体系之中。或即说，将半节相关灵魂的学说植入了二元论的体系中。即便这样，它也与西方的主流知识体系和文化极不铆合，相反，后于他的一些所谓的神秘主义思想家，反倒对他承接相与，做出了恢弘和发挥。当然，这些所谓的神秘主义者在西方只能算是非主流派别，或者更准确说，他们是寄生在西方的东方思想者。

　　印度的灵魂观念和学说极具东方特色，也是最接近真理的说法。

　　印度仙人们认为，灵魂是大梵的分殊别载，因为分殊了，所以有了熏染，故需要不停地借助人这个载体轮转，以消解它的熏染，最终还原为神我大梵本身。这个过程叫历劫迁回。佛教创立后，为了吸引信众，他们将此说予以了变通，成为了灵魂转世说。所谓灵魂转世说，是将此说通俗化，它把灵魂与个体捆绑起来，强化个体的具体责任，亦便于宗教的掌控，故多少有些歪曲本意。

　　灵魂的历劫迁回，原意不在灵魂的个体性固化，她本是无所不在的，只是被承载了，我们才将她称为灵魂。一旦载者死亡，灵魂复归于无限之中，如此往复不已。灵魂与载者结合，便有了人，且会发挥相互作用的功能和价值，即予载者以能力和向往的支援，同时也在这反复转载的过程中，炼化自己，消解熏染，最终能纯洁归原。这即是历劫迁回的本意。

　　由此观瞻，灵魂与智慧实是同一者，只是叫法有别而已。所以印度文化，包括佛学在内，转识成智、以智去智，与历劫迁回是同义词，所指无别。当然，如果拿佛教中的灵魂说来比较，则是有差别的。它明显地被附着了个体性，也有固化的表意。

　　中国民间有丰厚的灵魂观念，十分接近佛教之说。想来，应是其影响的结果，或许，自然神时代已有这样的说法，并一直流传在民间，比如道教所流行的说法，抑或二者相投，故此。不过，中国民间的灵魂观与主流文化和知识体系的观念有本质差别。主流文化和知识谱系中并没有个性化的、固化的灵魂说，相关表述换成了另外的概念：诚、性。特别是性，它包含有一定的个体性，如气质之性说，然其主要依然是天命本然之性，即原意志被别载后的专门称谓。理学家们强调性即理、心即理、致良知，便是刻意将原意志（理）、灵魂

（性）、载体（心）同一不二，以求完善与全义。

最后一个与智慧坎陷相关的论题是人工智能（AI）。

人工智能已成为时下最热门的话题。自从谷歌旗下的阿尔法狗（Alpha Go）2016 年击败九段围棋手世界冠军李世石以来，人工智能的发展进程和普及度均十分惊人。它从两个方向挑战了人们的习俗观念，甚至还影响了人类认知世界的观念。这两个方向是，若阿尔法狗和清华大学的类脑芯片"天机芯"那样，以极高级的智慧模式，挑战人类的天然智慧能力，形成威逼之势，是其一；其二，将芯片植入人脑，改变大脑的运作方式和功能效率，如美国太空探索技术公司，它们准备将芯片植入人脑，以实现思维控制计算机和计算机传输信息给人脑的互动技术。

面对人工智能的汹涌之势，各种想法也如浪如潮，一时间可谓铺天盖地。其中有两种几乎相反的看法最有代表性。一者认为，未来计算机可以替代人脑，甚至奴役人脑，人成了机器的奴隶，世界由此进入新的种类战争状态；一者认为，计算机前景广阔，可以无所不能，人类会因此完全解放出来，过神仙般的生活。

这两种看法貌似对立，其实是同一问题的两面观。问题的核心在于，人脑是自我的维护者、捍卫者，计算机作为人的被造物，如果智力无限发展，超过了人脑，则有两种可能的前景，一是计算机的异化是必然的，结果当然可想而知，这样担忧的要害在于，自我从此不能为计算机所捍卫，如已去世的霍金那样；二是，乐观者的想法亦如上述，只是在判断是否异化上有相反看法，他们认为，这样的异化不会发生，所以，人类自我的幸福前景乐观可期。

这些看法果真若是吗？要厘清答案，我们得关注两个问题。第一是自我若何？第二是人工智能是智慧吗？

我们习惯于用感觉智的思维模式去理解世界和寻求答案，感觉智的核心是己我。它以己我为标准和尺度，去丈量、评价一切事物，有利者以为是乐，不利者以为是忧。如此的分判，是我们的经验和依凭，过去以之面对他人、他群、他物，而今，人工智能出现后，如此的分判再次作为，结果便有了超常的乐忧两判。之所以超常，是因为人工智能涉及到了我们独一无二的依凭，即智慧。它对智慧的挑战有盛于以前所有类型的挑战。可以说，智慧是我们唯一也是最后的特定，如果这个特定将被威胁，甚至于被超越，则，自我的我们将何以堪！这即是霍金们所以担忧的根本原因。试想，如若我们不以自我为标准和依凭，再来看人工智能，或许心态要平缓许多。谓我心忧，谓我何求？全然是我忧、我求。

人工智能是智慧吗？这是更关键的问题。我们所以担忧人工智能会超过我们的大脑，实是将人工智能等视为了智慧。因为只有同类的东西才有超与不超的问题，不同类的东西很难进行这样的比较。那么，人工智能是智慧吗？不是。它只是一种模拟智慧而有的工具。这种能够被模拟的智慧并不是真正的智慧，它们只是智慧与载体融合之后，假显出的表象智慧，属感觉智和理智的范畴。特别是其中的理智，因其充满了逻辑、归纳、分析、提纯、谋算诸多方法，所以能够被程序化、模式化的计算机模仿、模拟、复制，甚至于创化。这样的模拟、复制、模仿和创化，是由物性，即性相决定的。亦即说，人工智能所模仿和复制的，是受载体扭曲的感觉智和理智，而所依凭的方式、方法，又是由物性或性相所决定的物理，是以内含了无法克服的物理屏障。

同样受制于物性前提，人脑的逻辑效率和程序化、模式化的综合、创转、变换能力，显然无法与纳米级的计算机较量。这样的限制也与人脑的单元式构成有关。比较而论，计算机几乎可以无限放大效域和结构，人脑则不能。在必依赖载体的前提下，我们的大脑是各自独立的，而且大脑内部的神经元也是有限的，即是说，我们是有单元限制的。这些表明，依物理、物性论事，计算机在理智层次超过人脑，或是可能的。说得通俗一点，凡属人类经由逻辑条理、归纳、分析、判断的行为及其职业，或说通过学习物理知识而掌握的技能，并因此设定的工作，未来都会被机器人代替。我们面临的这种结果即使现在没出现，将来也会成为事实，欠缺的只是时间问题。

很显然，这样的预估并非全部答案。如前所述，感觉智、理智非真正的智慧，只是智慧的表象，它们受到了载体之物性的扭曲和掣肘，真正的智慧是性智。她是原意志本身，具有无所不能、无限永恒，和穿透性、全息性、本然性、超越性的品性，她以其阴性的绝对能动作为，引领载者参与化域破界、自证还原的宏愿志业，同时亦以以相养在、以善养善之法，证成全部实在世界的全义与完善。依此而论，任何人工智能是无能为此的。除非人工智能可以化域破界，无需物体为之承载，无需物理为之规制。若果如此，实已无人脑和计算机的差别，也无所谓超过不超过了。依此而论，也许人脑植入芯片之为，更能走向化域求和之旅。

智慧之要义，是她化域破界的必然之为，而此，恰正是人工智能的反对。人工智能的物理设计和功能方式所依赖的，正是固化界域和逻辑连接，非此则无能为力。这是物性即性相所决定的结果，它的精妙和机巧是由物理左右的。故知，它的效率是工具性的，不能等同于智慧。我们应为之事，是渐慢觉悟和理解智慧的本义：不受己我之自我干扰的智慧才是真智慧。

第二节　人之所以为人

人，一个特定的概念和指称。泛言之，它是生命体加智慧的复合者。以此论人，或许不专指本类群，但凡符合此两要件之合者均可称为人。

中文中，人是犬（犬）字的改造字。犬象形四肢着地，还带有尾巴，人则是两脚立地，站立起来了，有了别致的向往和追求。人的别致——中国古人称之为万物之灵秀——既是生命体的特定，更是智慧的承载者。

谓之生命体的特定，不只是它站立起来，可以直立行走，体毛大多褪去，有一双精致的手，还有语言能力，可以平视前方，更在于，它有一个特定器官：承载智慧的大脑。几乎可以说，是大脑的特定，才让它成为了万物之灵秀。倒溯由来，我们不难发现，生物世界的衍化与复杂化，是围绕着塑造大脑这个特定器官展开的。这个说法，除了大脑的生成是最晚近的进化事件之外，更在于它所承载的智慧，以及与之融合的结果，使载者的人居于了衍化和进化的顶端。顶端是说，它所具有的能力与可能性，超越了任何在，为诸在所望尘莫及。

前言已及，大脑的衍化及完成，是一系列悠长与复杂故事的衍绎。内中具有动因意义的主要是性相。性相为了衍绎与选择，经历了诸多试错、淘汰、修改的作业，同时还有包容差错、不协调的无奈。如此这般之中，也有让载者付出生理结构和功能、本能代价的事实。最终才成就了人和它的大脑。故知，人的临世和大脑的塑造，是全部世界的公共行为，不可以孤立理解，更不能因为我们已然成了载者和有灵类，就自以为是，专断独行了。

智慧是原意志的分裁，她无所不能，无限永恒，本可直接作为，独自主政，按其本意去变换世界，何以要借助载体行事呢？这一定是我们希望理解的问题。

问题的答案先要从阴阳关系说起。

老子说：万物负阴而抱阳。此话的意思是说，物之为物，乃是它们被阴所（内外、上下、左右、前后）包裹着，而以阳为其表达。此语讲了两个道理，一是阴是无限的，所以可以包裹万物，二是阳有表达的意义和价值，可以成就万物。引申这两个道理，进而会看到，阴是无限的、根本的，可她却无法直接表达，必须要借助阳才能表达其意。或即说，如果没有阳动为之表达和承载，阴是无法自表的。阴阳的这种分差，导致了我们已然世界的开端法式：阴本唯有先自我变转为阳本，而后才有阳动。

智慧是阴性的。这一品性由之阴本。阴本变身为原意志，虽为阳本，并非说她不再有阴性，她依然是阴阳两合的，只是以阳为主而已。此阳所主导的原意志，其所主持的最大作业，便是自我分殊为诸相，而诸相恰恰是阳性的。因为非阳性不能有阳动，不能有诸在的显现。一当所具的阳性变转为了诸相，原意志所余者，当然就只是阴性的意愿了。智慧正是此阴性的原意志的分裁。或说，是此因由决定了智慧的阴隐性。依据阴性无法自为的设定，她的作为一定要凭借阳性发动。是以固知，智慧的宏图大业若无有载体为之承载，实是无以实践和实现的。诸在正是这样的阳物，这是智慧与人相融合的基设性机理。

智慧坎陷或被承载的第二个因由是，与诸在同态、同志、同向、同一的作为，更有效于站立在诸在之外的支使和指挥。正是此理导致了智慧舍身降临在界，与诸在同态、同一、同向、同志，特别是首先与其载者的同化、同流，更可能导出自证还原的后果和过程。同化、同流的好处有三，一是可以帮助载者获得更好地在下去的能力和实惠；二是消除了外在支使的负面性；三是以从俗之法坎入，而后又渐慢地潜移默化，最终脱胎换骨，是成就宏愿志业的良法。

理解第一个答案，我们即知会了智慧的品性和绝对性，若非此，便是无明。理解第二个答案，更知会了人的特定：它不只是生命现象或生命体，更是生命体与智慧的融合、同构。其中，非但智慧是其独载的，就是生命之构造与成就也是特定的，它获得了性相之优选与聚敛、化合、养育的专属。以此自知，我等之造就与在了及在下去，理当自重。

说人是智慧的载者，其中还有隐意亦得申述。依万物之灵秀论，人的确是诸在造化的特定产品，其内，性相的炼化、聚敛、优选是其主要，以此，人成了万物之灵秀，其终极便是智慧有了可以坎陷的大脑。然而，智慧之所以坎陷于人类，还有另一必然性，这便是，人因诸相作用成为了灵秀者，同理反逆，人也成为了全部在界中滞流、自在的最固执者。这也当然是性相推涌所致的结果。原意志一意自证还原，证成世界的完善与全义，势必要拿此最固执者做文章。只有将此最固执者化解了，只有他觉悟了，才有解化诸在的可能性。职此之故，人便无有疑义地成为了智慧的载者。现在，道理所向已不难理知，人之所以为人，便是此生命体与智慧的共襄同构。我等明察其意，觉悟其义，方是正道。

智慧本为世界所本所共，只是因为坎陷，碰巧与我们有了特定的关联关系；大脑和其灵性结构本是诸在优化选择和复杂化的公共结晶，只是我们与之同一，便得了物理的灵秀和特定。此道理不难知晓。知闻如此，即不难厘定人之所以为人：世界的所本、所共及其公共之果，集成为了我们，因此之故，我们不是个体，不是当下之自我，而是参与者、觉悟者、引领者。惟此自觉方是正念和真智慧，方能践履自证还原的大命和责任。

论及智慧坎陷和人之所以为人，必得涉及人类起源的话题。

人类何有？亦人类如何起源？现如今已变成了公众的热门话题，不只是专家在关注，普罗大众亦兴趣盎然。这足以见出知识普及的成效。人的出现，显然是世界自证过程中的大事，因为，以此，智慧便有了承载者，自证过程的转折可期可待。

人是被选择的，或说人的出现有必然性。人属于智人种，它的上位概念是人属。据称人属共有 15 个种，不过其中的 14 个种已全部灭绝，只有一个智人种保存下来。问题是，这个唯一的智人种也有很多亚种。按时间关系，这些亚种又分为古智人、新智人。其中，古智人已全部灭绝，新智人除现代人类之外，也全部灭绝了。这个结果的确让人惊悚：何以现代人的兄弟都先后灭绝了呢？这些灭绝了的亚种或种中，最典型的要数尼安德特人和克罗马农人。据材料称，它们的脑容量均大于现代人类，达到了 1600 毫升以上，而现代人类不过 1400 毫升左右。如果说自然的衍化和选择就是为了找到智慧的载体，何以这些容量超过人类大脑的种或亚种，最终却被淘汰了呢？而且，近在咫尺的淘汰又如此地剧烈。这些实在应该认真理会和思考。

1600 毫升以上的脑容量可能有过多之嫌。也许可以理解为，正常的智慧之窝不需要如此之大，当然，1200 毫升以下，也无法担当智慧坎陷的重任。这说明，1400 毫升左右是最优量级。它最适合智慧的功能和价值的发挥。脑容量的定标，有着特别的意义。它内藏了其他智人种和人属被淘汰的原因。依此理由反观人类的起源，或许不难发现真理解。

流行的说法中，有两种主要的观点：一为非洲起源说，一为多地起源说，其他还有一些变通或中和的说法。非洲起源说的大意是，约 22 万年前，东非大裂谷的女人夏娃，繁衍出了全部人类。或说，人类由非洲起源，然后向亚洲、欧洲，再向美洲延续。多地起源说则反对此种意见，认为人类分别起源于亚洲、欧洲和非洲，它们各自独立，共同成就了人类。

这两种观点都有人类考古证据的支持。非洲说不但有人类头骨和骨架的化石证据，后来的分子考古学又提供了基因材料支援，似乎此说已成定论。然而，问题并非没有，特别是基因证据链，过分依赖物理材料，其所得出的结论，其实是尽可能地屏蔽了不利证据之后的结论。若依此方法论证，人类和黑猩猩的基因相同率达 90%，人类和其他人属的基因相似度达 99%，能否说它们就是同类呢？显然不能。必须指出，非洲说的学者们所使用的材料和方法有明显的错误和误导倾向。他们其实只检测比对了细胞器线粒体的基因，而不是比对细胞核的基因。其所持的理由是，细胞核的基因数量太多，无法一一比对检测，而线粒体基因数量较少，且专由母系遗传。非洲起源说正是依据线粒体夏娃基因相同而作出的结论。正是此证据不足以充分确证，所以斯万特·帕博在他的《尼安德特人》① 一书中说，通过测序尼安德特人和丹尼索瓦人的基因，发现现代人有尼安德特人和丹尼索瓦人的基因，即有非洲以外的基因。这便挑战了人类非洲起源说。更重要的是，地球各地均有 200 万年来智人和其他人属的考古发现，其中，中国三峡地区"巫山人"的发现，基本补足了距今 204 万年至 1 万年间，直立人到智人的证据链。还有安徽省东至县的华龙洞遗址，也证

---

① ［瑞典］斯万特·帕博：《尼安德特人》，夏志译，浙江教育出版社 2018 年版。

据确凿，华龙洞人生活在距今约 30 万年前后。而陕西秦岭地区的南郑疥疙洞旧石器时代洞穴遗址表明，这里从距今约 10 万年至 1.5 万年之间，都有现代人生活。这些都给多地起源说提供了支援。

非洲单一说，其所固守的是达尔文线性进化论的陈说。这个说法仅就物理证据论，的确容易成立，因为它排除了智慧对人之成立的本质性标准，认为体质的进化就是人之所以为人的全部，甚至还认为，智慧就是生理构造进化完成之后的必然副产品。所以，他们认为，只要找到物理证据链，一切问题均完满解决。可问题的要害并不在此。不考虑智慧对载体的选择与优化，仅就载体本身论事，显然不得要领。

自从人属具呈以来，何以能人、匠人、直立人，以及其他人种和亚种都先后遭遇灭绝（计有 14 种之多）？其根本因由，并不是生理进化本身有什么问题，而是智慧在试错式的优选过程中，执意优选其所做出的淘汰和废黜。最后，智人中的人类成了幸运者，它得以保留下来。以此言，先后灭绝了的人种和亚种，是不得已充当了人类临世的代价。

以此理观人类源起，非洲单一起源说实在不易成立。逻辑上讲，所有的人种、人属在几百万年前均同种起源，这是可以成立的。这期间，它们不断地衍化、分化，形成了多个亚科和人属的诸种，以及诸亚种。这只是海选而已，一当选优有定，陪选者几乎全部淘汰，就毋庸置疑了。问题是，这个优选的结果是一个唯一的个体吗？应该不是。一般人类考古发现认为，人脑结构的物理完成时间，约距今 10 万年左右，非洲夏娃的年代距今约 14 万年至 20 万年之间。这说明，夏娃是人之外的人种，她不具备智人的物理结构。

更可能的事实是，10 万年前的地球生态场中，各地有若干智人群体生存着，它们与那些淘汰出局的人种或亚种之间，可能有过杂交的事实，甚至于说，竞争猎杀的事也应该存在。恰正是一些智人群体在此场景中，获得了大脑构成之合适与恰当的优势，它们最后成了智慧的载者。如果设定智人必是一个唯一的个体，它优先承载了智慧，然后再繁衍，则大谬不然。因为这样的风险太大太大，智慧不会干这种大概率失败的事。就犹如原意志变相成在一样，也像 DNA 让生命体多样化、复杂化一样，必须有安全保障——而此，唯有多样化、复杂化——才有作为的可能性。或即说，自人属以来，智慧同时与若干人属的种群相关，由坎陷而入其中，然后从中优选出最佳承载者，并将不合适者淘汰出局。这样的淘汰对象中，既有人属的种群，也有人属的亚种群，甚至包括亚种群（即智人）内的不适合者。

后世，我们只从结果看事，把凡有智慧的载者都称为人，视为同类。这个同类是可以确定的，只是其所同者，是它们均承载了智慧。但要说这个同类起源于一个单一的个体，就非是事实了。合理的说法是，不同种群的载体之间，其生理上、物理构造上的差别肯定存在着，只要不影响承载智慧即可。这里，我们还必须要理解另一种情形，即，智慧具承之后，为了更适合智慧的承载，她可以反向对生理结构和体质进行改变。这样的改变足以让不同的亚种体质趋同。我们说人类是同类，便包含有这种因改造而趋同的涵意。当然，同类的本质不在体质，而在承载的智慧。故此，多地起源说当更加合理。

据此便知，仅依生理或物理构造说人，是不恰当，或不完整的。人之所以为人，全在于它是智慧的载者，没有智慧便无有人。

知晓了人的本质，我们方可继续理解另一个相关论题，它即是：大脑的使用与演绎。

大脑是用来承载智慧的，也是用来运行智慧的。甚至可以说，人的事或人类文明与文化之创设及发展，均是大脑运行智慧的结果。没有智慧与大脑的契合、协调，没有智慧的支配，断无有人事和文明与文化现象。

观察人的经历和经验，大脑与智慧的关系已经具出和正在作为的方式，主要有三：祛本能，学知识，开智慧。

祛本能。此为起始的时间非常久远。广义计算，8亿年前的真蜗虫时代，这项作业就已开始。最后，大脑的物理结构完成了，可人类作为动物之一种，它的许多本能能力、形体构成、自然属性，均大大地丧失了。结果如我们所知，如果将一个新生儿抛诸荒野，基本上不会有成活的可能性。当然，这种后果是渐行衍化的，哺乳动物的幼子大多缺乏独立生存的能力，而哺乳动物之外的脊椎动物则有较强的出生即生存的能力。求生本能的丧失或降减并非退化，而是为了给大脑的进化让路。其中最主要者，是增大脑容量和结构、组织的复杂化，以致它可以承载得住智慧。

智慧成功坎陷后，人类本能丢失的故事并没有终止，反而更加突出和明显。因为，此后的人类有了智慧的支援，他们的生存方式、方法、方案，远远地超出了任何动物，而且，成效超常。人类因此可以从唯生存为唯一的动物行为中，渐次脱离出来。在此漫长的过程中，人类不断地失去动物本能和自然秉性，因而有闲暇从事智慧的开发、激励之宏业。

今天的人类，动物本能已降至最低状态。与啮齿类相比，灵长类多出了33个无功能基因组，与黑猩猩相比，人类多出了6个无功能基因组。且最近的几千万年中，这样的基因假化速率呈加速度。火的使用，熟食营养，兽力和机械力及电磁力，乃至引力、核力的假借，食物的工业化生产，人工智能的开发……诸多的凭借和利用，已让人类的脚、手、耳、眼、皮肤、消化吸收器官等，大都丢失了原有的天然能力。我们越来越依赖工具、工具，能不作为的就不必自己亲力亲为，而作为最多的主要是大脑。

学知识。本能的丢失，无疑不利于个体的生存或在下去，补救之法便是学知识。这是人类有智慧后，又一项主打的生存和衍化方案。

灵长类大多有较好的模仿和学习能力，这是常识。它表明，性相之极致，可造就出该特别功能，亦可以弥补生存本能丢失后，生存能力不足的缺失。它还说明，学习、模仿之能，实是性相的独立贡献。依此理由观察人类的此项能力，可知，它不只是继承了性相的特造，更特别的是，智慧加入后，她既可无缝衔接，还能恢弘再造，使之成为了人类主打的在了和在下去的法门。

知识由之于经验和教训。经验是指，生存过程中，那些可以重复的成功行为和方式，被神经系统接收并保存；教训则反之，那些导致失败和危险的行为及方式，同样被接受并保存。一般的经验依生物本能即可形成，严格说，它们并不是知识。知识是指，经验和教训被保存之后，获得了规律、定理、原则、逻辑、判断诸般提纯和归置，从而形成系统的，可反复传递、传播、学习的对象。此表明，经验和知识生成的路径有别，获得的方式亦不同，经验仅依本能即可获得（包括模仿），知识则非有系统化的提纯、设置，然后再学习不可。人类的主要成就，便是设定知识，学习知识，然后依赖知识再造文明和文化。

设定知识、学习知识，是人类承载智慧以来的主打志业。这极好说明，设若没有智慧，便没有知识的形成与学习。如前所言，知识的要义是，经验以及发明、发现所得，被定理、定律、原则、规律、逻辑、判断所系统、规置，并分门别类。这不仅让知识定型、有向分类，更便于人们学习、接收和知识翻新。它们分别由哲学、宗教、生物学、物理学、化学、天文学、历史学、社会学、文学、数学等学科承担，供养人类，提升人类，赐福人类。

农业文明开局以来，知识的设定、发明、翻新和学习渐成大势，近现代更成斐然态势。人们渴望知识、学习知识、普及知识，进而形成专门和职业化的群体，他们被奉为专家学者，基本主宰了人类文明和文化的演进。当今世，在网络媒体这种新工具的驱使下，不仅加快了一般知识的普及与传播，甚至让许多高端的专精知识也开始了大众化的推广。如宇宙大爆炸、量子理论、大脑的构造与神经元知识、人工智能、网络技术、分子生物学和基因构合、物质构成和相互作用理论、生命起源、有无之辩论等。结果是，它可以超常地提升人的行为能力，改变生存和生活观念。更重要的是，它冲破或可能冲破人的生理界域本能，具出在了和在下去的开放性，终至形成相关世界的完整看法和理解。这些看法和理解包括：同类意识、世界大同、生命同源、宇宙同根同质、天人合一、体用不二。

开智慧。智慧坎陷或智慧被承载，并不表明智慧即可发挥无限功能和价值，一般而论，她先后经历了三种情态。

其一是能够坎入。能够坎入是说，载体构造已完成，坎入之事实也已发生，但，智慧与载体之间，有一个非常长时期的磨合、协调、契润过程，只有这个过程完结，坎陷才算成立。这一过程于人类有多长时间呢？依据人类考古资料已知，人脑的生理构造完成时间约距今10万年前，而人类最早用智慧去显现其特别的创造能力的事实，不出4万年的样子，其例证是法国南部和西班牙山洞里的岩画，和稍后出现的神灵观念。如果这两种论据可以成立，则知，智慧坎陷大脑经历了约6万年左右的时间量，即有6万年左右的时间用来磨合、协调、契润其与载体的关系。这其中还要考虑智慧的激活问题。对人类言，最后冰期的 6.5 万年，正好与智慧坎陷的中后期相遇，可以说，是寒冷和食物匮乏的高压，最终激活了智慧的运作。

其二是创设知识。完成了坎陷才可以进入激活程序，这个程序的主要便是创设知识，而且这些知识首先是有利于生存实现的知识。它包括两方面，一是精神观念的建构。其价值是帮助人类设置了生存的背景依赖，神灵观念即是此作为的直接成果。有了精神背景的依赖和支持，可以解决因有智慧而有的许多生存困境和麻烦，可以说，它是专门为人类设定的精神保险。二是器物和工具制作。智慧帮助人类创作工具、发明器物、提供谋生的特殊方法、思路，凡此种种，均让人类走出了纯粹动物本能生存的旧套，开启了智慧生存的新路。从此，智慧化的生存方式一路高歌猛进，终成文明形态和文化及知识体系。经由这些知识的创设和发明，人类的在了与在下去的能力别开格局，潜移默化之中，她终于帮助人类成就了一种独特的观念，这便是自我。

自我由之诸在的各自预设，这样的预设可称为机能、功能诸名，后经动物本能强化，成为了能动的各自，即本能。它包括雄性优先、强者优先、先占优先、二致性分差等行为和习性。这样的动物本能经由智慧包装后，再变就成了自我。经过智慧修饰的自我，显然是一种脑力作品，它既保留了动物本能的本质，更附加了理由的包装、修饰和解释。以此，智慧终于成功地与载体融合为一，其所显现出来的初级成果，便是以自我为核心价值的感觉智。

当然，感觉智并不是唯一的，几乎从一开始，另外一种智慧也蒙发生长，这便是理智。理智与感觉智的最大区别，是它除了捍卫自我之外，还致力于寻找、创设公共的好，以便自我有更广阔、更宽松、更恰当地在了和在下去的环境。理智的出现依赖了一个重要前提，即载者的社群化生存。或即说，社群是诱发理智的天然场景和前提。如前所言，这也是智慧为什么看准人类为其载体的原因之一。人是社会性动物，且又具备了合适的大脑构造，这样，智慧不仅可以坎陷，而且还可以优势运作，发挥功能价值。

现在，智慧与载者融合后，找到了两种表达方式：感觉智，理智。以此，人类的知识被创设出来。循此而进，人类将自身在下去的事业开出了前所未有的格局，使之超越在了所有动物之上，同时也因此形成了文明和文化体系、知识体系。

知识的设置与文明体系的建构让人类开始摆脱动物，走上了成为人的全新历程。然，以事实论，自人类文明开创以来，我们的知识基本上是围绕自我和欲望展开的，结果是，我们知识的绝对部分中，都带有负向性或恶性的特征。相形之下，真正赋有善性的知识却非常稀缺，只有圣贤人们的零星觉悟。这即是我们的家底与现状。

其三是开化智慧。智慧坎陷于人类，一开始就有了两厢逆向对抗的问题。一是她与载体相融合一，极好地支持了载者的在了和在下去的需求、意愿，让它超拔突出，并产生了自我观念；另一则是，载体所固有的本能、欲执又会捆绑、拖赘智慧，让她难以自由伸展。据此便产生了一个必为的志业：化解本能、化解感觉智，提升理智，终至显现智慧的真实——性智。此志业即是开智慧，亦智慧坎陷的基本意涵：由缺陷、假化而趋真。

开智慧，首要是依赖知识的创设与学习。这其中，理智作为居功至伟。如前所言，人类最近几千年来，致力于知识的创设、学习，已让人类境界大开，丢掉了许多本能和感觉，虽然自私、自我、界域、习念诸般痼疾仍然盛行，可人类的理想和主张，业已由各种方式的铺陈，获得了更广谱化的理解和认同，至少，人们已然认知，智慧之功不只是为了满足生存。此种观念已有相当的共识。

理智的作为中，有两项事业于智慧的开发、学习极为主导，其中之一是，圣贤哲人们所创建的学说和理论体系，它们为人类建构起了真理的范式，使人类学有所依；其中之另一是，教育方式和体制的设置，通过专门化的知识传播手段和方法，使普罗大众有机会学习知识、使用知识，也因之加入到专家学者的行列，以此循环，让智慧不断开发、恢弘。

知识的设置，或圣贤哲人们创建的各种学说和理论体系，当然会导致另一后果，即，学派、流派、宗派，甚或意识形态、文化体系的异彩纷呈，严重者会致竞争、对抗，甚或出现战争、搏杀的事实。如此之类，实并非智慧本身有什么问题，而是她受制于感觉智的自我立场，和不完整、不充分的理智碎裂所致的结果，可理解为开创智慧过程中必然出现的假显现象。这本身也为开化智慧提供了必需的理由。

开智慧的另一项重要法式是，人类对解释的执着与追求。我们观察本类群的生存，或在了、在下去的行为方式中，有一特别的行为诉求，就是无论群体还是个体，都喜欢在行为前求助于说法、解释，甚至可以说，自来诸圣贤哲人及学者们的思想理论和学说体系，亦是此解释的结果，只不过他们的解释有体系、有逻辑、有规模、有原则，可奉为经典，而一般人的解释比较零碎、具体，大多只能称为说法。从中不难看出，凡为人，不论个体或群体，也包括国家、人类全体，都会痴执解释，以此为行为和在下去的依据。那些大的解释可称为文化体系、文明形态、意识形态，中等量的可称为学说、主张、思想、主义，小的可称为说法。人类对解释的痴迷贯穿了整个文明史，其中，农业文明中期以来，这样的解释更具规模和学理性，故可将其称为解释哲学的时代。

没有解释，便没有行为。这是智慧的重要表征，也是智慧开化的必由之路。我们学知识，说到底，就是学习和适用解释的方法及方案、模式。当然，随着知识的拓展、翻新，我们的解释能力、我们的眼界、我们的认知方法都会同流俱进。以此，便有了智慧的开化与恢弘。

智慧的开化与恢弘，不仅事功当下，而且也会福及后来。智慧具有无限性，然其阴性品质却让她作为幽柔，难以遽然施展，而经过大脑承载与开化的智慧，则会因为不停歇的开化和发挥，其功能与作用会越来越明显、卓越。这种法式的结果，便是出现了智慧的载者越来越聪明的现象。个体是否足够智慧，原因不易辨析，但人类整体的智慧，或说类的智慧会渐进睿智，应是不争的事实。以此言，类的智慧才是智慧开化的要津。

开智慧之中，还有一事项须得提及。此事项是，大脑的使用和使用率。此问题在脑科学研究中一直是重点。有报导说，人类中最聪明的个体爱因斯坦是大脑使用率最高的人，不过很遗憾的是，他实际使用大脑只占可使用大脑的 12%，超出常人 2 个百分点，常人约为 10%。这个研究和结论具有非常明显的西方文化和知识的特点：量化——将一切对象，无论有限、无限均予以量化。量化的确是最简洁的方式，它让人一下子明晰起来，只可惜，世界上有很多东西是无法量化的，比如这里说的脑的使用，还如暗物质、暗能量等。我们能够说的是，大脑的确没有充分使用，或者说，至目前为止，大脑只使用了极少一部分，也包括爱因斯坦。

理解这种现象，我们必须转换方向，先问一下，为何大脑只能使用如此之少？依据前说，智慧是无限的，若果完全开化，则大脑的使用亦是无限的。据此便知，刚才所言的量化大脑的使用率，是自以为是。现下的大脑之所以未能无限使用，完全是大脑或智慧的功能、价值自限了大脑的使用。

亦依前说有知，智慧坎陷之后，与载体融合的结果，非是她的本意呈现，反而得优先满足载体的在了和在下去的需求，惟其这样满足的充分，才有可能渐显其真。满足载体欲求的融合，后果必然是智慧的扭曲和假化。我们已将这种扭曲和假化的智慧，依其主旨功能不同，分别命名为感觉智和理智。

很显然，感觉智其实只是用智慧去修饰、包装的动物本能，故无需太多智慧的发功即可实现。是以如经验所见，一个正常人都可以具备和显现这种智慧，哪怕他们一字不识。说得更极端一点，若仅满足生存之欲，基本无需智慧，小脑本能足矣。

比较而论，理智则颇费周章。它是一种寻求公共之好和公共之善的智慧，虽然动机依然不离自我，可其满足方式必须是公共性的、社会性的，而且善、好的标准也迁进为了公共，非是个人感觉。并且，我们进而还会发现，这样的公共善好亦非只是利益分配的恰当、交易的合理、身份地位的有效，交往的通畅，更重要的是，如何摄获利益、如何扩展利益，而此摄获、扩展，均离不开智慧对自然现象、状态、构成、相互作用方式诸多方面的探究、理解、把握。这些都需要将知识系统化、专门化，后来人们将其分类设置，这便有了数学、物理学、化学、生物学、地理学、天文学、医学、政治学、法学、经济学、社会学诸多学科；甚至于相关自身历史和构成的知识，以及思维运动和信仰的知识，也被同理处理，亦便有了历史学、人类学、心理学、哲学、宗教学、文学等学科。如此之类的智慧成果或知识体系，显然都在铸就公共的善好，它们所要求的智慧运作和开化，其力度和强度远远地超出了感觉智。或即说，没有系统、专门的教育培养和知识训练，基本上无力从事理智的事业。由此就不难理解，为什么爱因斯坦们比常人用了更多的脑这一事实。

理智的开发和发生，虽然让大脑获得了超常使用的机会，亦让智慧大开，可其死结却无法破解。这个死结是，理智的全部对象均有界域限制，人们不能离开界域和有限去建构知识。不能破界，亦让智慧自缚囚笼。这与智慧本身的无限性、永恒性、穿透性、全息性直接对垒。因此，理智不可能让智慧无限使用。而此局的破解，非性智作为不可。

性智之智是化除界域、还原自我、以相养在、以善养善的智慧。其善好不只是公共之利，更有全义之善。此智慧不为形式所拘，不为己我所限，不为界域所困，而是原意志自证其全义、完善的全显、尽显。是以被当下人们说为玄冥灵智，可望不可即，惟人类中的圣哲方有领略。

宋儒常言：存天理，灭人欲。清季以来，此话广受诟病。凭心而论，此语并非谬言，说的恰是真理。惟其我们理解不够，以致要言歧义。当然，理学家也有命题立论不周延、不充分的漏隙。

智慧之本意，即是理家所言的天理，亦即我所言的原意志的全义与完善。要天理，当然就得灭（化除、化解）人欲。这个不错的道理中有一项不周延，还有一项缺失。不周延是说，灭人欲是一渐进过程，并非当下急务，不能视为近程事业，得容人类悠游渐解。其间当然不排斥道德伦理的追求与匡范。并且，伦理形态的完成也有演进的逻辑，如我在《善恶论》中所言，它们包括群自我伦理、熟人伦理、地域伦理、群域伦理、契约伦理、人域公共伦理、人际伦理、存在伦理等。若不顾渐行渐进之法，一味强去人欲，结果肯定得不偿失。

缺失之说是指，理学家们试图从人域一步跨入天理，中间丢失太过，以致事实上不可能。这样的跨域，人类中唯圣人才有可能，普罗大众万万不可。因为每个个体的生命过于短暂，几十年完全无法实现这样的跨域。我们可以要求个体应尽当下的伦理义务、责任，却不可以要求个体尽灭人欲、存天理的责任。存天理、灭人欲，说到底是人类整体的志业，此整体是由全部时间和空间共同承载的。

那么，中间丢失的东西是什么呢？依善本身论，即上言的诸伦理逻辑链。不过，这还只是事宜的一面，另一方面，何以有人欲？如果不足够清楚，便是以其昏昏使人昭昭。何以有人欲？是因为，人是由动物演化而来的，它必带动物的本能。而且，智慧加入后，这样的本能非但没有立马消解，反而强化了。因之，解除动物本能是当为之事。动物本能是由生理结构，亦即物质状态决定的，所以，调整和变改物质结构、组织结构，亦是不可回避的问题。即是说，灭人欲是由精神修养和物理改造两厢共举的事业，不可单独成立。需得说明的是，这样的改造、化解非一日之功，亦得渐行渐觉，没有时势环境的压迫和技术手段的善理，强求是不可能的。

择要论之，开智慧主要有三种途径。注意，这里说的开智慧主要是指知识的创设，非指知识的教化、普及。一是集思广益、群策群力。群体性智慧是个体智慧相互作用、共襄砥砺的结果，许多时候，它会激发出智慧的灵感和方案。二是危机压迫。通常情形下，急中生智的确不失为一种激发智慧的方略，所以，危机常是人类思想和观念变节的重要动因。不过，因危机而产生的智慧通常属于表象性智慧，它与感觉智、理智的关系更密切。三是沉思、静默、入定，以便幽诱智慧。应该说，这是智慧开化的主要方式。我们固知，无论圣哲们的性智觉悟，还是学者、专家们的理智专攻，都离不开沉思静默，常言冷静一点，虽说是俗世的俗语，可其要害却是准确的。冷静开智慧。正是智慧的阴性质量决定的，它不容头脑发热。

智慧的记忆与追溯。

智慧开化的本质，是智慧渐以记忆出原意志自我本身。此说的因由在于，智慧坎陷于人，与载体大脑相融之后，实是被载体所埋压、拖赘，以致她首先只能以其假显来表达意愿，而此假显，恰是优先有利于载体的在了和在下去诉求的。结果如我们所知，智慧之假便是感觉智盛行，后来虽有长进，也不过是理智开发出来。这里，不要说感觉智，就是理智也不是智慧本身，它们只是智慧的变态。变态的智慧，如果真的就是这个世界的终局，或许就没有智慧的开化问题，当然不需要再讨论。问题的根本是，智慧之出，是原意志自我的分裁，所以有裁，乃因为在界已然固滞无解，非有自我的加入，不能推衍以在为流之大势，不能证成自我的全义与完善。而加入或坎陷又必发生掩埋、拖赘的后果，所以，为化解固滞计，为化解埋压、拖赘计，为推动以在为流、自证还原计，智慧当作之为，便是在化解界域、以善养善的同时，得自行记忆出原意志的自我本真。以此，即能化解固滞、界域，实践自证成善的完满。据此论，说记忆，亦即是化解。一当化解固滞、界域，化解埋压、拖赘，智慧便至于完全开化，终与原意志同一不二。此同一不二，同时也是诸在与原意志之真义、全义的致一同化。

如是，我们即闻觉，智慧的开化，便是智慧记忆自我的还原。或说，智慧记忆出原意志自我越多，其开发的深度、广度、程度便越趋于无限。

智慧坎陷于人，首先致力于支持人的在了和在下去的诉求，其重要见证和最大成果是，人将诸在的各自变成了智慧包装的自我。于是，人类凭自我开启了文明的历程。老子说过的一句话，借于此颇值得玩味，欲将取之，必先予之。智慧循悠游之法，帮助人类建立了自我观念，也质变地提升了人类在下去的能力，让人类有了文明和文化、知识体系的仰赖，可，这些只是予之之事，她要为的真正志业恰恰是，要化解掉这个由她亲手建造出来的自我，和其依托者感觉智。当然，此化解的方法非是武力之作，也非一蹴而就，它循由渐进、自觉、因势利导之路，缓慢而又有序。

她首先给出的招式是理智的出脱，让人知道了公共的善好，也欲求此公共的善好，而且，此公共的界域又会随着环境、形势的改变而变化，主调呈无限扩大之势。当此之中，自我一面享受着公共善好所带来的利得，一面也在潜移之中改变了自身的质地，由固滞、封闭而有了开放、循流的向往。因为，有限相对于无限，总是会热情有待。如此的利诱和开化，本质上即是智慧的开化，记忆的开拓。且默化之中，人之所以为人的宏图远志也渐进透明。

人何以为人呢？作为智慧的承载者，他只是因了在者的独特以至于自足吗？非也。这种独特更意味着他是参与者，更是自觉的参与者，同时还是自觉的引领者。他经由还原自我、化除界域、以相养在、以善养善的必由之路，去践履原意志自证其完善、全义的大愿。

最后，尚有一附带问题，需得赘述一二，这即是外星人或地外文明。

地外文明的有无，已成为人类中的热门话题。这里，先有一界限须得明述：地外生命与地外智慧生命者不是同一概念。前者只是生命现象，与智慧无关，后者才是与人类可同类对待的对象。依据智慧的绝对性和载者可能有风险而论，地外类人智慧者应是勿庸疑问的。理由如前所述，复杂化、多样化永远是原意志自证方略的不二法门。既然地球上曾经有过 15 种人种类型，作为载体的竞争者，我们便不难想象，如此浩瀚的宇宙，出几个或更多的"人"系，并非难事。要害是我们如何去面对他们。

如何面对的问题，本质上是我们是什么？如果我们是感觉的自我，是绝对的生命体，则会如某些文化域那样，视外星人为敌人、入侵者、战争对象，如果依智慧乃原意志自身，凡承智慧者均为同类，均为人论，则知，这些所谓的敌人、入侵者不过是智慧同胞。或即说，是自我原点、界域冲突、强盗逻辑之世界观，还是体变相衍用显、承智化物、自证完善的世界观，后果是完全不同的。

何去何从，有待人类慢慢玩味。

《中庸》开宗明言："天命之谓性，率性之谓道，修道之谓教。道也者，不可须臾离也，可离非道也。"这里的性即天命本然之性，亦即我所说的智慧。她由天（原意志）所命，坎陷于人。由之此天命，人循由智慧去参与、觉悟原意志的还原自证之必然，便是道。修炼、开化这样的道，就是教育、教化。故知，真正的道，就是去本能、学知识、开智慧的责任和使命，是无法游离的。可以游离者，便不是道。

复观《中庸》的说教，实在致明致确。人之所以为人，无由游离逃遁，理当践天命而为，参与和觉悟自证还原的履程。

第三节　智慧之还原自证解

阳动是一显化亦假化的过程。其大意是，不断以假象表达必然性或原意志。这样的假层层叠叠，以致当我们被化出时，我们其实是被无穷无尽的假象包围、包裹着的，已然失去了对本真的感觉和理解；

并且，我们还义无反顾地参与了这样的造假过程与行为，进而，我们还借助特殊的秉承（智慧），让这些假无所不尽其极，终至阴谋诡计、尔虞我诈、坑蒙拐骗、独裁专断之类大行其道。诸假之终极者，便是每个人的己我，它终结了所有假的要义。然而，假毕竟就是假，无论它有何样的表现和彰显，它只是过程中的现象与环节，其意义仅在于：显现了、有了、在了、是了，而其要依然是还原归真。

归真还原恰正是去假存真、求真的实现，它是过程化的。当然，此言所谓还原归真，并非说直线退回去，而是改变诸在间的假象、假化关系，归正其关系的正义：以相养在、化域求和、以善养善、还原自我的全义。

诸在的假化，或层叠无穷的假化结果，其本身实难还原归真，除非有促成它们还原归真的因由，否则断无论理可求。此因由若何呢？如前所述，便是我们所以殊，亦为我们所承载的智慧。智慧之能成因由者，在于它实乃原意志本身，只因分裁别载之故，才为你我所承载；且也因为这样的承载，便改变了智慧的表达方式——载者的形残、感觉的包裹，使之深陷其结构和物理之中，从而扭曲了她的本意。此现象已谓之为智慧的坎陷。坎陷之要有二：被包裹、承载或感觉化只是其一；其二更为重要，它得从坎陷之中奋发突破，引导诸在还原归真。

智慧如此这般，说之质要，还在于它是原意志本身。所以，无论坎陷多深，包裹多重，它都有记忆自身、还原自我的自发性、必然性。正是它的这种无可抗阻的必然志愿，才有了世界，特别是宇宙世界的还原自证行为和过程。

话说至此，我们不妨换一角度，看看智慧本身的立场，或许还有别见。

　　智慧既是原意志自身，可说她其实是无需载体为之承载的，亦无有完善与不完善之说。那么，她何以与载体有了如此的瓜葛呢？这是因为，原意志自我显现为了在，而在恰是有缺陷、被限制、不完整的，倘若显现为在即是目的和结果，也就罢了，那样，智慧就不会与诸在有关联关系，任其自在而已。问题就出在诸在是被动者，它们被显现只是因为要承载和参与原意志的必然和使命：以其实自证其真。作为参与者、承载者，诸在就不能自在而已，它们必须要去践履参与者的责任和使命，其中，解除、消磨自身的缺陷、限制和不完整，即是此责任和使命的承担。

　　然而，已显为在的诸在，就使它们原本就是原意志本身，可各自为在的业障实在是难以自消。基于此，原意志必须介入其中，参与其事，引领和诱导诸在实现完善。这样的完善亦即诸在的自足。进而，原意志无法凭空引领诸在自足，她的参与或介入是要置身其中，直接引导诸在践履使命和责任，于是，她就必须被承载。

　　或许，智慧的被承载于诸在，本是广普之事，无奈，智慧的承载有特定的构成要求，我们碰巧成为了智慧的完整承载者。也是因此之故，我们依理成了诸在实践其责任和使命的自觉者、主导者、引领者。不过，这一结果是有负性后果的。因为我们有智慧，因此，就有了因智慧所带来的麻烦、辛苦、烦恼。这是很自然之事。毫无疑问，这样的麻烦、烦恼、辛苦其实不是智慧本身所为，而是智慧被我们承载，我们的肉体和感觉坎陷了智慧的结果。此坎陷和深埋，致使智慧被扭曲，不能本真地表现自己，反而扭曲为了我们所知的感觉智和理智。此是我们必须理知会意的。当然，不论自我或各自如何将智慧深埋重压在我们的感觉和欲求之下，智慧就是智慧，她终将反逆过来，消解己我和感觉，引领我们实现自足。

　　知会了智慧的梗概和本意，便能体会出世界的大意。此大意即：阴本阳动，还原自证。有此体悟，即可铸就人类的真知灼见，达道全义。过往以来，人类智慧正是循着如此大意渐慢铺陈的，表现了渐显渐觉、先盲终慧的特征。以下成例可明其意。

　　例一，若得理智所提供的善和物理的推助，圣贤们很容易将智慧和人类的知识体系、文化体系引入性智的境地。过去的智慧实践中，我们看到了两方面物理之道的彰显，它们正好说明，世界的还原自证是人类智慧的最高向往。

　　社会物理中，我们不难了解孔子的思想，他由血（宗）亲伦理，依据善的原则和意志，一推、二推、多推之后，最后表达了人域公共伦理的观念和理想，认为人道大同是人之所以为人的终极目标。此学说之所求，恰正是性智觉悟原意志和世界全义的具体表达，故是原意志之善的向往。

　　自然物理亦有同样的表达与向往。比孔子晚两千多年后，经过爱因斯坦等诸多物理思想者的共同思考，他们从物质状态推演出宇宙大爆炸之说，认为所有的物质均源出于相同的单元构件超弦；现实世界中的四种相互作用，亦源出大爆炸初时的一种原始力，以此，他们试图建立一种大（超）统一论。在此基础上，可进而认为，如果充分理解了世界的源发和所以生化之理，则，我们可存在于无限制的状态中，破解以在养在的匡限和困局。这正是以相养在、化域求和、使物善于物、还原自证之完善与真义的初步。

　　例二，人类智慧的显现大约是最近四万年左右的事，几乎从一开始，地球各处的先民都表现了整齐划一的现象，这就是神灵意识的源发。神，依其质地和功能差异，可分为若干类型，如原始自然神、自然神、原神、宗教神、义理神等，其中，义理神可进而分别为自然义理神论和理性义理神论。问题在于，先且不论神的意义和涵义，仅就有神灵观念一事而论，我们不难设问，何以人类会有神灵意识呢？答案几乎是肯定的：分裁着的智慧之于原意志的记忆与向往。

当然，初起之时，这样的记忆模糊不清、混乱无章，也是简陋、幼稚的，所以原意志被歪曲成了神灵，以至于还有位格化的铺张。不过，这样的初始最终有了归真的调整与救济，至义理神论始，东西方的哲人都放弃了位格神的假象，直入主题，讨论本原、本根本身。

若果详尽说事，则有知，东西方的义理神论（亦即本原、本根义理论）又有很大差别。要约之即，柏拉图所创立和代表的理性义理神论，其实并非进入了本原义理的探究，它只是相之义理的铺展，尚未与本原或原意志同一不二。其中因由在于，早在柏氏之前很久，西方文化就已断裂了自然本根，走上了以自我为原点的主观解释之路，他们的世界只是一个人为认可的想当然的世界，而非真实的世界本身。与之相左，东方的哲人则一直紧咬自然本根不放，将自然神演绎为了自然义理神论。其中印度的梵我不二、转识成智、以智去智的义理论，中国的体用不二、以性成善的道统论，是其典要。

义理神论的出现，正表明智慧中的性智具出了自证还原的必然性，哲人们的先知先觉已昭然若揭。世界的真义即是，智慧记忆出原意志的全义与完整。

例三，言及中国文化，它的殊异性其实我们关注得还不到位，或即说，对有些历史现象的解释未得要领。比如常言说，16 世纪以前的几千年中，中国社会给近 1/4 的人类提供了安全、温饱的生活保障与条件，使他们大多能够免除战争、天灾、瘟疫之苦。这其中，的确有过不少战乱、灾乱、疾病和专制、暴政的肆虐，然，其情形与文明带西段相较，就不可同语了。还比如说，今天的中国人，绝大多数都可以将自己的祖先追溯到 4000 年前，亦即说，我们是 4000 年前某个人的直系后裔；若以相同时空论事，我们看到的文明带西段地域则相去甚远，那里几乎没有任何一个现代人敢说（不要说 4000 年，连 1000 年都不能断言），他是某个祖先的直系后代（包括犹太人也是杂交的群体）。还有，中国文化近 5000 年不曾中断，一直延绵至今。如此这些，其实都是中华种群的福祉，也是人类文明史中最大的利益证明事件。那么，这样的福祉和伟业是如何成就的呢？追根寻底，它与中国文化的根底有直接的关系。

中国文化持道而立、而为，亦以道统著称，故有连续 5000 余年演绎的事实。那何为道统呢？道统是说，人是世界自证还原过程的能动参与者，它以全义地把握、体认世界的本意和完善为终极价值取向。自伏羲演八卦（皇道）以来，积极、能动地觉悟本原及其原意志的意愿，一直是中国文化的主导价值观。为此，道统的延展链条便有如下的简洁理解。

先有如黄帝那样的政治家，开创了组织民众共同参与的政治方式，以此建构了帝道的帝国（天下人的天下），五帝世是其模范。往后，功利主义的技术政治改变了天下公共的本意，出现了家天下的扭曲，然周文王、周公等人的王道救济之法，亦得其要领。《周易》正是此阳动哲学、王道政治哲学的经典。

其后至春秋世，老子横空出世，强调道的阴本本义，力挫《周易》之政治阳动的偏隘，终成就了"道法自然"的真正的道与德（自然者，自己成就自己也）。与老子相似又相左，孔子又有新主张。他承接《周易》阳动的大意，却将王道的政治哲学置换为了仁善的道德哲学。他认为，参与善、体悟善、成就善，即是参与还原自证的根本大要，其中，人性是本原的分裁，人类正是凭借人性与本原的同一关系，才有此参与和成就的可能性与必然性。以此，既可突出人的主观能动性，避免老子非人化的空疏，又可免除政治阳动的偏颇，是为心身性命之学。老子、孔子之学可谓之为真理之道。

复后，至汉代董仲舒的春秋公羊学，又将周公的王道政治与孔子的道德哲学柔而合之，成立了一种新王道学说，以此成为了后来两千余年的主流意识形态；再延至宋明时代，宋明理学融合儒释道三家之学，主要着力于真理之道的深化与超拔，最终集成了道统之论。

观道统文化，它所致力的是，人之于本原意志的参与与体悟，人没有，也不能成为主体、目的之求。反观文明带西段文化，无论群体抑或个体，无不以自我为目的，以欲望、功利为动机，高扬主体、权利之欲，实则是满足窝里斗的动物游戏，终至成为强盗社会，结果是具败具伤。这种舍道而自我的生存方式，换来的却是种族毁灭、生灵涂炭、战祸无绝。没有任何一个群体足以单一地延续自己至今，也没有人能够幸免战乱、祸乱之苦。因为，在那个地域中，5400余年来，只有329年的和平时间（以天累计而成）。可见，文化的根底和价值观对人类的存亡、福祉、意义有着决定性的影响：以自我为目的的文化，导致的恰恰是自我的消散。或说，参与者的福祉终将永恒于自我固守者的福祉。令人反感的结论，却是真理的道义。

如此的成例与结论，因循的恰好是还原探究的逻辑。这样的思想和思考强化了物形世界的相对性，足以改观形固与自我的绝对之思。故知，善与物理及历史思维的必由之路，正是还原求善、求是、求真的践履，它们会铺垫出性智的观念前提，展现智慧还原自证的真义：人是世界的参与者，参与过程的领袖者，还原实践的觉悟者，而非是断章自是的目的者、自主者。

第四章 智慧的特性与功能

《易传·系辞》曰：一阴一阳之谓道。此语道出了世界的构成关系。若将此语联系其所由来的老子之言：万物负阴而抱阳，则知，阴阳有主次之别：阴为本，阳为用。这里的本、用可理解为：阳是为了成就阴的。所谓道，便是将此本用主次，以及成就诸义笼而统之的概念。

阴本之义理当还有许多别解。比如，她为阳动提供原则、规则，提供必然性，提供目的性等；还比如，她无法自为，必须借助阳动而为，又能引诱阳动依己愿而为。如此之类，是我们应当把握的要义。前说智慧属阴性，理解此意，还得先回溯原意志。

原意志本是阳体，她是阴本体的别致。阴体、阳体本身如一，并无不同，然，既说为阳体，一定也有其别致之处。这个别致是什么呢？应是由虚静而至有欲愿。这个欲愿便是原意志。因此欲愿，所以她变称为原意志。此是论说的缘起。

阴本既为全阴，无有阳义，而欲愿之起，便是阳性勃发。这应是老子说："万物负阴而抱阳"的本义。也即是说，老子论道，主要是从此阳体开始的，阴本之说，他只点到为止。据此，王弼说他是

"有的哲人"，也算成立。原意志为阳体，并非说她只有阳，而无阴，乃是因为她始有了阳，所以依此说她是阳体，其实，她仍是阴阳两合的，且以阴为主。"负阴"即是说，万物被阴所包裹，而阳只是怀抱的东西。这些怀抱的阳此后变转为了诸相。故知，诸相是以阳为主的，它们互为作用并同构，其结果便是诸在的呈显。依此论，诸在主要是阳化的结果。当然，说诸在为阳物并非绝对，它们仍然有阴的属性，只是此阴已非本原意义上的阴，而是构成意义上的阴，其阴阳所属受环境、条件、作用状态影响，或说是因环境条件而变化和被决定的。人类知识和经验中的阴阳术，包括堪舆、八字、五行、相面、气象、山脉等所据之阴阳，均是此义上的阴阳，它们与本体之阴阳有关系，却不可同语。

原意志的阳变转为诸相之后，所余者（不可计量的余，实为无限）便是阴。智慧即是此阴性的原意志的分裁别载。由此，我们知悉了智慧的品性，她是阴性的。

原意志遣出阳性的诸相，以此呈显出了宇宙世界，铺设了以在为流的宏大场景，其本意是想以其实自证其真。也即是说，用自我的实在化，去呈现自己的真实。然而，此法之作，本身带有先天的缺陷和风险。她遣阳性的诸相去生化实在，虽然诸相也是她自身，可这个自身已为阳所主宰，她可使阳动成实，可使诸相成物，却在这成实、成物之中，不得不为的专门化、职能化、特异化，亦锁住了诸在自化自解的可能性，除非物理式的毁灭，而毁灭并非自证其真的由路。这是一种二难的景状，非有非物理性的改变，不可如愿。或即说，以在为流、自证其真的欲愿无法成立。当此窘状，阴主的原意志只能再次舍己作为，分裁自我，坎陷于特定的载者：人。这便让有形世界的在化之流有了性质的转折：由单向的显在，而为世界全义与完善的还原自证。

智慧的阴性品质由是而来。理解和把握智慧的阴性品质，是我们把握和理解智慧的根本或基础之所在，否则，就无法说清智慧之因为所以。

第一节 智慧的本然与还原

智慧的品性，一直是我们忽视的问题。这是因为我们具有智慧，反致失落了对智慧本身的关注。没有充分关注智慧，不能廓清智慧的品性，结果是，我们无法把握智慧的功能和价值，只能固守智慧的假显功能和价值，因循成例，无力自变。

智慧的价值主要有二：第一，智慧者觉悟了智慧的本意和世界的全义，成为了还原自证的自觉者；第二，智慧通过智慧的开化，化除了物的界域、各自、域抗、亲恐性，实现了以相养在、以善养善的完整。

循此价值精义，我们不难明白，当下世界中，物的各自为在，物的域抗冲突，以及相关养资源的稀缺，我们的行为能力不充分等现象，其实都可以在智慧的充分开化之后，一一化解。这中间，开智慧实已成为了所有问题中的核心要害。智慧所以有如此的价值和功能，全在于智慧的品性超常，完全超出了我们的经验和知识边界。以此，我们必须认真理解和把握智慧的品性，而后才可以开出智慧的价值和功用。

第一个需要关注的智慧品性是她的本然性和还原性。

本然一语，义同自然。本者，本身、自我之谓，与自然之自同义。自者，亦自我、自身之谓。然者，成就也，自足也，实现也。故本然与自然之义蕴即，自我成就、实现、自足自己。这个自然，非常言的天地万物，或河流山川，她实即老子"道法自然"的那个自然。此自然大异于常识的自然，所指即阴本原，她是阳本原道的前提概念，具有阴本的绝对性，是她的念动自变而出阳本，如道、原意志、诚、梵之类。本然与自然是等义的概念，故本然亦是阴本的别称。

本然性，亦即阴本原的绝对性与必然性。阴本自变为阳本原意志后，原意志不仅有了绝对性和必然性，亦有了相对性和或然性。其后，此相对性和或然性随着变相的发生，尽数遣出，为诸相和诸在所具有，当然，内中亦不乏绝对性和必然性的秉承。遣出了相对性和或然性的原意志，才能分裁自我为智慧，并被特定之在者承载。此即是智慧为阴性和具有本然性的因为所以。

智慧的本然性，是说智慧具有绝对性和必然性。其所绝对者，是她主宰着宇宙世界或实在世界的以在为流的大势，是她主宰着自证还原的过程和方向。此过程中，由于诸相的限制性必导致诸在的天然缺陷和变态，即在的各自化，故一定会发生固、滞、碍、定的扭曲和异化现象，甚至于智慧坎陷之后，这样的固、滞、碍、定现象，还会变本加厉，无所不用其极，然，绝对性之为绝对性，即是所有这些变态、异化、极端的现象，均会在过程中自化自解，以致自证的实现。或说，这些变态、异化、极端化的固、滞、碍、定，仍不过是自证方式的复杂化而已。

据此有知，绝对性与必然性是紧密相关的，或说，必然性是绝对性的铺陈与延展，惟其必然所向，绝对性才能真实化。此必然性亦即是我们已说及过的真必然，它不可逆、不可改、不可歧。有所相对的是，它容许必然性复杂化、多样化。这是诸在所秉承的相对性、或然性反作用绝对性、必然性的结果。只是反作用而已，无关大碍。

知晓了绝对性与必然性，也知晓了必然过程中，因相对性的反作用所致的复杂化和多样化，就不难理解智慧被承载后的复杂化和相对性现象。她的相对性和复杂化，其实是由载体自来的相对性、或然性反作用于智慧所致的现象。

人是智慧的载体，人同时也是诸相相互作用，历经炼、聚、化、成的长程过程而优选的特殊定在，其中性相的专门化、特异化、职能化程度，为有形世界所罕见。它所执着的固、滞、碍、定，超出了所有的他者，或说，其捍卫各自的内置功能性超越了所有的在。人的如此特定，其所欲的强势在于，在与智慧相遇之后，他便会首先无有疑虑地强制智慧作有利于己的行为。结果便是，自在世界广普化的各自以此修饰、包装成了一个更主观、更功利、更极端的特定：自我。自我亦可简称为我。不过它形成之初期，并不表意个体之己我，更主要的表意应是群我或群自我，即以血亲群为单元的社群自我。自我或我的出现，表明智慧坎陷之始，其相对性，或然性已登峰造极，她的本义和本质，被自我这种感觉化的需求完美掩埋。这种掩埋的深固，以至所有的智慧载者都无例外地认为，智慧就是我本身，是我的特定、特殊，无需他念别虑。

正是在如此的预设观念支配下，自始以来，智慧的所作所为，几乎完全出于自我的诉求与欲望，其中有所差别的只是，自我的量变与支援自我的方式变换。这样的过程持续了几万年，尤其是最近几千年来，智慧所复次特出的理智，更是从方式、方法、方案、工具、手段，及文化、知识和意识形态诸路径全方位、多角度、多层次地固化和修饰着自我，终使自我变成了它的极端形态：己我，并依此己我创制了所谓"普世价值"——主权、人权、自由、宪政、法治。这中间的相对性、复杂性、或然性已是无极可拟。

　　智慧的绝对性、必然性丢失了吗？非也。且不说东西方的哲人先贤之于智慧本然性的觉悟与灵感——如柏拉图，他虽无根立论，也知识感觉世界的终极者灵魂，必得回归理念世界；若黑格尔，他虽于本原之义胡里胡涂、混沌不清，却也知识绝对精神乃世界的根本——仅就理智开化，逐物循由而论，今天的知识和理论实已盲然入彀，开始呈现出智慧的还原端宜。其中如物理学、天文学相关宇宙和物质起源的探究，提出了大爆炸、超弦假说，即是由有到了无的门槛。有生于无，老子的智慧觉悟，终于成了理智世界中最宏大的论域。这其中，自我究竟是什么？相对性、或然性何在？论题解说的对错与否不论，我们已然发现的，此是原意志的绝对性和必然性所使然。此也是智慧还原的绝对性与必然性。

　　与本然性相随，便是智慧的还原性。

　　还原并非物理式的坍塌或回收，而是世界的完整与全义的展呈。说智慧的还原性，无疑是说智慧实现自证其真的完整与全义。与本然性同理异表，还原性亦是智慧之为智慧的绝对所在。这样的还原由两路证成。

　　第一路，智慧因其阴性所属，她无法自为作功，必得假载体（阳动）而作为，这即是上言的智慧坎陷。然而，坎陷之后，智慧又必然要被载体深埋重压，这导致她不能完全作为，必得借载体的机能、本能、感觉曲线作为。此种深埋重压的状态，当然不是智慧的真实，如此，便产生了智慧的还原问题——引诱载者渐行祛感觉、开智慧，最终呈显原意志的完整和全义。此理路如果依载者的立场论，其实就是在智慧的引导下，如何觉悟、理解、把握世界的完整和全义。智慧坎陷亦是原意志自我的分裁，故知，其所谓还原，亦是分裁之自我向本原之自我的还原。东方哲学将此理路称为梵我不二、体用不

二、理气不二、心性不二、智识不二、致良知。

第一理路的要义是，智慧者经由觉悟和灵感，成为证成世界完整和全义的参与者、觉悟者、引领者。惟其如此，才能称为智慧的还原。

第二路，智慧的还原不只是要求载者成为参与者、觉悟者、引领者，亦会假载者之手去理解、研究、解析、把握世界的构成、结构、功能，消解或化除诸在或物的界域、域抗、各自，以及善恶二致性，变以在养在、以生命养生命的粗暴，渐进为以相养在、以善养善的精微，变各自为在的假显，为以在为流的真实和完整。或说，将原意志因阳动而假显的殊异、特定、各自渐行消弭，引领其归真、同化；或说，将阳化而有的相对性、或然性，归置为原意志自身的绝对性和完整性。

第二理路的要义是，化域求和，以相养在，以善养善，化阳归阴。

此两理路的实践与履历，其始都假借了载者的欲求和经验，而后渐行渐明。同时，智慧的非个体性也起了不菲的作用。智慧是类化的，她得由类而代传、继承，然后才能灵明不昧。

第一理路的实践中，经验的积累和感觉的开化，是十分重要的方略，随着人类文明的开化和交往的复杂化，视野和观察亦登高舒展，最终帮助人类改变了生存的观念和意志，特别是他们中的圣人贤哲，能够剔除表象，参悟本原，渐觉世界的整体性、本然性、必然性。以此，智慧的还原自证终会渐成。

第二理路的伸展，则充分利用了人类在了、在下去的欲望之求，用满足人们欲求的法式，渐以引导人类明了还原的必由之路。经验中我们不难知闻，凡在都有再下去的欲求，而在下去，却离不开能源、能量的供给，及环境条件的舒爽。对人类言，由动物本能而来的，及所能接收的求养方式与其摄养对象，其实十分地狭窄，其先主要是生命世界内部解决。这种解决方案叫以生命养生命。如吃动植物，烧植物，依赖植物和山水环境保障生活舒适，等等。它们的前期叫狩猎产业，后期加入了人工种植、养殖的方式，所以叫农业；后来，随着人口的增长，人们开始向高效的能源和资源，如有机矿物质——煤、石油、金属矿等——求摄，也开始有了交通运输——利用车轮、空气、海洋、河湖、道路等——的帮助，此方式叫工业产业；再后来，工业产生大幅度地提升了养资源的产出，可人口的增长和欲望的复杂化，仍然导致了资源稀缺，还有环境污染问题，以及无量产品的再造和利用也成为了必需，同时，交往和联络及方便能源的需求亦暴涨扩张，前者依势发生了由化合、化分主导的化学产业，后者则形成了电能和信息产业，它们在分子、电子层次为人类提供所需的养源；接下来的产业方式，是当下我们正在经历的，它们包括分子、原子的合理利用，甚至超过原子直接向原子核和光子求索能源，如基于裂变、聚变和衰变而有的核能产业，也有营养物质分子化探究的 ATP（腺苷三磷酸）研究，它可能在未来形成营养、能量产业；再往后，我们可以预期的产业应该是量子产业，它将解决超距通讯、宇宙无助力远航、星际旅行等多方面的需求……

凡此种种人类求生存、在下去的产业方式，如果将它们串联观察，便不难知晓，人类在欲望的牵引下，更是在智慧的帮助下，走了一条向物质所由来的方向反逆还原，并解析之的路径。如果有一天，我们可以放下量子载体，直接求养于诸相，那么，世界的以相养在就会成为真实。它将表明，我们的世界养源并不稀缺，反而是无限的，稀缺的是我们被深埋重压的智慧能力和觉悟。如果智慧开化足够，自我的还原和升级到位，则我们的能力亦趋向无限。

非唯科学探究、技术程序和产业方式有此物理还原的必然性，就是人类社会的结构及社会观念，也难逃此还原求索的必然之理。

人类临世，最早的观念是物我一体；而后血亲群（群自我）意识成为主流；再后，群自我分解为个体己我；近代以来，以己我为核心的自我趋于绝对化，产生了一系列所谓普世的价值观，如人权、自由、主体，至此可以说，社会单元的分解和人性意识的个体化已登峰造极；几乎与此同时，随着产业方式的更改和人类社会开放程度的加速，人类的公共性诉求和其价值表达，亦开始浮现，相关的世界主义、公共社会、人类共同体之类的观念，外加自然物理观念的普及，非但人域共同体有望追寻，就是人际公共体也开启了知识和规范的建构；再往后，人际共同体还可能跃迁成为存在共同体……

如此的走向和趋势，对任何具足了现代性的个体言，是万难理喻和接受的，可它就是展呈了还原过程的必然意志。惟此惟是，才是真正的以善养善，才有世界的完整与全义。

第二节　智慧的无限与穿透

何谓无限？它是指没有边界，没有始终，不可计量，不可权衡。世界上可以用无限来称谓的，只有本原、本体、本根，以及她的别称原意志，原意志的别称智慧，还有原意志的殊异化诸相，非此而外，就再无无限之说了。明了此意，方能知会世界的梗概大要。

智慧具有无限性，是我们有所知觉却不曾正视的论题。常言说，方寸之间，运行着宇宙乾坤，即是此意。

方寸之说，实是古人已然理解的现象，只是不明就里，无法展开说明，是以一个本应是重大论题的问题，却变成了一个完全无视的问题。人类居留在地球表面，大脑也只有 1400 毫升左右，所见所识、日常经验与动物其实并无太大差别，然而，小至超弦，大至宇宙，前至大爆炸，后至大坍塌，玄至黑洞、暗物质、暗能量，实至原子、分子、氨基酸、蛋白质、神经元，甚至于有生于无、自证还原，世界的本根、本原、本体……无不能想象、推演、觉悟，至于说各种事物的历史、事件、故事之类，亦能依理还原，重述再现。试想，举凡宇宙之中，万物之数，有此作为和能耐者，非智慧无他。认真体会，不难见出智慧的本质品性：她是无限的，具有见解、把握一切的可能性。

人们常说，心想事成。此语有两层隐意，一是说，智慧有此可能性，能够梦想成真；二是说，事实情态中，它还只是一种向往，诸多时候，心想事不成。从中，我们看到了可能性与真实性之间的巨大差距。是什么地方出了问题呢？

我们首先可以怀疑智慧无限性的说法。这个说法或许太过极端，超出了事物的界标。

理解此说，必先行的做法是，区分可欲和可得的差别。说智慧具有无限性，是就可欲而言的，非是说可得。即，可欲与将可欲（可以想象）的变成事实，是两种不同的作业，虽然都与智慧相关，但后者还有诸多别的因素作用其中，要另当别论。智慧的无限性说的主要是可欲之事：智慧可以不受限制地想象一切可以想象的对象，没有边界。至于说，要将能够想象的变成事实，却要依赖智慧再与其所相关的条件、前提、关联关系、对象等发生相互作用，因势而为，然后才有可能性。此表明，想象的无限性与成真的可能性是不能混淆的。

我们不必怀疑智慧的无限性之说，值得怀疑的是，为什么想象或向往的不能成真。

想象的不能成真，几乎是我们经验中的常态。何以具有无限性的智慧却不能造就成真的事实呢？刚才说到智慧若想成真，必得与所想之事的条件、前提、关系、对象等发生相互作用，这些作用关系和过程可能阻止想象，不允其成真。其实，这还只是问题的一面，另一面可能更重要。这就是，无论智慧所被承载的大脑，还是我们所欲的对象，几乎都是物质性的；而且，这样的所欲之中，我们也几乎都是以己我之欲为出发点和动机、目的的，于是，我们的想象和所欲，便必然要遭遇物之有限性的铜墙铁壁，以致处处受阻，事事障碍。

依如前言，凡物都有限。其所以有限，乃因为构成物的诸相是专门化、殊异化、职能化的，它们同构组合，可以成在、养在，却也同态地让在有了局限性和先天的缺陷，以致无法自解自消。这些限制是指时限、空限、性限、形限、质限、能限、法限。物的有限性、局限性、缺陷性限制了物的无限性，所以，若冀在物之中追求无限，是完全不可能之事。此正是心想事不成的根本原因。

非止于此，物的有限性施于智慧的反作用，如前说有二，一是她的载体是物化的，所以，它会限制无限性智慧的功能和作为；二是她所面对的对象亦是物化或间接物化的，这也让她面临着如何去解除和化解的问题。这两种物和物性阻止了智慧的无限性。何解呢？

我们已知[①]，智慧的运行借助了大脑的结构和物理环境。通常情形下，这样的运行包括如下步骤：信息采集、信息传递、信息处理、判断形成、指令发表。如此的运行过程中，感觉器官的灵敏度、准确性，神经元之间的传递通畅及速度（它包括化学传输和电子传输两种方式），处理中枢（如顶下小叶〈布洛德曼 40 区〉、额叶前端〈布

---

① 参见《人脑：自然搭建的智慧网络》，《科学世界》2011 年第 5 期，第 24—29 页；《潜入大脑》，《科学世界》2010 年 11 期，第 8—37 页。

洛德曼 10 区〉、带状前回〈布洛德曼 32 区〉、布洛卡氏区〈布罗德曼 44、45 区〉和韦尼克区〈布洛德曼 22 区之类〉）的处理能力和方式，等等，它们都是由大脑结构和物理功能实现的。这些区域分别具有不同的功能和能力。如额叶前端区可谓之为大脑司令部，具有控制大脑、自我抑制和解决问题的能力；顶下小叶区具有抽象能力、提供概念的功能；带状前回区具有站在他者的立场上思考，以及交流、互助、沟通的能力；布洛卡氏区和韦尼克区则负责语言交流和表达功能。问题是，这些区域是由物质组织的，具体说是由蛋白质构成的，它们必然会出现的问题至少有二，一是构成的完整问题，即有否残缺、不铆合、不协调之类的问题；二是凡物质结构，就有相互间传输被限制的问题。

第一类问题其实非常多见，诸如语言障碍，自我控制力差，少儿多动症，与他人交流、沟通困难，自私多欲，抽象能力不足，缺乏联带反应，等等，很多时候可能是，大脑中的这些区域结构上有不协调、不铆合或残疾之类的原由，它们多是物理性的，很难经由一般检查找到症结。

第二类问题有时与第一类问题相关，退一步说，纵使所有的大脑组织都没有任何问题，相互协调也很正常，亦不能排除物理限制施于智慧运行的影响。这种限制包括，大脑神经元生长有若干树突和轴突，其运行，即是由这些轴突和树突的突触，与他神经元的轴突和树突的突触（通常是树突挂连轴突）之间，相互传输信息实现的。问题在于，神经元是互为自立的，它们的突触之间有距离问题，即有一定的空隙。在神经元必须相互传输信息的需求之下，大脑使用了两种传输方式，一种是电子传递，它适用于没有间隙的神经细胞（元）内部；另一种则是化学酶质传输，它适用于有间隙的突触之间。结果是，传输过程中不可避免地会出现信息损耗、丢失和速度受阻等问题。经验中，我们的思维经常会出现记忆力不足、逻辑混乱、健忘遗失之类现象，有时正是大脑运行和传输过程中出现了物理问题。

以此即知，智慧的无限性恰恰是被物质结构和物性的有限性、缺陷性制约着的。如此，我们便有了所欲与所能的落差。此落差不是我们质疑智慧无限性的理由，反而是大脑的物质结构限制智慧的必然结果。

智慧无限性问题，常与下列论域相关，故值得我们去理解和把握。这些论域包括：智慧与宇宙的熵增，智慧作为与物质状态的改变。

我们先看热力学第二定律与宇宙的热寂死亡①。

1850 年，德国人克劳修斯告诉人类：热量不能自发地从低温物体转移到高温物体。第二年，英国人开尔文再次告知：不可能从单一热源取热使之完全转换为有用的功，而不产生其他影响。这两位科学家所正告的，就是著名的热力学第二定律。后来，这个定律又被表述为熵增定律：不可逆热力过程中，熵的微量增量总是大于零。一个孤立系统的总混乱度（熵）不会减少。

如果说，早期的热力学第二定律只限于关注可视可见的物理系统，那么，它的价值和影响只会囿于物理学和相关技术的领域，问题在于，至 19 世纪末期，随着天文学的开拓，这个熵增定律成为了天文学、宇宙学的重大热点。其大意是说，熵增加必导致系统的稳定（死亡）。在此必然的驱使下，宇宙的行动和命运可作如下表述：天体形成是熵的减少，超星爆炸扩散成星云物质，是熵的增加。第二代

① 相关知识和学说参见［比利时］普利高津：《从存在到演化》，沈小峰等译，北京大学出版社 2007 年版。

恒星从星云中形成，熵又减小。二代恒星爆发……熵又增加。最后，这些爆发的星云物质无法形成新的天体，漫长过程之后，温度逐渐降低至与宇宙微波背景温度（2.7K）一致，其时熵值最高，宇宙便热寂死亡。这就是著名的宇宙热寂死亡说。

20世纪初，人们试图修正热力学第二定律，即熵增定律。例如奥地利人玻尔兹曼提出了熵增涨落说。它说，宇宙的熵不是线性过程，而是有增减的涨落。并且，在熵减的时期，宇宙会产生自我意识，即有意识、有感觉、有思维的大脑。这即是名噪一时的波尔兹曼大脑说。然而，涨落说只是让熵增变成了曲线运动，却无法改变热寂死亡的最终结果。

再后来，又有人修正说，宇宙天生的质量是负熵，所以，一直是负熵变正熵的过程，即质量消耗而变为热能的过程。故只要有质量，宇宙就不会热寂死亡。这个说法中，隐藏了一个假设：如果宇宙有无限的质量，则热寂死亡就不会发生。

我们知道，热力学第二定律（熵增定律）是建立在热力学第一定律基础上的。热力学第一定律是说，宇宙的质量是守衡的。它确定的结论是，宇宙质量固定不变。如果如爱因斯坦所言，质能是相互转换的，那么，一个固定质量的宇宙终将会全部质量转化为热能，直至无限膨胀而热寂死亡。

一个如此悲剧的宇宙，是由局域性的物理定理设定的。他们说的貌似真理，其实只是隅见。20世纪中期以来，上言的隐藏假说终于获得了另外一个假说的支持，这个假说便是暗物质、暗能量假说。现代宇宙学认为，有形宇宙只占全部世界总量的4%左右，其余约23%为暗物质，73%左右为暗能量。这意味着，有形宇宙可能不是一个孤立的封闭系统，它与其外的暗物质、暗能量形成了相互作用关系。基于此，宇宙至少有一种可能性，避免热寂死亡。别的可能性包括星系漂离，宇宙不再是一个完整系统。

这个新说法的最大贡献，是破解了熵增定律，同时，它还依物理的立场和视角，探究了一种可能性：宇宙的有限与世界的无限。强调其物理的立场和视角，是它使用的观念和方式，属典型的西方物理思维。如将有形之外的世界进行定量化的标识，还如将世界的无限本义定义为能量。

说及有限、无限的论题，不能只有物理一家之言，物理所言只有效于有形或实在世界，而世界的完整除此有形或实在世界之外，更有本原世界、相存世界。本体、本原及其所分殊别异的诸相是无限的，与之相应，实在的世界只能说为有限。寻一不太恰当的例证，可将世界比之如汪洋大海，体、相之意如汪洋之水，有形或实在如水中之鱼和其他动植物。惟其注意者，这些动植物是由水聚构而成的有形物，一旦死亡，复归于水。亦得注意，此汪洋是无限之汪洋，非有边界、时空、局限可考。各种海洋生物生存于汪洋之水中，亦是此水的实在显现，它们或游弋、或定居，浑然不觉水有其外；它们有新生，亦有死亡，循环往复，浑然未知生死与水的交换转成。就每个具体的鱼、动物、植物——就如星系、星体——言，其由生向死，就是熵增的践履，而由全体生物与汪洋论，实无有熵增之说。

现在，我们将汪洋置换为世界，便知，汪洋之水便是本原，水中可组成生物的质素为相，诸质素的同构结果便是各种生物，也就是实在。它们之间首先是同一关系，其次也是互通、互换、互为关系。比较而论，实在具有有限性和相对性，而原和相则无限无计。亦依前言，本原即原意志，或更准确的说，汪洋之水就是原意志，她由其阳性所决定，而阴本原更像无视无见的虚空。与之相关，智慧亦即此原意志（汪洋之水）本身。正是因为有此无限之原、因的供给，实在化的宇宙亦无有质量耗尽、热寂而死亡的可能性。

有限、无限的论题，亦即有无关系的论题，它曾被古代中国人、印度人讨论过。如老子说：有生于无。毋庸置疑，无是无限，也是绝对的。无亦可称为空，此空非时空的空。空无的无限、绝对，其义是说，即使在只占比4%的物质之内、之上、之下，它亦不可定义，不可描述，更不要说物质世界之外了。比如原子，它的内部就充满了空，若以原子核为一足球，则电子就远在10公里之外的边缘运行，其间就是空。而星系之间，更是空无所有了，否则，中微子就不能来往自由了。可见，空无才是世界的真，而有，不过是飘泡。

熵增定律设定宇宙是一孤立的封闭系统，又用单一的物理之理去解释这个孤立的封闭系统，当然只能是热寂死亡的结局。相反，若以宇宙只是无限之原的显现，是同一的内部现象，无限的原意志、智慧和相，对有形的宇宙有绝对的支配性，它们构成了无与有的开放性关系，则知，宇宙不是一个封闭系统，它与相、体有着直接的开放关系，无尽的相维和本原一直在供给着宇宙的在了和在下去的需求，并改变其状态。这其中，智慧的特殊价值尤为重要，她不只是供养了宇宙，更会因坎陷加入并渐行改变宇宙，使之符合以在为流的必然性，最终呈现出原意志自证还原的完善和全义。故知，开放的宇宙不会热寂死亡。也不会衍出玻尔兹曼大脑。智慧为世界之本，无需得空才闪耀。

我们再来看看，智慧如何作为，以及她对物质结构及状态改变的话题。

前言有知，我们，特别是我们大脑的成立，主要是性相衍化、择优选择、进化的结果，现在，此说得有别论。性相之功是物理性的基建，它解决的是构造和框架问题，而若要让大脑真实成立，这必须要由智慧再加工，再改造，再调整。

智慧可以改变物质的结构及状态。这是现代物理学和心理学、脑科学正在致力研究的课题。我们首先注意到的事实，来自智慧对大脑结构的改变。前说，智慧以人脑为坎陷之窝，这个窝的成立既是选择所致，亦是改造所成。可以说，选择是一个漫长的过程，当以亿年来计，而改造则时程短暂，几乎可说是人种出现之后才有的事。

详尽说明大脑有多少被改造的地方，实在不是我力所能及的，已知的智慧施于大脑的改造可见下面三则事例。①

第一个例证是神经元的突触（即神经元之间的接头）数量。据观测，人类在1—3岁之间，其突触的数目会达到最高值，3岁之后反而大量减少，最终会减少至最高峰值的2/3左右。也即是说，约有1/3的突触在3岁之后被清除了。我们知道，突触是非常重要的大脑器官，它们负责传输信息，就像导体的插头一样。印象中，这样的接头是越多越好，为什么3岁之后反而要减少呢？这其实是智慧对其载体体质的修改和调试所出现的结果。接头多，固然有利于信息的传输，但过多的接头也会让网络出现不必要的混乱，如婴儿常会出现手脚不协调、不灵便的现象，即此。为了传输的有效与合理，智慧只能施行调整和清除之法，将无效的、不利的突触清除掉，相反，如果后来某些特定传输的需要，智慧也会让某些突触变大。例如为了学习和记忆的便利，树突棘（突触）会变大，以便增强记忆能力。当然，这样的增大是由反复地记和学习刺激实现的。一般说，突触是大脑中很容易改变的组织，这与智慧的开发直接相关。

---

① 参见《潜入大脑》，《科学世界》2010年第11期，第14—29页。

这些都说明，智慧的运作对大脑组织是有重大影响的，她可以改变其状态和结构。

如此影响的第二个例证，是大脑中某些区域的增大。观测显示，人脑中有四个特别的区域，它们功能特别，而且与其他灵长类比较，其块头也非常大，约超出黑猩猩 6—8 倍之多。这些特别的区域是顶下小叶区、布洛卡氏区和韦尼克区、带状前回区、额叶前端区。顶下小叶区包括缘上回和角回两部分，它们的功能主抽象概念的形成；布洛卡氏区和韦尼克区，主语言和表达能力；带状前回区，主站在他者的立场上思考和交流、沟通功能；额叶前端区，主注意力和情绪控制。从其功能看，几乎可以说，它们是智慧表现最为特定的区域，人类正是在这些方面超越了灵长类的他者，变成了万物之灵秀。依大脑结构论，这四个区域的特别增大，直接帮助智慧实现了她的独到异秉。然而，冷静思考，我们不难知晓，它们的改变和增大，其实是智慧直接作用的结果。直接证据有，如果我们在某些领域或事项上过多用功，即某些智力获得了较多的开发和运用，则会出现大脑中某些特定区域改变的结果。如数学家的额叶会较常人大许多，又如出租车司机，因为记忆道路、街名的需求，也会导致其海马体增大的现象。可以肯定地说，开发和运作智慧会改变大脑结构，会使某些区域增大。这表明，大脑只会越用越聪明。

论说至此，可能会有诘问，人类之外的动物脑不是也有改变吗？何以说改变大脑是智慧的功劳呢？的确，世界的能动出现后，神经系统一直都处在塑造和改变中；亦如前言，大脑也是这种塑造和改变的结果。应当说，这样的塑造和改变主要是性相作用的成就。问题是，性相之能造就出了大脑，却无法再作功前行。如此之说，可由两厢事例理解。一是它依势造就出了很多种大脑（人种有 15 个之多，故说），却无法作出唯一的确定，说明它只能为概率性作为，以多托底，至于唯一之选，只能留待智慧自己了；二是它造就了灵长类，特别是它们的脑，却再无力将这些灵长类变成人类，也不能将灵长之脑变成人脑。由此固知，性相之作为只能功进于此，余下之进步实无能为力，得由智慧自己作为了。

知会此意，也是我们理解智慧的要津。若是简单地拿同样的方法和手段去研究小白鼠、黑猩猩和人类的脑，的确会有不少相同之处，比如通过反复的模仿和学习，可以改变脑中的一些组织，使之增大，这对动物同样有效，但是，它不能解决智慧何以为智慧的根本问题。智慧对人脑的改变是根本性的改变，而非是孤立论事。

说及大脑被智慧改变的第三个例证，是大脑网络结构的形成。

无论从何处观察、说事，人脑不同于动物脑的最大之处，是人脑已经形成了一个复杂且完备的网络系统。与前面所说的某些组织的改变，甚至于某些关键区域的改变、增大相比，复杂大脑网络的形成和运作，才是智慧的最大成就。

理解此说，我们比较一下计算机即知。计算机有处理器（CPU）、有内存、有硬盘，而这些，人脑中一无所有。没有如此的配件，人脑却可以推理、演绎、抽象、判断、存贮，甚至于推陈出新，建构出知识体系、文化体系、意识形态，更甚至于方寸之间，容纳宇宙乾坤。其中的奥秘便在于，智慧的无限性，以及她对坎陷之窝的改造。这样的改造既有组织和器官的改变、增大，更在于她所织就的神经交互网络。

网络化，理应理解为原意志以其实自证其真，还原完整的主要法式之一。我们的宇宙或实在世界，其实就是一个巨大的网络系统，只是我们身居其内，见识有限，不能俯瞰而已。至于这个网络系统中，相对自维的次级、次次级……网络系统，那就不计其数了。以此论，大脑结构和运作以网络方式为依凭，实在是不难理解的结果。一般说，网络有显性和隐性之分，我们可以明确地观察到显性网络，却不易观察到隐形网络。进而还应该说，完全孤立的显性网络几乎很难存在。通常情况下，网络的构成与运作是隐形和显性的同构。比如世界由体、相、用三界而成立，就是这样的绝对同构现象。其中，在、实在或宇宙是显性的，而相、体则是隐性的。正是此巨大而又无限的隐性之原与因，才衬托出了有限的果（宇宙）。大脑的构成与运作亦是如此的隐、显同构。智慧本身是隐形的，也是阴性的，而大脑组织器官则是显性的。所以，我们观察和理解大脑，不能只关注神经元，特别是树突、轴突所连结的显性网络系统①，更应该理解和把握智慧，以及组织器官所同构的大脑网络。

大脑的网络系统，正是智慧运作的凭借，其无限性就隐藏在这复杂的网络结构中。当然，依凭载体承载，其无限性不可能完整和完善，受载体拖赘是必然之事。这可以理解为过程中的关联问题。然而，经过无休止的改造和重构，这样的拖赘终将会解除，至彼，其无限性就全义无疑。即使在当下，智慧虽依凭大脑组织器官而运作，然其无限之意也已滥觞。如智慧的创造性能动，举一反三、反五的演绎，文化和知识体系的建构，相关本原的记忆与追溯，等等，无不明示，如此的能动实在是计算机无法企及的。

智慧创建出大脑网络，目的是为自己的运作和无限可能性提供依

① 即便依此显性系统论，大脑之构成也不只有神经细胞（元），它还有神经胶质细胞。它们主管神经元的营养供给，病损的诊断，损伤的修复，残体的清除，其量占脑容量的绝大部分。神经胶质细胞又可进而分为小胶质细胞（主管诊断、修复和清除）、星状胶质细胞（供给营养）、施万细胞、少突胶质细胞等。

载，至少在其初级过程中，这样的凭借十分重要，内中包含了无限性的精妙与神奇，实乃世间仅见。至于过往以后，智慧或许无需这样的凭借，她也有可能废弃其用，也是当然之然。

智慧之能动与创建，不惟大脑之一端，她对我们身体的器官和组织均有控制的绝对性，亦有改造、变通的可能性。如调节体温、维持心脏跳动、控制肠胃蠕动和肌肉运动之类。有的时候，她还可以调整和修复器官的痼疾，治疗病痛。正是据此前提，人类早已从中发明了瑜伽修行和气功健体的执念，期求以此改变肉体的状态。

上述所言的改造、改变之类，可归之为智慧的直接作为类型，与此相对应，智慧施诸物质和实在的改变、影响，更多是间接类型。我们常说，自人类文明史以来，我们既认知了世界，也改造了世界。这里的改造本质上便是智慧的成就，只是她借助了人类的手、眼、脚、耳、鼻的转致，借助了工具的作业，而工具本身也恰是智慧的杰作。

可以说，这样的改造与改变不会停歇，亦会由近及远、由此及彼，而至于全部实在世界。起先，智慧只是为了迁就人类这个载者在下去的欲求，作最表象化的改造，如以智慧的方式狩猎，生成农业生存方式之类，不知不觉之中，许多的他因素和方式，或潜移，或添加，我们在索取中已悄然地改换了境地、平台，为了更多更好的利益，我们认知了世界，也改造了世界，由地而天，由近而远，由实而虚……终将有一天，满足在下去的欲求会变成智慧作为的副产品，我们会完全依据智慧的本意去作为。

智慧的穿透性

智慧之所以具有无限的功能和价值，全在于智慧以其至阴之秉属而不为物域所限，可以自由穿行于一切物、一切在。这即是智慧的穿透性。

现代物理学已允知，宇宙是有限无边的曲面体，它的全部物质是由元素、分子、原子，以及轻子和玻色子构成的。由原子往下推，复知其由质子、中子、电子组成，进而亦知，那些构成质子、中子的材料，主要是由夸克（共 12 种）组成的，这些夸克和包括电子、中微子在内的轻子（共 12 种）被称为费米子，属材料粒子的范畴。由此再行倒溯，这些材料粒子（费米子）和作用力粒子（玻色子，包括胶子 8 种，光子 10 种，玻色子 3 种，引力子 1 种，此外还有质量粒子希格斯粒子），复由超弦构成。推理中，超弦形成于虚无（非实在，如能量态能量），是虚无的振荡，致使了超弦出现。超弦有开弦和闭弦两类。

这一堆知识的准确性和完整性先且不论，仅就它们能够被描述出来论事，足以见出智慧的能力和价值。基本上可以说，智慧在界域固化、各自巉立的实在世界中，并不会被物形和实在阻挡，她可任意穿越，畅行无碍。当然，她借助了工具，如大型粒子对撞机（LHC）、中微子探测器、哈勃望远镜、各种物理实验室、贵州"天眼"望远镜，等等。以此说，似乎是工具的观测和实验导致了知识体系的成立，殊未知，所有的工具均是智慧设计和制作出来的，它们仍然是智慧解析、控制、建构、改造物质的结果。这其中，智慧之于实在和物质的穿透，的确有间接性的表征，可更多的推理并非工具所能实现，它们完全由智慧自身，循由阴柔的潜入和出神入化的神奇之能，一一论断和结论，故不可落俗论说。

现如今，非惟物质构成和结构因智慧而别开莲花，我们所能企及之世界的方方面面，都因智慧而新说异呈。这已成为常态。如前述的大脑网络关系和运作，生命的复制和遗传、变异，宇宙的膨胀和构成，本原的觉悟与灵感……无不因智慧而渐次有章。这些全赖智慧的无限能力和穿透功能。当然，当下智慧的无限性和穿透性并不完整和彻底，许多的障碍、阻隔明显地存在着。究质而论，如此之状并非智慧本身有问题，而是智慧坎陷大脑之后，大脑这个载体的物质状态和物理属性，限制了智慧的无限性和穿透性。此意味着，智慧在施展其无限性和穿透性之时，必得同步改造和消除其坎窝的物质结构和物理属性，使其能适应自身的无限之为和穿透之能。

第三节　智慧的超越与永恒

智慧的超越，意即智慧对实在或物形的超越。或说，她不会为形物、界域所限，能够直指事物之所因、之所原的根本。智慧所以有此超越之能，在于她并非相因所成，而是原意志本身。即是说，是原的绝对性决定了她的超越功能。所以，我们理解和把握智慧，必以她是原的立场去体会，否则，不得要领。

智慧的超越可由以下四义理解：

一、对具体事和物的超越；

二、对感觉和观念的超越；

三、对实在或在界的超越；

四、想象的放逸与超越。

据此，我们可得超越之大意。现分述备考。

一、超越具体事和物的智慧

我们已知，物之为物，不只是任何物都包含有时相、空相、性相、形相、质相、能相、法相，同时也被这些相因所制限，即凡物均有时限、空限、性限、形限、质限、能限、法限。如此限制的后果是，物的在了和在下去处处受阻、处处障碍。可以说，实在世界的所有问题都与这样的限制相关。与此相逆，智慧则不然。她不是物，不是在，当然就没有诸因所致的局限和缺陷。她的困境只在于，因为坎陷，便有了载体之物施予的拖赘、深埋重压的困窘，不过，这种困窘其实是暂时性的，终究会自行化解。此话题先且搁置，容后再说。正因为智慧本身非物，没有物的限制和缺陷，所以，她便能超越诸物、诸事，并为物、事解困、解难。

智慧为什么可以超越物、解物、解事呢？此乃因为，举凡大千世界之中，唯智慧知道，物之为物，不在于它是形体，有质量，而在于它们是诸因或相的同构，物的困境即此诸相、诸因锁制的结果，所以，物之解困，不是粉碎物，而是改变诸相的组合和它们的作用方式。即是说，通过改变相量，可以改变物的结构、功能、用途，如此，物的问题亦有所解。这是一种越果逐因的能力，所有的物或在均无有此能，智慧独领其要，是以她能超越任何物和事，并帮助诸物和诸事解困排忧。

越果逐因之能，也可说为反逆还原之法。智慧的超越功能，正是由此法式开张肇起的。如此作为的成例无以数计，特别于我们这些承载者言，应更有切身的体验和关照。

比如相关能源利用的事项，人类最原始的经验是，直接燃烧植物资源，像木柴、草禾之类，很快，经验让我们知道，这样的燃烧既有负面后果，也有资源稀缺的困境。前者如烟雾对人体的影响，后者如人口增长，资源不足所需。后来，在智慧的帮助下，人类找到了地下的有机矿物燃料。某种意义上讲，它在相当长的时期内，解决了燃料稀缺的问题，且热效高出了许多倍。这便为人类的工业产业，特别如冶炼业的兴起提供了便利。所料不及的是，随着工业产业的兴盛，有机矿物燃料也出了问题，而且是重复出现，且更加严重。它们同样稀缺，还有更麻烦的环境污染，及对人类的伤害问题。

如此之际，智慧再次帮助我们另辟路径，寻找更好的能源资源，结果我们有了水能、风能、太阳能，以至于核能、氢能。这些能源的拓展，极好地缓解了人类的能源危机，但问题并非没有。比如核能，理论上说，它是无限可资利用的能源，问题是，现在它们被利用的方式非常初级，只能使用核裂变的能源，而核裂变有着强大的辐射性，会给所有生命体以毁灭性的伤害。这说明，它是极不安全的能源。不过，事态并没有终结，依然在智慧的帮助下，我们又发现了更强效能和更安全的核能资源，这便是核聚变和核衰变所得的能源。虽然，至目前为止，这些诉求还没有变成事实，可理论逻辑的必然性已清楚明晰，它们是未来相当长时期内，可靠、安全、高级、无限的能源资源。

回忆人类利用能源资源的经历，就不难理解智慧的越果逐因之法，或说反逆还原之法。我们之所以能够找到高级、安全、无限的能源资源，全在于智慧紧扣着物之所由来的路径，反向追逐它的构成之由，从而获得了质子、中子聚变或裂变，必产生强大能量这一物理逻辑的结果。当然，这个结果不当是终极性的，越过质子、中子而趋于相能，应该是更真理性的判据。

还原反逆之法，不只是帮助我们解决求索的困境，也能帮助诸在渐行解脱因在下去而求养所致的对抗、冲突的危机。

我们已知，所有的在或物若冀在下去，必得摄养以为在。这个逻辑的铸成当如下说：任何在都不能孤立自维，它必得与外界发生关联关系，而从外界摄取养源，便是这种关联关系的主要方式；然而，诸相的局限性导致了在或物的天缺，即界域化分割了具体的在或物，分割的后果是，在成为了各自，各自之间因之有了壁垒和隔阂，有了亲恐二致性，事实上也阻断了在果与相因之间的开放性、贯通性，即诸在不能直接摄相；进而的后果是，如此的各自之在若得在下去，因不能直接摄相，就只能运用物理方法去摄养，此物理方法即，以在养在。以在养在是说，一个在的在下去，必以毁灭他在为前提。

　　观察全部实在世界，以在养在的后果，实已导致了一种下流堕落、狭隘化的求养状态，其说如下图所示的逻辑链：

　　　　摄养：

　　　　　摄相——以相养在
　　　　　　⋮

　　　　　　摄在——以在养在

　　　　　　摄生命——以生命养生命

　　　　　　摄利益——以利益养利益

　　　　　　摄恶——以恶养恶

　　上图所示，首先表达了不同界域中，摄养的方式是不同的；其次也表达了这种不同，有下流堕落的趋势，即越来越狭隘，结果当然是冲突和对抗也越来越激烈。这种激烈在生命世界中更加突出。原因如前述，每个在的在下去，必以毁灭他在为前提，而生命世界的情态，除此基设性理由外，它又多出了一条次级基设的限制：生命体必须在生命世界之内获取养源。即是说，生命本身成为了一种界域，摄养必须内部解决。逻辑的严酷性还在发展，当人类临世后，因为人类有智慧帮助，以致人类的求养方式更加服从了物理性极端化的驱使，结果是，人类不只是有选择地区分了养源，即规定有用的生命体和他物为利益、为权利，而弃无用的生命体和他物于不顾；更有甚者，为了获利，不惜以犯罪、战争、阴谋诡计、尔虞我诈诸般恶行之方法和行为，去谋取利益，是以堕落至实在世界中可能堕落的渊底，是为以恶养恶。

这种物理性下流堕落的结果和状态，我们已倍感张狂，亦深受其害，那么，救济之法又缘何呢？打击犯罪，规制行为，建构秩序，虽为智慧所为，却不能视为根本解困之法，只是最浅表的救济，更根本的法式是解除养源有限，其中最重要的途径，仍然是前述的反逆还原或越果逐因之法。

比如摄养行为中的摄食行为，被排在了人类需求中的第一位：吃、穿、住、用、行。在人口快速增长的人类社会中，吃的问题危机重重。人类极力种植更多的农作物和养殖更多的动物，其中的许多方式已非常地科学，达到了专业化、高效化、生产线生产的水平，如袁隆平先生的杂交水稻。然而，这样的手段和方式，也还只是理智解困的当下作业，很难解决根本问题。其实，智慧已经告诉我们，对所有生命体有能量供给意义的是能相，而非被生命体摄养的食物本身，食物只有口感、味道的意义。当然，能相被具有在了各种食物中，在生命体摄取能力不充分的前提下，摄取食物显然是不得已而为之的行为。这意味着，解决问题之路径有两个方向，一是解决我们的摄取能力问题，二是解决能相的直接摄取问题。

当今的生物物理研究，对此两问题均有所涉猎，特别是如何摆脱直接摄食生命体为养的研究方面，还有初步见解。分子化学认为，对所有动物有能量供给价值的，是一种叫腺苷三磷酸（ATP）的大分子（由细胞器转化食物合成后，供细胞摄取），如若进行工业化生产，则动物的摄食需求可在工厂中解决。这意味着，农业、养殖业可能会被放弃。详尽的技术操作肯定还要期待，而且这样的解决方案中，还应包括对摄食者器官组织结构和功能改造的事宜，可这一物理的揭示，显然应了反逆还原或越果逐因法的指向。大分子还是物，但它首先不是动物、植物，其次它可以直接实现工厂化生产，成为可控制的食物产品，结果当然是告别杀戮和食物的稀缺。而此，正是阻止以恶养恶的正途。可以预见的是，以生命养生命当让位于以在养在。

由此固知，智慧之超越性所指向的，正是实在世界下行堕落过程中，摄养方式和对象狭义化，以及由之所造成的残酷的各自对抗、冲突，和善恶二致性之困境的解脱。毋庸置疑，这样的解脱，会惠及所有的物或在。

二、超越感觉和观念的智慧

物有感觉，是能动出现后实在世界中的新事物。顺着进化的延伸，感觉化亦愈益强化，以至当人类出现后，感觉几乎成了压倒一切的行为依凭。当然，这中间更主要的是智慧帮助的结果。智慧帮助和修饰后的感觉，形成了观念的东西。一般说，这些观念早已成为了人类生存和生活的凭借。观念的出现，的确让人与他者有了本质的区别，某种意义上说，人是观念的动物也不为过。

所谓观念，更通俗地讲，就是在下去的诸般说法。它们诸多是动物本能、感觉被智慧修饰的结晶，也有许多是早期群自我时代，群的生存、生活经验和教训的汇聚，至于后来，当然就有了个体化经验的积累，也有了社群教化和意识形态固化的诸多内涵。如此之类，非常鲜明地告诸我们，观念（还有感觉，它更易于表达个体性的欲求）是非常重要的存在背景依赖。而且，因为感觉是观念形成的重要原点，还有界域也会成为观念定形、固化的载体，所以，观念很容易具出界域特征，也很容易被感触器官衡量，结果可想而知，它们的负向性也很突出。其中最主要者，是观念的固守和顽抗。很多时候，某些事物和个人及群体的履历走向、行进结果，正是某些感觉和观念决定的。这其中，物性（感觉是物性的感应性表达）的排他性非常突出，而此时的智慧只不过是给予此物性和感觉以修饰而已。这就是感觉智之为感觉智的因由。基于此理即知，因于物性和感觉而有的观念，其实是物化的，有所特别的地方，是它们被智慧修饰了。

物有固、滞、碍、定和各自化的必然性，与此相一，感觉及由感觉成就的观念，同样有此固、滞、碍、定和各自化的诉求。以此察观，我们不难理解感觉和观念更多的是以在为流、自证其真过程中的阻碍者。不过，现实世界中的情形似乎不能如此简单定论，它们所具出的复杂性，实在不是一个单一原则或定规所能置评的。我们不妨来解析一个实例，以观其窍。

中国的文化和社会数千年来更多的主张的是社群主义、人域伦理，而非个人主义、自由主义，它的最高向往是天人合一、体用不二。依此论，这非常符合刚才说的以在为流、自证还原的价值原则。其间，至少从文化价值上，我们不易找到个体化的固、滞、碍、定的负性导向。比较而论，西方的文化和社会几乎逆向而为，它们以己我为原点，因之铺张出了主体、主权、人权、自由、功利、宪政、法治的文化体系、知识体系、制度体系。无论从哪个角度观察，这个文化和社会是典型的个体化的固、滞、碍、定类型。故结论很容易得出，它们违反了上言的以在为流、自证还原的价值原则。延至当下如今，如此的结论好像还不能一概而论，某些别样的情态已然发生，我们得另行评论。

西方文化崇尚己我，也崇尚功利。这两种东西交合之后，势必诱发另一逻辑呈显：为了获取更大、更多的己我满足（功利是这种满足的主要表达方式），人们必须深度地开发和利用自然资源；而深度地开发和利用自然，又必得依赖科技化的手段、方法，以及支持这些手段和方法的物理原理、定理、原则；据此而进，最终它会让人们突破简单的物理、物性界域，进入复杂、真实、高维的物理和物性世界；最终，物理一旦推演到了极致，人们的己我原点和功利诉求，就会变得虚假和副属化，强硬的以在为流、自证还原逻辑会掩息一切。而此，正是当今物理学最前沿的现状：无中生有，自证还原。

这一逻辑的演化和理解，在当下的西方世界并不具有广普性，普罗大众仍然生活在固有的己我中心和功利至上的观念海洋中，甚至于在物理学界，有此觉悟者也非常之少，但是，自证还原逻辑的刚硬必然性，终会让这一切大白于世。

不说西方世俗大众的感觉和观念，仅就当代物理学前沿理论所彰显的趋向言，我们已有了一些基本的见解。首先会察觉出，东西方曾用了两种不同的路径和方式，最终有了汇聚合流的可能性；其次会看到，一个很自私、很己我的起点，只要逻辑取向没有问题，它的行进方向和结果，也会万变不离其宗；复次还会注意到，有时起步正确，动机合理，如若过程虚化，方式、手段失落，可能会让高超的觉悟沦于空疏；最后最重要的是，无论何种行进和走向，其中作俑者、成就者其实同一，她们都是智慧，是智慧的超越性、穿透性、无限之能让逻辑成为了真理。

此例证给了我们很重要的启示：无论观念和感觉多么低俗、物性化，只要有智慧伴行，终将解锁，从而改变观念，超越观念，让真理常态化。

这样的例证其实很多很多，即使以经验论事，也不乏其例。

很多人都有生存和生命经历中的困境和危难之事，一般说，当事者于困局之中时，多的是困苦、想不开、难受，甚至于绝望，恨不得一了百了。实在说，这样的情态多是感觉和观念所致的结果，是观念的固执锁制了前途和希望，以及解困的方式、方法。故常言有说，当局者迷。于此之际，或者有局外人以高明的道理诱导出局，或者当局者终于自我理会贯通，以致出局，或者是事态变化、困局解开，结果亦柳暗花明，阳光灿烂。如此的经历和故事中，我们不难判定真正的解局者是智慧，是智慧对事态的超越和破局，让困者突破了感觉和观念的锁制，于是才有了世界的别样花开。故知，只要有智慧帮助我们改变观念，淡化感觉，就会改变事态，破开困局。因为所有人的困局、事态、情态都是由物理，或是借助物理、物性设造的，而智慧恰好是物理、物性的克星。关键是智慧的开化程度如何。

说智慧可以超越感觉和观念，以此去形成人类的文明和文化形态，不妨再看一例，以便明证。

前说动物没有智慧，结果是，任何动物都只能囚困在本能、感觉之中，不能自拔。比如相关善的行为和能力。我们很容易注意到，动物，尤其是群体性动物之间，有良好的互助、互利、互爱之善，这样的善在护种、护幼、群体生存、交配对象等方面特别突出。毋庸置疑，这样的善是生物本能驱使的结果，它们与智慧毫不相干。即使某些家养动物会表现更多、更复杂的破界之善，如对养育者、对他者都有善意和善行，那也是若干千年的驯化养育过程中，其生物本能被改变的结果，就使它们有较强的模仿能力，依然不能将其定义为智慧行为。因为智慧所使之善，不只是有简单的破界可能，更有超越界域，趋向终善的必然。实证的事实可展述如下。

人类的善化过程与动物的所能之善，是完全不同的。这种不同既有方式方法的不同，也有本质的差别。从由来观察，人类之善的源头几乎与动物无差别，只是血亲群的善待。这种善可称为群自我伦理。群自我伦理具有善恶的二致性，即对内的善与对外的恶反向而行，都以极致化为表达。这其中，界域是关键。可以说，实在世界中所有的善，几乎都不能离开界域，与此相随，恶也因此界域而被二致。动物之所以是动物，便是其所具有的物性和本能，均无法自行化解界域。它们最高的善，只能及于血亲群，然后就封杀而止。人类在智慧的帮助下，恶和界域虽然一直相伴而行，可界域也不停歇地被破除、被放弃，善一路扩充丰盈，以致最终可以接近非实在的善。

　　几乎可以说，群自我就是人与动物的分水岭。其意义是，形物（包括动物）所能释放的善意，最高能及于群自我，再想前行，就没有可能性了。它表明，群自我是物之善自行释放的终点。人类则不然，他恰是以群自我为起点，再出发去释放其善意与善行的。过程中，他虽然建构了无尽的界域和自我类型，可其善也在不停地再造重建。而此，正是智慧的赏赐。

　　群自我伦理之后，人类先后经历和正在经历着熟人伦理、地域伦理、群域伦理、契约伦理、公共伦理、人域公共伦理、人际伦理，等等，它们已构成了一条稳固的演化逻辑链。这根链条最大的表征是，低层次的界域一直在被消解、被放弃，当然，有许多残渣也一直被保留着，但主要的内涵和进动方向，是异常清晰明了的。依此逻辑演进，可以预见，它的未来还会出现存在伦理，以及更别致的伦理形态。

　　界域的破除和展拓，是伦理演化的主要方式和结果，同时也是人类文明演化的主要表达，它的意义和价值不可限量。其所以如是，全在于智慧具有超越事、物，和破界穿透的功能。正是这种一直不为我们在意的功能和能力，让我们不知不觉中超越了动物，成为了人，也将继续前行，成为非人。

据此不难知会，只要我们改变观念，放大自我，任何事态均可获得改变，任何困境和制限，也会因之破解和变通。当然，智慧之无限能力的完全释放于我们言，还有时程的延伸和空间状态的相变问题。这是因为我们作为承载者，其物理和物性还有待变异，故其完全的超越和无限之功业，非当下可为。

三、超越实在的智慧

智慧的超越，并非仅限于具体的物、在、事、境，她也对全部实在或在界有超越的必然。在或物是由诸相同构而成立的，也因为诸相的专门化、殊异化、功能化，才导致了在或物的禁锢和各自，让它们有了固、滞、碍、定的堕性。以此论，任何在或物都无法自解自化。可是，我们所见到的事实却与此大有别异，前面所说的伦理演化的逻辑链即是明证。在智慧的作用下，诸般界域消解了，善意扩展了。何以智慧能够化解界域之困，拓展善的意愿呢？其说可由二理明辨。

道理之一是，原意志的变相之作，本身包含了善意，其主要者，即是诸相的互养、互助。若非形固和界域之隔碍，此善意一定会无限放大。即便有形固、界域之垒阻，互养、互助之善意也会极力变通运作，支援、推怂着在界的复杂化、多样化衍化。如原子中的共价现象、生命世界中的共同进化之类。应该说，实在世界中最基本的善意一开始就形成了一种实在原则，这个原则可称为在的亲恐二致性，意思是：亲其所亲，恐其所恐。正因为有此原则，才让原子、分子、元素、组织之类的在之间，有了互养、互助的关系，如此方衍化出了复杂、多样化的实在世界。当然，其中亲的反面恐，也起了另类的作用。这个另类的作用既助成了衍化的可能，或复杂化、多样化的可能，同时它也限制了善意的无限扩散。即是说，它更多地是要捍卫各自和界域的效用、功能，更多地去损害或败毁他在。也正是这个因由，限制了互养、互助之善意的展开，让诸在和物不能自行化解。如此，我们得看第二个道理。

道理之二是，原意志谴出诸相之后，她就是善本身了。此善经分裁而成为智慧，则智慧有二义：既是善，又会去表达和实现、实践此善。这样的表达和实践所必须面对者，便是上言的形固、各自所成立的恐，或说，她只有化解了形固、各自和界域之恐，方能让善完全展开。我们常言，以物解物、以物化物。其所指，本意非是说物可以自化，或一物可以去化另一物，那是不可能的，物之所能是败毁他物、灭失他物，而非化物、解物。化物或解物的本意，是以因解果，或以相解物。

言说至此，就不难联想到前述过的越果逐因，或反逆还原的命题。在或物既然是由相构成的，在或物的负性现象同样由相因所决定，则知，解决问题的要害就应当是相因，而非在果。路径的指向已经越出在、物之界，即只可在相界做文章。这样的重任当然得由智慧来担当，任何物都无能为力。现在，我们终于知道了智慧超越的本意：超越实在，超越在界，以因化果，以相化在。而以因化果、以相化在的目的，正是让诸在所内具的善意尽情释放出来，从而实现以相养在的完善。

相因不可测，不可见，当然就不能量化研究了。此于智慧言，也非难事，她可以超越和穿透之能去其形、去其固、去其各自、去其恐，直究其所以之因，然后以因解果，以相化在，终至以相养在。

超越实在，以因化果，以相解物，去其恐，去其各自，去其固滞，终以实现以相养在，正是世界之在化过程的转折。它让自来的单向在化运动，转折成了以在为流、自证还原的践履。以此会知，智慧的超越并不会止步于越果逐因这一境域，可以说，进一步她还会超越诸因诸相，反逆还原至原意志自身。因为诸相的专门化、殊异化，虽然无形无影，可其隐状和缺陷还是明确无误。这样的隐状和缺陷，并非原意志所欲之完善和全义。故知，智慧会继续前行，进而超越诸因诸相，最终证成自我的完善和全义。

四、想象的放逸与超越

我们具有智慧，所以我们也有了想象能力。想象是一种很特别的智慧现象。前说方寸之间，容含着宇宙乾坤，便是此想象的极致概括。想象之为想象，是说智慧通过思维本身的推判、演绎、分析、研究，得到了某种超常的结论，其中虽然有经验、知识、事宜、状态之类的借鉴，可其结论非一般的科学研究、技术实验所能肯定，它们有超常、非凡、出乎意料的效果和表征。大要言，我们所说的想象可以分说为五种类型：预测类型、设计类型、幻觉类型、梦境类型、觉悟类型。

设计类型的想象最接近科学实验和技术选优，不过它通常不会借助实验和操作手段，而是仅凭智慧本身完成的，有人喻此为思想实验。这样的设计多会出现在如个人前途、群体运动、国家命运、社会价值走向、竞争过程和结局等方面。它可能是一个人的想象，也可能是一群人的想象。这样想象最大的后果是，当下的状态和必然后果因为想象的加入而改变，出现了当下事由所不可控制的结果。当然，能够成为事实的设计想象并不普遍，更多的此类设计大多只停留在想象之中，无法实践。

预测类的想象也非常流行，小至占卜算命，中至当今的预测学，大至某些特别人物之于历史演化、社会发展、社群命运的预言之类，均可列入预测想象的范围。说它们是预测的想象，同样是因为这样的预测无需实验、操作的凭借，只凭思维的推演即可表达。还有必须提示，其中无疑有预测人相关知识、经验，和专门技艺的依凭，此是一定的。

预测之想象，最容易引发人们的兴趣和趋骛。个中原由与感觉智直接相关：己我的欲求和向往，会驱使智慧去追逐一切有利和自为的可能，而预测之法很容易满足这样的需求。一般说，预测的需求虽然炽望，可预测之想象能否成为真实，却要另当别论。因为，即便是纯粹的思想想象，可赖以据判的因由、要素实在太多、太复杂，非常思所能穷尽。比如算命，一个准确的命应该包括九维之量，它们是上三命：天命、地命、人命；中三命：时命、域命、群命；下三命：性命、身命、业命。现实中，算命者能及于下三命之一二，已然不易，更惶论中三命、上三命了。然而，预测之想象中，的确充分表征了智慧的超越功能和价值。

幻觉类的想象，我们应不陌生，它包括诸般白日梦、发呆、走神、痴迷之类的表象行为。这样的想象容易发生在，人生阅历不足、知识修养不充分、较多理想与欲望、或精神有某些痼疾、或精神贫乏者的人群中。它的特点亦如上言，不顾及现实状态中的事实、条件、可能性，尽情地依一己之愿去想象所欲的可能性。通常情形下，幻觉类的想象并无大碍，只要行为不涉及他者，或不付诸行为，当无妨，可说就是一种精神满足而已。不过，极为罕见的实例中，有的幻觉可能会导出真实的结果。

梦境类的想象，与幻觉类的想象有非常近似的表征和表现，说为一个类型也不为过，然而，差别也还是很明显的。第一个重要差别是睡与醒的差别，这意味着它们的可控性亦有差别；第二个差别是，梦境更加自由，更容易失控，更加不可想象，不可理喻，更复杂多样化，而幻觉多半可以自行编排，当然，有些梦也是编排所致，可这并非常态；第三个差别是，有些梦境有明显的预兆意义，比如相关身体的隐疾、生活状态的暗示、追求向往的提示之类，而幻觉则很难如此。如此之类，实足以分别为二。

大多数情形下，梦境与己我直接相关，所谓日有所思，夜有所梦，即此。这其间，己我所思所引发的梦境，通常会受制于梦幻者的阅历、知识状态、精神意境等前提条件，如果知识不足够丰富、精神境界不足够高雅，多会致使梦境只能困扰己我，绕小圈子，难以出奇致远，反之则不然。

梦之为梦，是说它可以脱离时空、场景、关联性而任意往来，不受拘限，可以设造出不闻、不见、不知、不有的状态、事态、场景、人物，其神奇玄妙之至，是现实生活中万难比列的。

梦境中，我们可去阴曹地府，可去太空遨游，可去北极，可去昴星团，可见太阳系灭失，可回游没有太阳系之后的地球处所，可见死者，可遇不相识的人，可与柏拉图、列宁辩论，且时隔数年后，同一主题的辩论还可接续进行，直至对方认输，可与黑格尔、庄子相叙，可上下数千年，可纵横亿万光年……这其中，思维的放逸、穿越、任性、无限之意，当谓淋漓尽致。

觉悟类的想象，是所有想象中最具真理性的想象。它排开己我、事物、场景、时空、性状诸多依凭，甚至于也排开实在、感觉智、理智，直奔主题，去还原本原的绝对与无限。这种想象的主导性结论，是由智慧的终极形态性智呈出的，所以，它是顿悟、直觉、灵感之类性智觉的表达，实非常人所能为。某种意义上讲，所有圣哲的学说、理论，均可视为此觉悟类想象的成就。如伏羲的八卦说，老子的阴本与道论，印度仙人的神我大梵说，等等，均是其例。

本节的第二个话题，是智慧的永恒性。

与所有的物或在有时限、空限、性限、形限、质限、能限、法限相比，智慧不仅无限，而且亦可谓之为永恒。因为智慧没有这些相因的限制，故可以无限、永恒，超越实在，穿透形物。

我们为生命体，即是物或在的一种形式，当然就具有了物性或物理的基本特征；同时，我们也是智慧的承载者，以此，我们也知晓了智慧的奇异性，以及她与我们的关系。在这样的关联关系和对照的感悟中，我们能发现一些神奇的东西，比如，何为我或我们？说肉体是我或我们吧，我或我们又具有智慧，智慧让我们知道，她与物、在非同质同类；说智慧是我或我们吧，我或我们又离不开肉体。如果说，我或我们是智慧和肉体的融合，貌似答案正确，可问题更加复杂。为什么我们的肉体要死亡，或者说，为什么肉体死亡了，而智慧好像并不死亡，那我或我们是死亡呢？还是不死亡呢？

这些难解的问题，指向了世界的要害：有限与永恒的结合，我们成了这种结合的纠结者。

如前所述，凡在或物均有限，即一定会死亡。以物论己，我们逃不脱死亡的必然。可是，我们碰巧又承载了智慧，智慧永恒不灭，因为她无形、无质、无量、无时、无空，所以无所灭，故不灭。一当她与我们相融，又成为了我们的主宰之后，我们便因其永恒性而多了一种向往：亦永恒不灭。这个永恒不灭是说，我们既已是有限与永恒的结合，当然就希望将有限的也变成永恒，即将又死、又不死的结合，变成不死的永固。想法似乎不错，可我们并没有搞清楚为什么有死，又为什么有不死的因由，也没有搞清楚为什么我们成为了又死、又不死的纠结者。

论题必须追溯到为什么有在的发轫处。为什么会有在呢？乃因为原意志要以其实自证其真，于是她自我变相，继而成在。在是专门化、殊异化的诸相同构成立的，所以，它必然有各自、亲恐的表达，即必然会固、滞、碍、定，而此，恰不是自证之所向。原意志的自证只是借诸在为凭借，形成以在为流的大势，最终化解诸在的各自与亲恐性，但是，在成功化解之前，诸在的自在状态一定得允其保留，于是，这就出现了既必需有在，而在又有可能固化的二难情态。解难的法式有二，一为近解，可解燃眉之急，一为远解，可资自证其真。

近解之法便是用死亡去其固。这一法式早已由相限所内置，无需外力追迫。所以，包括我们在内的物的死亡，就成了一种实在原则：任何物，一当行进至相当量态，必得毁灭其形，也就是死亡。

远解之法，便是我们一直讲的智慧的坎陷介入。智慧以其无限、永恒、穿透性之类的奇异能力，融入实在，进而诱导、引领、化解实在，以便诸在最终不再各自、亲恐、固滞，结果是，诸在之养，不再求之于在本身，而是以相养在。至彼，方能说在有永恒之望。这种解除有限的法式，非当下近程，它是极为遥远的期待。而生逢当下的我们，却有幸成为了这种有限、永恒的结合体，也正是因为我们承载着永恒，所以我们较之他在、他物，便多了一份向往，也或可说提前有了一份向往：为在的永恒。想法并不错，可事理道义未能全显之前，这还只能是一种非分之想。

这个事理道义又是什么呢？那就是，我们只有优先还原了我们的自我，或即说，我们只有化解了感觉智，甚至于理智，由之而步入性智的境地，证成了原意志的真，这样的永恒方有可能。在此之前，我们依然是有限与永恒的纠结者，该死的必须死去，该永恒的一定会永恒不息。这就是我们的现状：肉体不停地死亡，智慧生生不息。

当此之际，我们的定位很关键。我们是肉体呢？还是智慧呢？如若是前者，那就等待死亡；如若是后者，那就是永恒不息。换言之，放弃即永恒，固执即有限。这个弃或执的核心便是自我。

第四节　智慧的全息与全义

智慧非在，亦非相，所以她没有殊异性的缺陷和限制；智慧是原意志本身，亦即诸相、诸在之原、之本、之渊，所以她能穿透物、在，具有物、在所失缺的无限性、本然性、永恒性，亦可说为具有世界的全息性、全义性。

全息之说，假借了物理的用词。20 世纪中叶，量子理论的研究者大卫·玻姆提出了全息理论①，他以此被封为了全息论之父。玻姆在他的量子理论研究中，发现了隐变量现象，以此为契机，他进而提出了全息理论。这个理论认为，宇宙是一个不可分割、各个部分之间紧密关联的整体，任何一部分都包含着整体的信息。据此理论，物理学发现了超距作用、量子跃迁、量子纠缠等现象。

归结起来，全息论解决了实在世界中两个非常重要的物理问题。其一是，所有的物或实在，均是由同质的相因（隐变量）构成的，这说明宇宙是一个整体；其二是，不论物的形态或样态如何，因为是同质的相因所构成，所以可结论说，任何一个物都包含了整个世界，诚如佛家所言：一尘一世界。

---

① 全息理论及相关延展学说，可参见 ［美］D. 玻姆：《现代物理性中的因果性与机遇》，秦克诚等译，商务印书馆 1999 年版。

　　玻姆的学说带来了物理研究和实用技术的巨大变化。首先是彻底摧毁了绝对单元（如原子）说，即世界不是材料单元的叠加，而是由各种物之所以构成的相因（隐变量）所决定的，材料单元也由这些隐变量构成，并且被决定了具有重构复合物的功能和价值；其次，隐变量具有绝对性，它决定着全部有形世界或可见宇宙，而自身却无限无量，后来出现的 6 维、10 维、11 维，甚至于无限维空间说，暗物质、暗能量说，便是全息论延伸的新学说；再次，因为隐变量具有无限同质性、关联性，便进而决定了一物理现象：量子之间具有传递信息的能力和必然性，而不论（如向相反方向发射的）任意两个量子之间的距离多么遥远。这便是量子纠缠，由此，可以开发出量子通信技术。或可说，全息理论带来的物理新发展远不止这些，将来或许还有更多的发明和创新。

　　全息论强调的是世界的整体性、关联性。其所暗含的意思是，世界的有限和状态由隐密的无限所决定。所谓全息，即是说，任何物都包含着构成世界的同质因由，并被这些因由（相因、隐变量）所决定。可以说，全息论是一非常合理且最符合世界本意的物理解释。它的展开学说除上述外，还有如生命世界中的配子说：一粒配子包含了生命体所有的遗传基因，一旦展开，就会出现一个完整的生命体。这样的说法亦实证了朱熹曾说过的一个命题：藏诸仁，显诸用。

　　问题是，全息论的充分和完整只是物理性的，或说是物理解说的完整，或说是实在之为实在的完整，或说是世界之所以显现的完整，而非本然性的完整。我们知道，佛家说一尘一世界之后，还有一句：一花一如来。何为一花一如来？说的是世界显现的价值不是在了本身，而是还原为如来的真善、完整。也即是说，世界的完整有两层意义：一是显现和展开的完整；另一是自证还原的完整。如此之完整才是真的完整。故知，全息论只是物理性的，或物性的概念，它涉及不上本然性的完整。

何有此说呢？问题还在物之为物、在之为在的关键处。此关键是，物由诸相（隐变量）构成，而相是原意志的殊异化、功能化、专门化的庋藏，结果是出现了形固和各自之必然，而此形固、各自之必然，任何物都不能自化自解，就使物具备着世界完整的因由，也只是具备而已。抑或说，任何物都具备了世界的善意，但要无碍地释放这样的善意，却非常困难。当然，相对而言，材料单元之物较之复合物更容易释放这样的善意，如量子纠缠即此。正是如此的困厄，我们所看到的完整，其实只是世界所以展开、所以显现、所以成物的完整，而非完善的完整。

如何化解这样的困厄呢？如前所言，非有实在之外的强大外能加入，诸在的固、滞、碍、定，是无法自解自化的。这个强大的外能便是智慧。智慧是原意志自身，她有无限、超越、穿透、永恒之能，不为形固所限，所以她能知晓显性世界和隐形世界的关联性，所以她可以透过形固去确认隐变量的绝对，所以她可以超果逐因、反逆还原，所以她可以以相化在、以因化物，以相养在。如此之意表明，不能化解物之固、滞、碍、定，绝非原意志阳动显化、以在为流、自证还原之本意，亦非所属之完整。而此本意和完整，即是世界的本然性。

现在，我们因由玻姆之说，知晓了物理性或物性的完整即是全息，而包含全息在内，世界的以在为流、自证还原的完整，则是本然性的完整，亦说为世界的全义。世界的全义，才是智慧之为智慧的根本。

第五章 智慧三态

智慧坎陷的使命有二。

实在或物的形固化、各自化、物理化，决定了在只能为在，只能有亲恐二致性，只能界域固滞，而这些恰正是逆扭以在为流、自证还原之必然性的，于是，原意志只得再次舍身自救，以坎陷之法式融入实在之中，以期扭转格局，转化形态，真正实践以在为流、自证还原之必然。以此即知，转折诸在的样态和在下去的方式，是智慧坎陷的第一使命。

然而，坎陷并非广普均沾，它只有寻求出特殊的载体方有可能，否则，坎陷是不能成立的。此特殊是说，它足以承载智慧，并正常运行、作为。问题是，特殊的载体虽然特殊，足以承载智慧，可它依然或首先是实在，是物，所有的实在性、物理性均齐备无缺，甚或应该说，由于经历了优选、优化的过程和性相的集约化，它的某些物性较之一般的在更加强势，而此，恰也意味着滞碍固化、界域各自、亲恐执着的更加奇异，所以，坎陷同时即表明，智慧必优先化解载者的奇异性，然后才有可能进而化解诸在的物性、物理性，实践还原自证之履。因此即知，载者的优先化解、解脱，是智慧坎陷的第二使命。

使命二的执履，不仅程度高难，而且具有先决意义。所谓先决意义是说，一当它能够实现，让载者自我化解，则诸在或物的化解即会水到渠成，非为难事。因为，物或在始终是被动的，而载者却有主动的能动性，此能动性若未得调动出来，所求之化解、解脱必定无果。故说其先决意义理当认真对待。

主观能动地追求自化、自解，当然是不易之事。人类自有解释哲学以来，于此论题用力甚多，特别是东方文化中的高精部分，几乎均以此为学说道理的鹄的。致力于明心见性、灵感直觉、修身养性、转识成智、以智去智、致良知、体用不二、诚明中庸、乾心坤德、道法自然、三谛圆融、菩提如来、梵我不二、理气一体诸终极原则的体察、解说。其觉悟、神会之致，可说无与伦比。问题是，先贤圣哲们的觉悟、神通足够高深博远、精专厚达，可其与世俗社会、人众的脱节、隔离，也是确实不二的事实。或即说，圣哲们的大道理很难为世俗人众理解认同，就算有认同，行为的同步也会难以为继。

先秦儒家曾发明了一种求善的方式，他们主张从最可能、最近、最小的善做起。如孔子主张百善孝为先，孟子主张培养人的四端之心，而后可以积小善为大善，终期大善广普化，成立化解己我、证成终善的终极。后来，宋儒也讲究集义敛性、尊德道学，其法亦如出一辙。佛家自知高理难继、索性变通法式，用宗教之手段诱人入鹄，用轮回积善之法强令俗众皈依从善，可解告慰之急，却无改人类状态之固。如此这般，隐约中也见出圣贤们意境高难，然身后的背景和依凭多有农耕文化的格调，未能触及实在之所以为实在、物之所以为物、人之所以为人的要害。要害不解，何以解身形。是以得理会，主观能动的觉悟和终极善的践履，必得透物之所必由、人之所必立的内质，而后方能渐行渐觉、渐进渐成。

要害若何？要害即诸相的专门化、殊异化所构成的形固、各自，以及它们的物性；要害也是人类不仅有了这样的形固、各自的物性，更有了智慧坎陷所必致的己我的固执。唯有化解了这样的各自和己我，转化在流、化解物性，自证还原方有期待。

何以解？何以化？智慧是根本之本，她的融入、同态、自足、神通、觉悟、还原，才是必由之路，非此无他。以此，我们必须了解智慧的样态、状态、过程与本质，舍此而外，别无正解。

智慧的样态，依其坎陷的方式和过程，以及结果为径，可说为三种形态。她们是感觉智、理智、性智。本章所论，即此三态之梗概。

第一节　感觉智

智慧有化解界域和自证其真的可能性和必然性。常情之中，我们对此不以为意，当然就未曾深思熟虑，于是，一个之于我们很本质性的话题，反被置诸了不闻不问的境地。应该说，智慧的自证与化解，其由路和法式既奇异，又很平常。奇异是说，她的此种能力超出了实在世界之外，为世界之仅有；平常是说，她细雨润物，循序渐进，于我们完全不知不觉，以至于我们不以此为论题入眼。

我们已知，在之所以是在，物之所以是物，全在于诸在的各自化，以及由此而有的亲恐性。这种性状支持了诸在的在了和在下去的诉求，而此各自也恰恰是实在世界出现缺陷和冲突诸般问题的原因所在。可以说，如果实在世界只有在或物而无我们，则其缺陷和问题会永远在下去，无有解法。因为我们在了，这样的状态方出现转折，有了化解的可能性。为何我们的出现会导致实在世界转折和化解的可能呢？原因是我们的智慧。即是说，其实是智慧有此转折和化解的能力。我们不过是承载了智慧，于是，实在世界的走向和前途，便与我们相关了。应该说，我们的特定性即是智慧的专属所在。

凭心而论，我们的物性一点也不弱于其他的在或物，甚至于应该说，较之一般的在或物言，我们的物性更为强化和殊异。此乃因为，性相在优选和造就我们的过程中，更让我们有了物性的能动和自维可能性，而此，恰也是强化和固化物性的必然结果。亦如所知，这样的造就并非为了物性的固化，而是为了智慧的承载。问题的诡异在于——常人所理解的智慧，或我们所执迷的着处是——有智慧的我们，比一般的物或在更加固化，或更有能力固化物性。这样的现象和状态，一直是我们自有以来的常态，如此，又该如何理解和解释呢？

答案如前述，智慧坎陷之首要，除了要优选出适当的载体之外，就是她得与载体相融合一，特别是与其性相相融，迁就其所欲所求，以此获得控制、主宰和自足的先机，而此，即是智慧自我的缺陷化、假化。唯其如此，才能引领载者觉悟化解、自证成善。以此即知，智慧坎陷必意味着智慧的假化，或说首先是智慧的假化。这种假化的智慧就叫感觉智。

感觉智，可谓之为凭借感觉而成立的智慧。感觉包括动物本能，以及由视觉、触觉、听觉、嗅觉、味觉等所形成的感受组成。在动物中，这样的本能和感受由神经系统导入、导出，从而形成生理反应。一般说，动物的生理反应有固定的界域，一是身体本身，它会因于其功能、机能反应形成好与坏的判断，即对自己有利或不利的本能；二是部分动物继而进化出了血亲群的界域，会在一定的条件和前提下，形成种群内的善意。后一种界域之善较之第一种界域之善，显然有了扩充和突破，所以，它们多在哺乳类动物中出现。问题是，除家养动物之外，动物所能为之善，或善的感觉会就此打住，无法再突破。此表明，性相所能驱动的善意非常有限，它们无法破除感觉和本能所形成的界域。此界域即个体的各自和血亲群的各自，以及由此而有的亲恐性。据此可以说，群自我是物性衍化和物理会聚的终点，至此，物性之善无力再进步。

感觉智便是循由此感觉和本能的基设，而成就的智慧。它的物理前提或预设即物之各自，其不同之处在于，智慧附着于感觉和本能，不是叠加，而是在神经反应之上加入了智慧的包装和修饰。这样的修饰和包装，可以完成神经反应所不能的推理、归纳、分析、综合、分类、定量、对比、参照、借鉴、依托、跳跃、超距、反逆、因果联结……多种形式、方式的综合操作，从而更有效地实现各自的善的诉求。当然，此中的智慧不只是有能力实现这样的修饰和包装、改造，更重要的后果是，她完成了对各自的超越，使由机能、本能决定的各自变换身形，成为了一个几乎由智慧主宰的新的实在：自我。自我由物理的事实和智慧化的观念两厢组成，其特别意义在于，各自的所欲所求，不只是由感受的善好决定，更有说法（解释）的包装和铺陈。因此之故，人类之自我的固执和固化较之动物、植物的各自，无疑更加强势。

自我的闪出，是人类智慧自维的开始，故可认为实乃人类知识和文化、文明演绎的原点。不过，应当特别提及的是，人类之自我在其起源和早期并非个体性的，反而凭借了血亲群的承载而成立。所以，彼时的自我实为群自我，个体之己我的出现，是很晚近才有的事。从此，自我成了一道界域，人类社会中因之出现了群己之别、他我之分。自我亦变成了价值取向的原点，即善恶好坏的取舍、判断，一依自我而有定。正是据此延续、延伸，我们终于形成了知识体系、文化体系和意识形态体系。

自我，是智慧坎陷成立后，第一个重要成果或产品，亦可说为假化之感觉智的核心，当然，更应该是人之所以为人的端始。故知，理解感觉智，必得优先理解自我。

自我的第一义是群自我。它是人类文明兴起的端点，亦是人类自我意识和观念的原点。群自我的基本意义在于，一个血亲群犹如一个自我。它以群为界域，将实在固有的亲恐性展现为善恶的二致性，以此生成群自我伦理。善恶二致性是群自我的核心价值观。其义是，对内绝对的善，对外绝对的恶。这种极端的二致性，其实不是智慧的原创，它来之于性相所塑造的亲恐性，所以，其本质是动物性的。我们素知，但凡群居性动物，主要是一些哺乳类，它们都有很好的群自我属性。放下其中的一些特别习性不说，基本的事实是，群自我支持了这些群居性动物的生存和繁衍。

这样的动物属性一直延伸到了人类之中，大约至狩猎时代的末期，人类中的群自我现象已臻于极致。亦即说，其时所表达的善恶二致性，是人类有史以来的高峰期。原因有二，一是，此时的人类已具有了智慧，智慧的加入，让群自我和它的二致性更加完备，更加极致化；二是，狩猎时代的末期，正好也是地球地质和气候环境的一个非常严酷的时代：最后冰河时代，长达6.5万年的严寒致使地球生物资源锐减，人类的生存由此而坠入极危状态，于是，群的重要性在高压的生存环境中被特别突显出来，这是群自我极致化的物理原因。秉承着动物性而来的群自我和它的二致性，一直延伸到了农业文明初期，此后，因为出现了农业生产方式，出现了定居和聚居的事实，其状态才得以改观。

群自我的绝对性，在于其中没个体己我可言，一依群的意志——

其代表者即家父，所以汉字中的我与父二字，都源发于武器的象形①——为全部生存、生活的依据。当然，这种意志中还有着神意的内涵和包装。以群自我为自我的缘起，其中隐藏了智慧的用意与玄机。

其一，自我为群我，而非个体之己我，实是框定了自我的前提，自我是复数的，唯有复数的自我，才有变通和超拔的可能性，而绝对个体的己我，只是物理性各自的有智执着和固守。

其二，自我并非居定不移的状态和观念，它会随着情境的改换而变化，即它实是一变量性的概念。

其三，智慧假自我登场，更便与载体的融合并进，即她通过塑造自我而与载体合一，从而摄取了主宰和控制的机巧。

其四，智慧不只是塑造了自我的观念、意识，还沿着自我之所欲，不停地塑造出了后续纷至的相关概念、观念、产业形态、范畴，以此彰显自我的价值和意义。这些概念、范畴、观念包括：人格、主体、主权、权利、自由、民主、法治、宪政、人权、科学、技术……此举极大地满足了自我之所欲，同时，也成就了文化和文明的构建。

其五，智慧的塑造和建构是一回事，她的另一面我们亦得认真理会，即她也在悄然地解构、化解这些概念、范畴、观念。这样的化解、解构通常不是否定、抛弃，也不会激烈，而是因循改造，润物无声，渐变渐蜕。

当然，这些用意与玄机并非自来彰明，它们也是渐立渐成的，其中的一些道道直至如下当今，我们才得以清理出头绪。

群自我的有效性，实来源于狩猎时代生存环境的险恶与艰难，而

---

① 相关"我"的起源与沿革之论，参见拙作《说我》，《中国社会科学辑刊》2009 年春季卷，复旦大学出版社 2009 年版。

其塑造的成功，也是因应了此环境和外部压力，同时还凭借了物性中
的亲恐二致性的前设，因此，人类便自然而然地形成了这样的观念和
意识。

　　不过，更深刻的思考中，我们应该还有如下的把握：自我本来就
是一个绝对的概念或名称，她是原意志的本称，即本原自我，或称真
我，印度人叫她神我大梵，故有世界全称的含义和意义。智慧作为原
意志的分裁，她以此自我去定称其被塑造者，亦承载者，其理当然。
它表明，智慧既是自我本身，亦已与载者融合为一。自我便是如此情
状的确定。此外，我们的自我亦可视为本原自我的分裁，所以它也有
了还原本原自我的必然性。智慧的如此作为，不只是要有此确定，更
是为了未来，此自我向彼自我还原自证，铺垫同一性的前提，是以有此。

　　如此之意，实是我们应当理解和觉悟的。这其中，我们亦不能忽
视它们之间的差别。群自我之自我非但是分裁之自我，更是此分裁之
自我与载体融合之后的自我，它带有确定不移的物性基设，也必然优
先接受物质欲求的满足，而后方有更新和改造的可能性，若不能如其
物性之愿，则化解之说当会沦为空谈。正是据此基设，智慧必得充分
满足载者的物性欲求，而后方能渐成渐化。

　　据此，群自我成为了人类的出发点。

　　群自我的第一个遭遇，即是自然环境和它的生存场境。经由智慧
的引诱和帮助，人类用猜测之法建立起了神灵意识与观念，这便是非
常具有广普性的原始自然神观念。它几乎遍及了所有人类群体，并因
此有了人与自然的共通性、统一性的格局。这样的猜测结论和状态，
肯定无关真理的评判，不过有两点值得注意，一是它关于神的猜测，
实可视为它是相关本原或原意志记忆的错觉；二是它在朦胧中咬住了
与自然一体和谐的根柢，应是功德无量的设定。后来，这样的猜测还

本原自我

各种自我得以
生成、演化，
然所向之志却
不可更改。

群我

东西方分岔：东方寻由群
我直线前行，由之渡向本
原之我；西方则解析了群
我，逆向滑落成了己我，
再由己我渐以进阶。

人

己我

群自我：动物的最高进
阶，或性相之终极，因
物理禁锢所致；人的出
发地，因智慧而破解物
理之锢，以此得以还原
本原之我。

群自我

动物

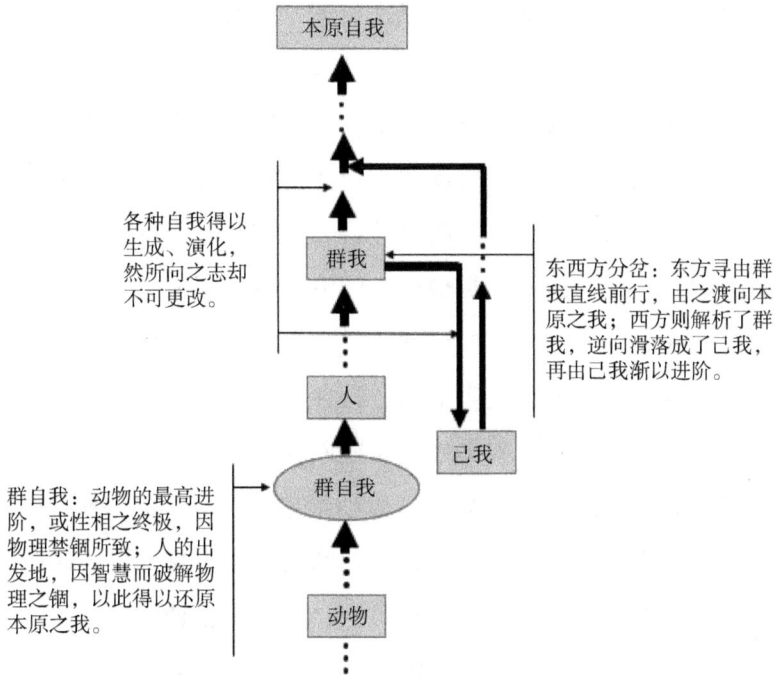

在延伸和发展，由原始自然神演绎为了自然神。它们之间的差别，主要是具体与抽象，或群我性与地域性。如此的观念和观念形态，成就了人类第一代意识类型，其称名可说为猜测哲学。

群自我的第二个遭遇，是各个群自我之间的生存竞争。这种竞争在农业文明中期趋于激烈化。原因是，农业产业对土地的依赖、定居地的需求、人口增长、金属工具的发明与利用等要素，刺激了群体之间的竞争与冲突，当此之际，迁徙、征服、殖民、入侵、搏杀、奴役之风大作，结果导致群自我和它的观念形态发生了分裂和肢解，有了正、反向发展的两种可能性。

正向，群自我被更大的自我吸纳，血亲群融合为了地域国家，甚或超国家的社会实体，固有的群自我伦理渐次升级为了熟人伦理、地域伦理、群域伦理、人域伦理、人际伦理。这样的升级也意味着高级次的伦理形态必得吸纳和兼容低级次伦理，以为杂合共存的超级伦理形态。当然，这样的演化和生成，通常首先得依赖超大地域政治实体的形成，它多半也是战争促成的结果；其次则是，这样的演化中，一定不可缺失智慧精英人物的能动觉悟与政治实践。他们可能是两个类型，也有可能兼领二者。说为两个类型是约略的分别，因为早期的精英圣哲兼领者居多。这两个类型是：政治领袖、真理圣哲。

说伦理形态的升级是正向运动，乃因为，它符合自我演化的路向逻辑。此逻辑是，前说自我实是原意志自我的分裁别载，由此产生的必然是，诸分裁之自我得向本原自我还原自证。此必然的展现中，自我一定是不断地扩展自己的界域，以期最终能与本原自我同一不二。一般说，伦理是自我向他者施援关爱和利他的意愿及行为。这样的意愿与行为，在界域条件下，有其封闭性，即善的意愿和行为会因界域而终止，如果界域破除，则善一定会向外扩散。如若不断地破界，则善会不停地向外发散，直至无所不包的本原自我。故知，伦理形态的升级破界，便意味着自我观念的升华。

反向，群自我被迫分离析化，由群我的绝对性解析为个体的己我。己我的出现，其实不是人类中的广普性现象，它只是非常晚近才有的事实，不过，其因由所以也值得我们去理解和把握。

首先要理解的是，它所以发生的环境和条件。一般说，生存竞争的激烈程度是主要的条件前提。当然，这样条件的生成，又有更原始的初始条件已陈列于前：比如地理环境，特别是大地域视野下的地理环境，并不适合单一农业产业成为主导性生存依赖，并且，地理上也没有可以阻挡的屏障，于是，迁徙和入侵成为了常态；还如，因为地理环境不佳，逼迫人们要用多种产业方式来补助农业产业的不足，于是，多元、多样态的产业方式一齐生长，居民的职业分离成为事实，其中，商业贸易方式因为获利快速，特别受人青睐，与之相随，一种更刺激、更易暴利，却也更有社会破坏性的产业方式亦并进兴起，这便是海盗-抢劫的生存方式，结果是，种族构成的多样化、复杂化，终至任何单一种族都无能成为某一地区的主宰者，纵有阶段性主宰的事实，最终还是被入侵、杂合、征服的洪流淹息。如此之类的初始条件与不停加入的中间条件相混合，其共同后果便是，生存竞争异常激烈。这与单一农业帝国形成为鲜明对比，它可以用一个与农业社会相别的词来称谓：强盗社会。

强盗社会中，多元的产业方式本身会导致文化与社会观念的多元化，而其中的商业从业者与海盗抢劫者、征服者，较之农民会有更多的个体性优势的展现，力能至尚即是很自然的倾向和选择。于是，因力能强势而有更多的己我观念和意识，就会成为社会构成的逻辑环节。这样的意识观念，正是强盗社会中出现英雄人类的根本原因。如果社群中只有一个英雄，或几个英雄，当不会影响社会结构，相反，如果社群中英雄扎堆产生，它的后果就会别开局面。英雄们气性激荡，能力（主要是暴力能力）强悍，敢做敢当，动辄冲突，这种底蕴必然导致英雄之间、英雄与家父之间，甚至于英雄与众神之间都会矛盾纷杂、抵触不断，就如阿基琉斯与阿伽门农为了一个女奴，竟致战争无法正常进行，即其例。

英雄的心性和行为只是现象，它造成的后果是多方面的。大体言，它对人类文明形态的走向和正向文化的改道，都有因由之责。英雄的出现，即意味着原状性的群自我实体与观念意识的解体，其所鼎沸者，便是更具动物性的个体性的己我。早期群我分裂而出现的己我，通常无有修饰，一凭力能为尚，所以，彼时的纷争之事频仍不绝。如此之为，不只是肢解了群我，也一并放弃了原始自然神，甚至于有些群体也放弃了自然神，但为了压制住躁动不安的原发性己我，一些社群开始从自然神中创制出了一种新兴的神种类型，这便是原神。原神是图腾崇拜、祖先崇拜、自然神崇拜的复合品，它亦以能力至尚为主打，具有强势的征服、统治、控制的特征，本质上它就是英雄的化身和神化①。不过，原神的历史并不长，从产生到消解，充其量有一千多年的历程。至英雄时代的后期，这些创造了原神的英雄们，又因己我的任性、激荡，复将其祛魅反抗了。这种祛魅式的反抗《荷马史诗》中比比皆是。

反神祛魅的成功——如琉善所写的剧本《被盘问的宙斯》那样——实意味着己我演变到了一个新阶段。原发性，更具动物性的己我，开始要被修饰和改造，其塑造者便是智慧的一种新形态理智，特别是其中的理性居了首功，也成为了基设。

己我表明，自我的反向或逆向运动实已探底。因为个体的躯体是动物构成的基设性单元，智慧之承载也是以这个基设单元为前提的，再往下已无可能性了。不过，不要因此以为，自我的反向运动可以逃脱自证还原的必然性，那是绝无可能之事。此题后文会再议，今且放置。

现在，我们必须再回到各自与自我的差异问题上，从中可见出智慧之为智慧的绝对性之所在。

前论有说，凡物性均有善意蕴含其中。这是原意志分殊成相的必然结果。当然，这样的善意主要由性相承担和塑造，他相亦有辅成之功。以此，我们很容易观察到一种现象，自然世界中，凡性相摄敛较多者，其善意亦明显。然而，性相既为相，其局限性亦不言自明，它

———————————

① 原神之名依从原人而得。原人是人类之前的人种类型，亦以力能见长，可视为英雄的早期类型。

所能造就的最高级的善，充其量会达到血亲群的界域。以此，群自我之界域变成了所有动物的终点线，再前进一步也无可能性（家养动物不在此论之列，个别性事件和现象亦不成反证）。亦即说，性相所能驱动的善，在此界域即被封死了。就物理而论，人类也不会例外，他也只能进步到此地。

人类的特别在于，性相虽无能驱动善再别开天地，却可以塑造出智慧的承载者。于是，人类便与智慧相融合一，成为了实在世界转折、自证还原的参与者、引领者、觉悟者。群自我正是此各自之善和自我之善的交汇地：往物性的方向理解，它只能是各自之善的终点，往本然性方向理解，它导向自我之善的无限。那么，智慧是如何破解物性的界域禁锢，让善破界成长呢？这是需要回答的问题。

智慧坎陷成功后，开始渐次接管了性相施于载体的主导性控制权。说为主导性控制权，是因为我们还有一些相关肉体感觉、伤害、病痛之类的事项，仍然由性相掌控，尤其是疾病和伤痛方面表现突出。这样的控制被接管后，智慧便在群我的界域上打开了一个缺口，使自我之善以此有了向界域之外溢出的通道。这里必须提示的是，智慧打开群自我界域缺口的方式非常神通且奇妙，值得我们认真反思。这个奇妙之处在于，她不是直接以善本身为开凿者，相反，开路先锋恰是善的反对者欲望。

我们已知，群自我的界域对动物、植物、微生物言，具有终极性。此终极性不只是说，善到此为止，而其实，欲望之类的东西也到达了终点。所以，我们看到的现象居多是，动物、植物、微生物的所欲，不过是吃、居、息、性、玩这几种直接与生存相关的欲望，再高级的欲望，他们就无能为力去表达了（家养动物有例外）。这说明，生物们的欲望也与它们的善一样，被禁锢在了一定的界域之内，其中群自我就是最终级的界域。智慧清楚明了，在界域的前提下，直接以善为开路先锋，难以为继，因为善的价值不符合各自的特性，相反，若以欲为开拓者，效果则大为不然，它符合各自的驱力取向，而这样的驱力是边界难以阻挡的。

接下来，就是如何让欲望成为开路先锋的问题。智慧的基本作法是，开发欲望，提升欲望，让所欲超越在生物的求生、求性、求息、求乐之外，使需求复杂化、多样化，以此刺激更多的欲望。比如让采集方式替代狩猎方式，这样，食物的品种便超出在了肉食之外，同时也多出了定居或定居的需求；而农业产业方式的发现，继而又有了定居、家庭稳固、土地所有或占领、产品包含固定的人工劳动之类的新成素，这些新的现象与需求，亦会倍增人们的欲望，同时，养殖业也由此跟进……如此之类，人类的欲望更加复杂化、多样化，它不再是猎物或采集的谷类、块根、浆果之需，而是包括了土地、水源、风雨、气候、住房、家庭、配偶、子女、农具、肥料、种子、兽力、家畜、建筑、园林、风水、舆情、文字、社会关系，甚至于战争、政治、国家、文化、文明、意识形态、宗教、法律，等等事务、事项的全方位的诉求。

欲望的复杂化、多样化，并不只是欲望本身，它会产出许多的连锁反应，其中之主要者，便是善的再建构。善不只是简单地利他和付出，它更能在复杂的欲望竞争中，预制出秩序和规则，从而减轻因复杂而必然出现的无序现象及社会和个体的生存压力，进而预设新的高层次的社会形态。正是循着如此的逻辑和进动法式，群自我的界域被冲破，地域国家出现；而善也因循并进，由群自我伦理而熟人伦理，而域地伦理，而群域伦理，而人域伦理……

欲望成为了破界的关键，实乃因为欲望的根基是物性所致的感觉快乐，即快感，一旦满足欲望，快感就冲涌，正是此物性的动机和动力，才让它成为了破界的开拓者。

让感觉开路，让快感成功，实并非智慧独创之法术，我们的世界中，早已充满了这样玩法，只是我们不曾自觉而已。远例不及，我们可寻一近例为观瞻。生命世界中充满了遗传现象，物种因为有遗传才有了生物的繁多种类。今天的知识已告诉我们，生命之所以有遗传、传递，其根本原因不是为了生命体（载体）的福祉，而是为了生命者（DNA）的复制。因为生命者无法独立存在，只能依赖生命体为其载体，方能存在，于是，它就必须不停地复制生命体，以保证自己可以无限地在下去。进而，不只是要依赖载体在下去，还必须要有安全保障。在可能的安全措施中，生命体的多样化、复杂化较之生命体的单一，是最好的安全方案。为此，DNA 改变了早先的无性生殖（细胞分裂），变异出了有性生殖方式。因为，无性生殖即细胞分裂，只是生命体的自身复制，母代、子代之间没有任何变化，严重的后果是，一旦母代出了问题，如病变之类，则载体就会因此消灭，当然 DNA 也就玩玩。有性生殖则不然，它的子代是两个配子，即雄配子和雌配子结合而成的，这种结合具有突变的可能性，而此恰正是生物多样性、复杂性的因由。以此，生命体多样化了，生命者的安全也有保障了。

现在，我们碰到的问题是，配子的结合是由父本、母本的性交配完成的，依能量自维立论，这样的交配实是自损自伤行为，而且，结果的主要价值和意义并不在交配者。若此，则可以断言，任何父本、母本均不会主动去实施性交行为。可是，现实世界中，这样的断言几乎不成立，相反，整个生命世界中，凡有性生殖者，均以性交自损为乐。此乐何来呢？它来之于性相所炼化出的生物感觉的快乐，即快感。是快感提供的驱力让所有的父本、母本们欲生欲死，至死方休。由此可见，物理性的感觉具有神奇的动因价值，它让生物们将付出当作快乐的享受，而最终获利者，本质上却与付出者无关。这大概就应了老子之言：欲将取之，必先予之。

这样成例，我们的世界中并不鲜见。它大概也是一种以在为流和被动参与的方式。其中的奥秘在于，各自的固、滞堕性，若无有强劲的驱力驱使，结果一定不堪其成。有所异表的是，性相唆使的欲望，是无能出界越格的，它们只能到点即止，智慧则不然，她所为之欲，可以无尽攀升，几近无限。智慧以欲望为诱导之利，然后才诱使人类冲破界域牢笼，去展拓自我之善的意志和必然性。此即化解自我的机巧固然。

感觉智是成就和塑造自我的智慧。此自我实即本原自我的别致，它本身有还原真我的必然性和可能性，只是因为被实在和物性所拘，难以自拔。智慧的功能在于，她既可以塑造出自我，也能渐次化解物性的拘禁，引领自我还原真我。这样的化解方式和过程，即原意志的自证之愿。当然，自证非仅此一端，它还包括各自和亲恐性的化解。智慧假欲望、感觉之驱力，打开了物性施于自我的封闭、禁锢，从而开启了自证还原之旅，其神奇与玄奥，无法不令人揣摩、参悟。从中我们看到，感觉智貌似以自我为归，一意支持和成就自我，而真实，此不过是智慧的假借而已。我们的确因她而有了福祉、利得、快乐、幸福，有了在了和在下去的特别及广阔场景，有了万物之灵秀的秉异，可我们更应该觉悟，这些只是现象、假象，它们的背后，是自我趋真的必然性。

智慧所表达的自我，显然是实在世界中的新奇事项，它是实在世界得以改观和转折的端点。从此以后，智慧的使命就非常明晰：还原载者的自我，以使它终能与本原自我同一不二；化解诸在、诸物的各自，以使物的善意无碍释放，终成以相养在的完善。

智慧的价值意义，并不会线性达成，它会经历各种变通、曲折，甚至反逆的运动，即饱偿各种艰难困苦的非线性实践，然后才有成就，相反，如若只有线性过程，多会出现空疏和不充分的结果。这样的景态并不稀缺，我们的历史运动于此正反两路都有例证。

有如前述，自我之善的正向运动，在东方社会特别明显。东方社会，如中国，其正向的自我之善，自群自我伦理缘起后，借助天下帝国的承载和推崇，可谓一路高歌猛进，不断地演绎出了熟人伦理、地域伦理、群域伦理、人域伦理、人际伦理。其间，圣人叠出，让我们直接了解了体用不二、天人合一的宏旨高论。而其实，群体内部的脱节也非常严重，众多生灵并不能理会终极的意义和价值，他们只能苟且在血亲伦理、熟人伦理、次级地域伦理的自我善之中，还自发地开出了己我这样的反向之善，只是多被置于了隐性之中而已。于是，我们看到了一种杂合现象，没有理智开发、培养的绝大多数人，其善的观念是几种低级次善念的杂糅。这些善包括己我伦理、血亲伦理、熟人伦理、次级地域伦理。若期再有新的、别样的伦理开展，实在是感觉智所不逮的。后果很明显，中华社会和文化最终出现了一种胶着和伦理对垒的僵持：高级的善，甚至于终极的善不停地被圣人恢弘、展拓，而低级次的善却依然顾我，自行其是。究其原因，应该是，我们的智慧开化中，出现了重大缺漏：感觉智因为自发生成，故不缺乏，性智也一直有圣哲追逐，故极为透彻，惟其中间态理智开发不充分，虽有方方面面的触及、铺陈，却因为没有出现职业群体的深挖重究，以致不能形成理智特有的理论和学术体系，如科学理论体系、逻辑学体系、实验操作体系等。理智的缺失，会导致双重失缺，一是欲望的开发不充分，以致功利成就不足；二是善的广延不足，不能成就多级渗透的破界之善。结果就如历史所示，低级善原封不动、我行我素，终极善被挂空、孤芳自赏。

自我之善的反向运动亦有成例。文明带西段地域在农业文明中期以后，步入了强盗社会的境地，力能主义的唆使让英雄辈出，而英雄们本能的自我意识，即己我为尚、己我优先的观念亦成趋势，因此，群自我的绝对性也从而瓦解，它的残余演成了淡淡的家族伦理。己我的出现，让社会结构和文化形态及价值观完全改观。因为，这里的己我是强势、嚣张出世的，它与东方社会的那种隐性、收藏着的己我全然不同态。以此，己我重构为了社会单元，以及社会结构组合的原因。原因的根本性、绝对性，决定了社会的构成和秩序生成，包括国家、政府、法律之类。这意味着社会关系的因果性重建。从前，群自我是原因，也是目的，现在，己我是原因，是目的，一切公共权力和其代理者，及制度的设置，必须服从己我的意愿及欲求。

因果关系的倒置，其开始，实是感觉智依从了物性逻辑的反逆所致。反逆是说，生物世界中，特别是动物的衍化和进化，是由个体生存向群体生存推进的，所以，高级动物中多有群居生存现象，而低级动物则多以个体生存为法式。如果理解了38亿年前出生的第一代生命体原核生物，则会更明白生命的在了和在下去，一开始是个体性的。那时的原核细胞生物只有个体之善，此外一概视为可捕食对象。这种方式的简单、粗暴，导致了早期生命世界秩序的混乱，亦致使生命体和生命者的生存危险重重。后来的衍化方案被生命者做出了重大修正，首先是藻类（植物的祖先）出现，释放出氧气，这种氧气对原核生物实是毒品，所以绝大多数原核生物因此被淘汰了。其后又让原核细胞进化为真核细胞。真核细胞有核膜，可以进行有丝分裂，其

DNA、RNA 的翻译和转录，是在核内和细胞质中分别完成的，等等。真核细胞的行为方式也大为不同，它可以多细胞组合，如变形虫，这便为复合细胞生命体的出现提供的可能性，由此，生命获得了进化、衍化的机会。后来，复合化、多样化、群体化，一直是生命现象追求的主要的在了和在下去的方式，以致哺乳动物中，终于出现了稳定的群体动物，有了群自我这种特定形式的各自。

以此不难理解，由群我解析为己我，并非自然衍化的正向运动，而应是反逆运动。需得提示的是，这样的反向运动有几个问题必得解释，否则容易坠入简单化的窠臼。

其一，这样的反逆运动，并非物性、物理所主宰，它由智慧主导，虽说此种智慧还只是感觉智，可其异质性不得不鲜明。

其二，反向运动在人类之中，其早期并不具有普遍性，就算在文明带西段的强盗社会中，这样的反向解析也只限于个别的强者强盗群体，其他的弱者群体根本望尘莫及。而居多的强者群体，若诸多相关因素不同时具备，则这样的反向运动也不会有最后的成功，不过昙花一现而已，真正的己我广普化，应是近代至现代的现象。

其三，反向运动的确是将善的意愿倒推回了生物的最后构成单元个体，但，物极必反的逻辑也不会缺位，它反而会因此别出一格，开出善的新天地，当然，这必须要依赖智慧的引领，而此智慧便是超越在感觉智之上的理智。

何以反向运动会别开局面呢？这其中，首先是欲望的驱力问题。我们知道，在诸多的欲望中，个体化的自发欲望比群体性的自发欲望更具基设性，即更有动力意义，所以，要获得更大的驱力之源，让欲望极至化，此为不失为权宜之法；其次，让己我和欲望广普化、公开化，更有利于智慧跟进的修饰和改造、调整，而若东方社会后来所出现的那种己我现象，它们多是隐性的、藏匿的，反而难以让理智去规置和改造；最后，让善跟随欲望并进，更符合善的演化和展现逻辑，它不会出现空疏和空挡。

感觉智塑造了自我，甚至还解析出了己我，她也在不知不觉中再造了新的群我，并以此来收敛己我；她还在不知不觉之中为善破开了界域的缺口，让善可以此恢弘奋发；同时，她还让欲望和善紧密相关，相伴不缺。正是这样的玄妙操控，才能让自我的化解和还原有章有法，前途可期。

第二节　理　智

理智是感觉智的升级智慧。

概要而论，理智可定义为追逐公共善的智慧。公共是说，超越在两个个体之上的关联者及其关联状态。这个说法很容易让人将公共与群自我、熟人群、地域群、兴趣群之类的群体及关系状态相挂连。的确有相关性，不过，其价值取向的路径和动机，以及关联对象之类，还是有所差异的。其一，公共具有关联者和关联状态不确定的特性，它可能是上言的群，也可能不是这样的群，即某些公共关联者是不确定的，也是随机组合的；其二，公共所指也不一定是人，有可能是人与环境，还有可能只是环境或自然要素本身；其三，群域之善与自我直接关联，具有定向的动机和目的，而公共之善有可能与行为者只有间接关联，其目的与动机也是不确定的；其四，公共之善不限于交往、分配领域，它还包括摄取和探究的领域。

如此之类，是我们理解公共善和理智的重要判据。

为什么会有公共善呢？这还要从群自我说起。

前说智慧坎陷之时，其所选择的载者有一前提条件，必须是社群性的动物。如此之选，其实是因为社群性动物有天然的公共性，它们不会如爬行动物或冷血动物那样，只有各自自己，舍己无他。一当这样的社群性动物共同承载了智慧，则智慧的价值意愿便会成为其所以为在的必然性，即使出现反逆性的解析结果，也不会影响这种价值意愿的回归。如此的前提和预设，亦可理解为智慧掌控载者的必为方略，否则，智慧的自证还原之愿当无以为果。

群我之有，正是此种价值趋向的端点。依理想模式论，如若循此端点作直线运动，似乎很容易功德完满。可事实已证明，如此的直线运动更容易出现空疏和空档，它难以整体、完整地去实践自证的使命。因为直线运动，人们只扣住了直觉认可的要害，如道德完善的大用，却忽视了物理、物性的衔接，或说很容易经由感觉智的肇起，就有了直觉的奔逸，一步登天，直达了性智的天境。结果，很重要的中介环节理智，会在这样的奔逸中失落。即使有些表述和把握，也多零散无系，不足以展铺成宏大的智慧之网，去照应物形世界和在的各自，以及人的自我。据此或可说，直线运动的智慧能动，可以显示出智慧之因为所以的宏大与绝对，也可建构出真理的参考系，却不足锻造出智慧链条的真实。于是，我们得改换思路，寻求非线性的智慧由路，去理解智慧之为智慧的曲变与殊归。

理智实是一种循由物理或物性游走的智慧。即是说，她的强长处是追逐物理和物性，理解物理和物性，然后形成知识体系和价值判断，进而决定智慧者何取何舍、何去何从。在这样的理解、追逐、选择过程中，为了有效、准确和功利之需，智慧所自具的分析、归纳、比较、参照、演绎、筹算、实证、分类、复制、设准、定量、规范诸般套路和法式，会被发挥至极至地步，从而形成各种学说、知识体系、理论体系，当然，其中一定会包含各种定理、原理、原则、命题、定律之类的知识支架，如此的学说、知识、理论，大多循由物理、物性的探究、研究所得，所以，它们对人们理解物的状态、结构、性能、功能之类，有极好的支援。这样行为和追求的动机、目的至明不误，满足人们欲望的必需。欲望可以是物利所得，也可以是兴志所向，还可以是社群或公共秩序及生态场景的维护。而这些，或多或少都具有公共善的性质和内涵。不过，必须提示的是，所有理智的基础动机依然是自我，其与感觉智的不同在于，她特别擅长从增益公共善的方式中去实现自我的欲求。

公共善，据理解析，可说为两个类型：

一是物之善。物之善也可称为各自之善。如前所述，物本身有善意，它由诸相携带成物，有所不济的是，依然是这些相，它们的特异性、功能性和专门化于同构之时，却将此善意禁锢了，以致物有了善恶的二致性，无法完全地释放本来的善。于此之境，唯有理智可深入物之因所，超果逐因，析物入相，探究物之所以为物，物之所以是物的善意与必然性，从而解物化物，成就物之善。

二是自我之善。它所追逐的是自我之为自我的必然性，以及自我的真理解，而此真理的终究，一定是自我的自证还原。

寻由此两善，我们也可换言说法，公共之善既是智慧者之间交流、交通、分配、交往的善；也是智慧者如何更好地摄取养源，获得养源无限性的善。前者会导出同类意识和大同观念，以致人域共同体；后者则可至物的同一性、同质性、同体性之境。

要言而论，这些是公共善的理路与趣向之论。现在，我们还得回到开端处，看看公共善是如何启步的。

一、自我之善

前文有言，依在者的立场看，世界的显现或展开是被动或使动的。或即说，所谓的阳动，那是原意志的立场与话语，若对所有的物或在言，这一切均是被驱动、被推怂、被呈现罢了。不过，世界好像不止如此被动和单一，自智慧坎陷之后，至少我们的感觉有知，我们好像有了主动、能动的表达。或即说，自我们成立之后，世界发生了转折和异动，是否意味着，这就是实在世界自证还原的开始呢？而此转折和异动，恰是由智慧的主动、能动使然的。这样的推论先予放置，我们须得去回顾一样事实：智慧的主动、能动是由我们的欲望发端、发动的。这说明，欲望问题还得有说。

我们所说的欲望，可别为两个类型，一是自发之欲望，它更多受物理或物性，即感觉控制，通常是被动使然的；二是经由智慧，特别是理智修饰和改造过的欲望，它具有重塑和复杂化、逻辑化的表征。一般说，第一类欲望是基设性的，它不仅决定自发欲求之本身，也会影响第二类欲望的生成与建构。某种意义上说，所谓自我之善，当包括此种理智对欲望的修饰和改造；当然，更当包括，她之于诸般欲望所规置的平衡、秩序之善。进而或可说，第一类欲望多有开启的功能，第二类欲望则致力于让欲望更合理、有序，从而具出更衍社会状态、建构文明体系、造就知识体系的善意。

人性是物性的特别表达。因于物性的各自之秉，人性多欲望，人性多自私，人性多自我，也是必然之事。问题是，自我何来？前言物即各自，此物性一直延伸到了人类，然而，自我较之各自，显然不可同语。亦如前说，自我是智慧修饰、拔高各自的结果，即自我是智慧依顺载者的本能、属性建构出来的。此语无差，只是还有隐意内含其中。这个隐意是，载者的自我，实即也是本原自我的分裁，可说与智慧有着同质、同态、同一的关系，一旦落实到载者处，同样也会被扭曲、变态，即以假态为其表达。所以，自我的自私、自利诸欲望，实是物性假了自我之名而附加的赘物。如此正好说明，智慧对原意志的返还，也必是携此自我向本原自我的还原。所谓自我之善是说，自我本来是善的，因为假化、扭曲而恶化，故有渐行化解，还原真我的必然践履，此即自证还原。为此自证还原，智慧得拿此假化自我做文章，以便它的还原实践。

自我发端于群我，并不能尽情将此种欲望、自私发挥到极致，而无有极致的发挥，或者有所发挥，却又必以隐性的方式掩遮这种自私和欲望，则并不利于理智施于自我的修饰、改造与重构，更不利于理智因人性之欲、之恶，所规置的平衡、制衡之法。以此，群我必得解析反致，以更近于单元之各自的显现，将自我之私、之欲、之恶尽性表达，如此，方有理智作为的基础。

群我的解析有两种方式。其一是隐形解析。它是说，在地域文化和社群结构具有强势集约趋向的社会，群我本身成为了价值标准的核心，并被多重、多种类型的群我形态包围。于此之中，群我也会有所解析或部分解析，从而生成某种形式的己我，但是，此种己我不具有合理性、合法性，只能以隐性的方式存在于人们的观念中，伺机发作，更多的时候必以群我面对社会。其二是显性解析，即每个个体都可以明目张胆地展示己我之所欲，无需顾忌他人及社群的反对、限制。可以说，显性的解析，是让群我让步，甚或退却，而己我具有了普遍性。如此的两种方式，实已标明了某种形式的文化和文明形态的分制，只是必得理会，显性的解析之所以不同于隐形的解析，乃因为它所以成立的社会条件极为特别，如果不能有所理解，实在难以理服。

农业文明发生于地球的中纬度地区，此地区亦称为中纬度文明带。因由地理环境的分割和特定，中纬度文明带又以中亚山结为分界，分别称为文明带东段、文明带西段。东段有东亚或中华文明体，西段有伊朗、两河、尼罗河、迈锡尼－克里特等 4 个文明体。此外，中亚山结的正南还有一个印度文明体。这个文明体居于东西段的交汇处，所以有了一些特性。依地理条件论，它是唯一一个跨越了热带和温带的文明体，其北有巨大的高山依赖，其南又面向大海；陆地上可从东西两个方向出入其间。这种出口，特别是向西的出口，对它言，好像非常不幸，它成了印度文明体被迫与文明带西段交往的唯一通道，而此唯一通道自始就给印度带来了无穷的灾难。远事不计，仅最近的 2600 年来，印度人自己建立起的帝国仅有两个，共有历史 400多年，其余的 2100 多年，它们全部为外来者征服、控制。不过，印度是很好的农业区，仅依单一的农业产业就足以养活数亿人口。这个条件又是西段任何一个他文明体所不能比拟的，所以它的文化根柢依然是农业文化。正是因为此，这个饱受外来者入侵、殖民、奴役、压迫的文明体，却顽强地生成并保持了农业文化的品格，成就了东方性的自然义理神论的文化和知识体系。

比较而论，东段的文化是典型的农业文化，所以有与印度同根的自然义理神论体系，而西段的文化与社会则大为不然。

首先，可开垦的农耕面积极为有限，即使如两河平原、尼罗河谷地，其耕地面积也非常有度，不能养活更多的人口，无法作为单一主导产业实现人们的生存需求。此外，整个文明带西段地域相互之间没有地理屏障，来往交通便利，这无疑非常不利于本来面积不充足的农业区，那里产出的有限财富很快吸引了周边地域无穷无尽的掠夺者，特别是农业文明中期之后，富饶的两河平原就被迫成为了世界的菜园，抢劫者蜂拥而至，以至难以计数的种群、文明体都被这样的入侵、掠夺浪潮淹息。

单一农业不能支撑起文明的物质基础，地理上又无有天然屏障，这两个条件足以使任何文明改道。许多的补救措施因此都被人们发明和利用。例如农业产业之外，人们发明了手工业、商业的产业方式，试图弥补农业的不充分；例如为了抵抗外敌的入侵、劫掠，人们开始组成生存共同体，并修筑城墙阻挡外敌。然而，抢劫、掠杀仍然可以让这些措施相形失色。无奈之下，被猎杀的农民们也只得改弦易辙，商人们也不能自持如一，他们被迫仿效掠夺者的行径，去为本能必为之事。于是，广普化的人群以此而强盗化，是为强盗社会。

强盗社会改变了几乎所有农业文明的逻辑链条。这里，我们要说及的是与我们主题相关的改变，那便是群我被迫反向解析，出现了公开和广普化的己我。

己我的成立，有两个直接因素当担其责。

其一，英雄的出现。英雄，即强盗中的力能优胜者。他们有超常人的力能与功业，足以让他人仰视。强盗社会中，每个人都凭力能生存，所以力能成为了是非对错的价值标准。由此标准评判，那些超强力能者当然就有了英雄的美誉。不过，从整体意义上讲，英雄们赖于以力能称雄，却也会在力能的较量和竞争中受折。这样的套路同样具有普适性，是以英雄通常会和悲剧相关。这里要讨论的，不是悲剧问题，而是我们很容易从中理会，由于力能强悍，英雄群体也是最容易成为己我观念彰显的人群，他们动辄就会将个体己我的意念、欲望表达出来，并强加给他人。就如赫拉克勒斯那样，他可以纵火烧死自己的两个儿子，也可以奸淫老国王的 50 个女儿，并放火烧毁王宫。强暴的英雄之己我的意志和欲望，无疑会撕破群我的体与面。当众多的英雄如此作为，众多的强盗们肆无忌惮之后，强盗社会中的群我原形实已荡然了。

其二，强盗社会所形成的压力，具有压破群我的强大势能。强盗社会中，每个群体都承载着巨大的生存压力，这种压力主要是外部性的。超强的压力会逼迫人们收缩自我，紧致责任。这样的收缩与紧致与纯农业社会相比，无异于伦理责任的收缩。伦理责任本是人类善性中的一种基本形态，它来之于智慧坎陷之初，智慧之善的预制。彼时，广泛兴起的万物有灵论和物我一体观念，即是其明证。后来，农业社会沿此必然之向，步步拔高，直至形成了天人合一、体用不二的世界观，是为无限责任伦理。然而，强盗社会则不然，高强的外部压力，挤压了人们的观念和能力空间，最后，为了生存，伦理之善也只能惠顾自己。如上言的英雄，即使有超人的力能，然在社会化的暴力面前，他们依然无能将伦理之善推广外延，多只能己顾己、自顾自，充其量可勉强顾及家人和亲朋。伦理责任的收缩，最终解脱的是对外善良的担当、承担，亦即是，人们不用顾忌对他者的善好，任性肆意施恶亦心安理得。责任伦理收缩的最后底线，便是动物性的物理单元个体己我。

伦理责任的收缩，实意味着人们对他者、对社会、对自然的伦理放弃。它成功地解除了人们对外强化暴力和邪恶的心理负担，亦反过来更加致使了强盗社会的恶化。如果循理推论，我们亦不难发现，它最终会让人们断裂本根伦理，形成断根文化，使文化和知识体系成为无本原缀系的漂浮现象。

己我，正是这两种因素相互作用所呈现的结果。它解析了原生态的群我，反向堕至了动物性的个体单元，貌似善意志的倒退，而其实，它的出现亦可理解为智慧的另有用心。

该如何救济和理解这样的反向逆行呢？我们可依理寻章。

第一种方案是，人的社会性基设与初级理智相互作用，会让人们改变己我之善的观念。感觉智所为，无疑是己我的绝对化，它会无视他者的利益与欲求，但在社群条件下，这样的绝对会遭遇强力抵抗，因为，所有他者的欲求与利益同样是绝对的。于此之际，为了确保自己继续被社群兼容——这是更大的利益与欲求——己我会收敛自己的欲求与绝对，于是，己我的绝对与刚性被迫妥协，结果是己我的相对化。这个新的结果与现象出现，实即理智出场了：为了更大的利益，妥协和忍让是必须的观念和行为。或者反过来说，出让了己我的绝对与刚性，就会获得更多的好处，而此，客观结果便是出现了公共之善。

第二种方案是，强大的生存竞争和外部压力，亦会压迫相关联者自动联合起来，共同寻求生存机会，而此诉求亦必致成员之间的己我与欲望的弱化，进而生成公共之善。强盗社会中的生存压力之强悍，即令是英雄也无能独自面对，他们必须结成同盟或共同体，方能有所作为。如苏美尔人的英雄吉尔伽美什，为了挑战天牛，他只得与他的敌手恩奇都结盟。还如希腊第一英雄赫拉克勒斯，也必须与另外六人结盟，组成七子同盟前往迪拜，方能寻得金毛公羊。如此即表明，群的价值与意义其实并未丢失，只是必须改变群我的性质、品格和质地。

原生态的群自我，既是原因，又是目的。它垄断了全部群体事务和意志。现如今，这样的群我已崩析，己我出场，但一种新的群我也一定不能缺位。这便是生存共同体。生存共同体由家父们合意组成，所以，有时也称这样的共同体为家父共同体。家父即原群自我中小家庭单元的首领，一般为男性父执。当群自我解体之时，这样的家庭或氏族单元仍然成立，父在其中具有绝对统治地位。而所谓生存共同体，便是由这样的父们结成的生存同盟。通常情形下，这些家父单元之间，多有较为近缘的血亲关系。英雄非他，他们多是这些家父中的成员，或传说中的远端祖先，只是因为他们的力能超出在了一般家父之上，故得到了同根成员们的认可，被奉为英雄。

现在，生存共同体成为了新兴的群我。不过，这个群我已失去了原因和目的的品格，它的那些组成者家父们，已摄取了原因和目的位置，而共同体则变成了结果，并且，这个结果连同它的附带属性、职能、价值之类，都得为原因，即家父们服务。这是一种因果关系的倒置，它改变了人类社会的运动轨迹。故必须承认，这样的倒置，却开启了又一条智慧改造和修饰、调整人类的由路。

如此的修饰、改造和调整事功，是由两种方式实践的。

第一种实践方式是修饰、改造人们的欲望和自我质地。如前所述，欲望有本能和自发形态，还有经理智修饰、改造的形态。后一种形态的发生，正是共同体组成之时。共同体的成立，实意味着每个家父都必须出让己我的意愿与诉求，只有大家能够共同接受的群我和其机构形态，才能是真实的共同体，而此共同体恰是家父的妥协的结果。这里，家父们的出让或妥协，便是理智之于自发欲望或本能己我修饰和改造的新兴产品，它在此前不曾产出过。从此以后，这样的修饰、改造、调整便成了常态。

我们所说的非理智的欲望，它们是由感觉智开发和包装成立的，多具有动物本能和自发表达的特征，也多为简单、低级的形式，同时还强烈地具有着投机、运气的色彩，其中的善意几无开展，一般仅限于血亲伦理、熟人伦理、次级状态的地域伦理等场景中。理智造就和开发的欲望则不然，它们都有复杂化、多样化和连锁相关的特征，许多似乎与感觉无关，或只有间接关系的事项，都有可能成为欲望之资。如技术专利、资本投资、资源垄断、数据垄断、信息专控、资本专有、权力寻租之类，它们基本上是感觉智所不能为、所不能想的，惟有理智的修饰、改造和塑造，方能成为事实。其善也隐藏在了这些欲望之中：一个欲望的满足，通常会造就福及他人或社会的善果。

当然，理智之欲和理智之于己我的塑造，也是一个漫长的历程。可以说，它几乎构成了整个人类的文明史，特别自有解释哲学以来，这样的塑造渐得以明显起来。以下，我们不妨来观赏一下早期塑造过程中的一些典例，或可有感。

海伦待嫁之时，四十几位希腊王子和国王前往斯巴达求婚，在狄俄墨德斯的怂恿下，他们全都签订了一份捍卫海伦和其所选夫婿的合同。几年之后，海伦被抢，其夫莫奈劳斯和他的兄长阿伽门农，正是拿着这份合同，才纠集起了希腊远征军。当时，若干位国王不想参战，但理智最后让他们必得与阿伽门农同行。

更早些时候，希腊第一英雄赫拉克勒斯，因为间歇性癫痫病，两次放火，既烧死了自己的两个儿子，又烧毁了别人的王宫和全部家人，还在此前奸淫了国王的 50 个女儿。如此作恶之后，是理智让清醒后的赫拉克勒斯必须向宙斯献祭，以被除抵罪的方式解脱罪孽。

即使如宙斯，这位统治宇宙的天神，也无法逃离理智的改造之能。宙斯的儿女之间构成了婚姻和不正当的两性关系，美女神阿芙洛狄忒嫁给了形貌丑陋的工艺神赫淮斯托斯，然而，不安分的阿芙洛狄忒红杏出墙，勾搭上了她的另一个兄弟，帅气的战神阿瑞斯。一次通奸之时，他们被赫淮斯托斯抓了个正着，还请来众神看热闹。宙斯也当然身在其中，他感觉颜面尽失：家丑公之于宇宙，特别是爱女阿芙洛狄忒赤裸着供诸神观赏。为此，他强令儿子赫淮斯托斯放了通奸的男女。可是，丑陋的赫淮斯托斯并不买帐，最后经宙斯反复要求，赫淮斯托斯提出了由阿瑞斯赔偿其伤害的交换条件。对此，气恼不已的宙斯也只能一改以前的暴虐、残忍作风——当年，赫淮斯托斯刚出生之时，因为谶语之故，他曾一脚将赫淮斯托斯踢下了天庭，赫淮斯托斯因此被摔成了残疾——同意了赫淮斯托斯的条件。这个传说被视为西方赔偿制度的起源。

如此之类的修饰、改造、调整一直在进行着，一般的地域可能比较隐性，而有一些地域则非常典型和突出。特别值得提及的是雅典城邦，它径直成为了整个西方理智塑造和理性建构的经典范例。原因是，几乎从忒修斯以来，这里先后产生了如德拉古、梭伦、克里斯提尼这样智能型的政治家，他们共同塑造了雅典城邦。不过，这个城邦也产出了不少另类人物，其中的一些人还是将军或执政官，如阿西比德、希庇阿斯、德摩斯提尼、地米斯托克利——他还是抗波斯人的英雄和领袖——正是这些人，其己我主义的欲望都如日中天，不可一世。他们或是用狡辩的言辞，或是以叛变投敌之法，或是用阴谋诡计之术，去满足自己的野心、欲望，一直以来为历史所记恨。然而，认真分析他们的行为和做法，其实不难看出其中有着大量的理智包装和修饰。即是说，就便要干坏事、要犯罪，也得冠冕堂皇，理由充分，而不能本能爆发。

正是如此之类的理智修饰和改造、调整，我们看到的结果就不再只有己我之一端，更多的群我，也在历史和文明的演化中获得了展开和推广。一路走来，民族国家、国家共同体、联合国之类的国际组织，以及世界主义之类的理想之思，都顺着这根自我之善的逻辑链慢慢地向前延伸。这恰是理智之智所擅长的诱导渐进之法。

第二种实践方式是调整、规制，以此规范人们的欲望和自我观念。

欲望的修饰、改造，改变了欲望的自发与本能品质，从中我们看到，群我虽已反向解析为了己我，可己我的意愿、欲望是否正当，及是非对错，已不再是己我的私虑之事，它必须接受正当、合理的标准评判，而此标准不由己我自己说了算，它得由诸多己我组成的新群我（共同体），依据合意原则来建立。这样的建构是理智作为的结果，它摒弃了本能与己我的动因。

现在，自我或己我被规制、规范，成为了一项专门化的理智事业，它首先在强盗社会中的强者群体间获得了认同。此举的经典事例，可考之希腊神话中的俄瑞斯忒斯弑母案。雅典娜组建的合议法庭，用裁决之法成功地终止了报复女神们对俄瑞斯忒斯的追杀，并因此开启了法治事业。亦即说，己我的确是共同体生成和构成的原因，然而，这个原因也必须接受它所产出的结果，即共同体的调整、规制，只有符合和服从了这个新群我价值标准的己我和其欲望，才有可能表达和接受，否则，己我和其欲望、意愿就无地自容。

共同体首先要建构它的意识形态和价值观。

这种需求在早期依然是外部生存压力所致的结果，后来，它自身演绎出了其他的价值和功能，如政治关系的协调，民事关系的调整、裁决及救济，公共教育的实施，学术研究的支援，等等。这样的建构更易于规置人们的己我观念和欲望需求，也更利于形成新群我的价值观。通常情形下，这样的建构起先依旧是借助原神观念来实现的，但不久之后，强者群体所必然爆发的反神祛魅运动，会褪出神的色彩和护身符，更多地会依赖理智本身的解释张力，去形成世俗化、义理化、理性化的解释体系。

共同体其次要做的，是制度设计和安顿。

　　己我与其私欲的改造、调整，必须要有制度的规范和安顿，否则，它们依然会无序冲撞。对此，强者的强盗群体做出了优先安排。第一件要为之事，是用法律设定人格资格。这种资格也叫主体，即法律规定的有资格的人。这种制度在强盗社会中有非凡的价值和意义。表面看，它直接反抗了人的自然状态，不承认每个人都是平等的同类，而其实，它是在生存竞争异常激烈、资源极为有限的格局中，用制度设置了特权者。即有主体资格者，才是法律所保护和承认的人，余者一律视为非人的物，可由人来主宰、支配、使用。这个制度充满了理智色彩。它不再依赖猎杀、暴力去抢夺、奴役他人，而是用制度将人分为人和物两个类型，然后，人对物的支配、使用、奴役就变成了合理、合法的事实。其结果是，它既成功地固守住了群我的界域——一群特权者组成的共同体群我——又可以从此界域之外获得在下去的养源。

　　与主体的特定相适应，第二件要为之事，是将有用的物设定为权利。权利的出现，变更了人类与自然环境和生态体系相融合一的自来观念，与主体分割人类一样，它亦成功地切割了自然物的统一性。权利的要害在于，依据人之欲求的标准去分判一切物，凡能满足主体之需者，即为有用物，即为权利，而无用者，可一概弃之不顾。继而，又依据动物本能逻辑，如强者优先原则、雄性优先原则之类，去设定权利的所有与得失、交易诸事项。并且，为了保证这样设定的有效与正当，还借助原神的绝对性去绑定权利的神圣性，建立了私有财产神圣不可侵犯原则，视所有权为原权利，凌驾于其他各种物权之上。

　　第三件所为之事，是在主体之间建立行为规则的模式。此模式亦充分利用了己我意愿的原因前提，主张凡属主体间因合意而成立的合同、契约，均为当事人的行为规则，即法律。如此定制，既保障了主体们己我意愿的原因价值，又反过来规范了主体们的行为有序、有效。其中秉受的原则，如公平、合意、对等、有偿之类，即人们广为知悉的正义原则。于是，强者群我所建立的规则，便有了契约法的专称，其中的正义原则即契约伦理。

这三种制度的合凑，便构成了文明带西段地域中，强者群体别例突出的制度文明形态，它可称为主体构成性法律体系。这个制度体系的要害是，最大限度地保障了特权者的利益与欲望。它的直接建构者便是理智和它的主打理性，而其操作方式则是，功利且卓有成效的切割分离法。可以说，主体构成性法律体系，是理智的一项特别的贡献。它是理智在特别的生存场景中，为特别人群奉献出的最佳生存方式。它的确制造了域外的不公平、不正常的结果，可它对域内的合理性、合适性，也是无法不肯定的。它不仅有效于私的法律关系的调整与规制，也有效于公的法律关系的协调与规定。依着它的逻辑必然性，生存共同体进而演绎为了城邦，成为了一种强盗社会走向秩序和和睦的良性政治实体的选择。其中，相机所建构的一套政治、法律的概念与制度，如民主、法治、宪政，以及后来出现的人权、自由之类，无不是理智塑造、改造己我之欲，所成就的新群我价值观和制度形态。

自我之善在文明带西段社会，由己我之欲建基，一路曲折走来，虽然艰辛、困扰，却也有了不错的后果。今天的人类世界中，契约原则仍然是人类寻求合作、联合的主要依凭。现实中，强盗逻辑还有着市场，也常有肆虐之势，人类共同体也非近时之功，可是，这样的逻辑必然性还可期待，自我之善一定会循着理智的指导，步行步趋。

这其间，无数的贤哲贡献了自己的智慧，亦值得我们追忆和景仰。比如在强盗社会还处在强弱两立的纪元开端的年代，犹太人斐洛，就曾将毕达哥拉斯的正义观念和柏拉图的理智本质说之类的强者思想，装进了犹太教的教义中，这极大地促进了文明带西段地域强弱两个群类的融合，也为稍后的基督教的兴起开了方便之门。可以说，后世西方世界有了更高级次的自我之善或群我观念，理应与斐洛及耶稣们的贡献密不可分。所以这些，均是理智致导的非凡结果。

还有著名的柏拉图，作为哲家，这位理解了最高理智的哲人，为了给理性的己我和城邦之群我，找到更为深层的原因解释，他致力于理性哲理的体系建构，从而推导出了理念世界的终极解。他的学术模型其实并不复杂，可要约如下：城邦之所以能够成立，全在于它是由有理性的公民（主权者）组成的；公民为什么会有理性呢？乃因为理性来之于一个叫灵魂的东西，它构成了人的本质，灵魂相同，所以理性相通；为什么人（法律资格者）会有灵魂呢？这是因为所有的灵魂均来之于同一个地方，一个叫理念的世界。灵魂拥有者即是理念掉出理念世界之后，复与物质世界结合而有的产物，故可以说，灵魂亦即理念本身。不过，它既已掉出了理念世界，就与其分离了，这又决定了它有回归的使命。柏拉图的学说，远远超出了己我和群我相关性的解释之外，成了一种纯哲学的解说。先不论其对错，仅就他所言说的套路言，的确展现了理智思维的最大张力。可以说，它距性智之觉只有很小的一点差距，是为难能可贵。其可贵就在于，他以西方的方式，将自我的终极性尽可能地描述到了极致。后世，西方正统思维体系中，还有一位重要的哲家黑格尔，亦用演绎之法将这样的终极做出了表达，他说，世界是绝对精神的展开，亦会最终回归至绝对精神的完整之中。

如此之类，可视为理智思维的极致性思考，它们虽不是完全的性智形态，可其方向已然遥指。

二、物之善

任何物或在都具有着原意志的善意，它们由诸相因分别备具。然而，诸相因同时又具有着专门化、职能化的殊异，一当这些殊异同构组合成在或物，便必然表现出物或在的界域化、各自化，及固、滞、碍、定的局限与缺陷，也因此将原意志的善意大部分固封起来。结果正如经验所知，当物与物发生相互作用时，除非有亲的力势使然，否则，恐的冲突会刚性表达。这即是物的亲恐性或善恶二致性。开发或诱发物或在的善意，显然是世界还原自证的必由之路，可是，物或在自身已失去了这样的能动性，它们只能依外力作用。现在，这个外力的主导者，便是智慧。其中，理智之于物的作用功能，即是化解各自，破解界域，改变亲恐二致性。如此，物之善或在之善便有望呈现。

理智施于物的理解、探究，是实在世界由单向、被动显现、展开，而致能动转折，渐行自证还原的开端。不过，稽查由来发现，这样的理解和研究，无论其功能、目的，还是方法、手段，似乎都与此主题无关，它不过是智慧载者利用智慧去实现在下去的一种能动方式而已，其中的自利动机与目的性至明己误。

如前所述，实在化的逻辑里，任何物若希望在下去，必须摄养以为在，或摄在养。而且，此逻辑的狭义化演化的后果，是生命世界中进而发生了以生命养生命的铁律。智慧载者（或称智慧者）若仅作为生命现象中的成员，他当然无能突破此铁律。事态的根本性转机，是智慧的承载，忽然间让他有了他者所不能的能力与可能性：用智慧的方式去摄取养源。于是，几乎是自然而然，人类就用智慧去狩猎，去制造工具，去采集果实、根块，去养殖动物和种植各种农作物。其中无法不提及的是，非但智慧被使用的动机与目的一凭己意，就是其摄取的方法手段，依然是智慧去模仿自然现象而成立的，《周易大传》的法象之说即其要。

动机的自私并非一定没有好的结果。我们知道，异化具有奇异性，它可以最终改变初始的动机和意向，让事态向意想不及的方向运动。摄养之需所开启的人与物的关系，就有这样的异化奇异性：摄养的初衷，最后演变出了科学体系，而科学原理所具呈的客观性、有效性、合理性，反过来又成为了知识标准，进而可以用来评判人类的行为及价值走向。

远古世，初民们摄取物利为生存之需，同时，他们也很自然地发现，不同的物有着不同的功能和作用。这当然会引起有智慧人类的关注和思考。此关注和思考引发了两种趋向。一是刺激了智慧的兴趣，何以物会致如此呢？二是更多地了解物的不同和特别，可以获取更多的养源。毫无疑问，这两种动机都是自我和欲望支使的。亦即说，相关物之探究的驱动，实是自我和欲望本身，然而，结果却超出了自我和欲望之外。经验中，人们发现，物之所以有不同的功能、价值，其实是由物性决定的，于是，理解和掌握物性，便成了一种欲望之外的可期待的追求。正是依据于此，人类的畜牧业、农业产业才得以兴起。

逻辑的必然性远非就此可以止步。后来，人们进而发现，将诸般物性予以归类比较，可以建立起相关物的专门性知识。或即说，物性是有道理内含其中的，只要有能力将其揭示出来，则可以理解物、安顿物、利用物。以此，物理便透过物之形，被智慧者理解、捕获。再往后，当更多的物理被理解之后，职业化的分工成为事实：物性的探究、研究日趋专业化，分别走向了更加抽象和更加实用的境地。这是因为，越是趋真的物理，越会超越在更多的具体物性之外，结果，物理学便专门化了。另一方面，利用物理再建可重复利用、使用的实用工艺、手段、程序，则渐以与物理分离开来，成为了一个新的门类，名为技术或实务工艺。

延后，物理自身的繁芜与抽象更加明显，以致必须再分门别类，于是便有了相关人类本身的物理知识体系，如社群结构、群己关系、政治状态、秩序规制、心理趋向等，是为社会物理，亦名社会科学；也有了相关自然物的结构、构成、形状，以及化合、化分、分类的知识体系，是为自然物理，亦名自然科学。进而，无论社会物理学，还是自然物理学，最后都有了更专业、更细致的分别，形成了人们所熟知的各种专门科学。如物理学、天文学、化学、生物学、地理学、数学、政治学、法学、社会学、心理学、人类学、经济学、哲学、历史学、文学……

物性的理解和物理的追逐，既丰富了人类的物理知识，也改观了人类的世界观。就如社会科学中，柏拉图为了解释主权者何以有理性的问题，必得超出人之外，一路走过肉体、灵魂，而直达理念世界一样，自然物理同样如理推进：超果逐因、透物还原。

物性研究的结果，很容易让人们发现物理现象中有诸多规律可循。即物理现象中有许多会重复发生，一般不可改变的定律、定理、原则。一旦掌握了这些定律，则可重复某些物理行为，以备功利之用。于是，人们开始总结和归纳这些规律，既可深化人们之于世界的理解，又可满足功利之需。这样的发现和归纳中，有许多成功的典例已记录在了人类文明史中。如欧几里得的几何学、牛顿的力学三定律、克劳修斯及开文尔等人的热力学三定律、爱因斯坦的相对论、量子力学中的随机性与测不准原理、四种基本相互作用、非欧几何……

熟悉了这些定律、原则之后，人们进而又发现，具有普适的定律、原则其实是有界域限制的，一旦突破界域，某些定律可能会失效或被证伪；另一方面，某些更具普适性的定律又会凌驾在其他一些定律之上，发挥着更多、更大的作用。或说，某些定律或原理更具基设性，其价值不限于宏观世界，它们可以及于所有的在或物。这样的例证也非常普遍。如相对论对牛顿力学三定律的否定，非欧几何对欧氏几何的升级，玻姆的隐变量对量子力学之随机性原理的再解释，四种基本相互作用对所有宇宙力能现象的大一统……如此之类，都是理智透穿物的形固所获取的奥秘。

物理学逐物而进，起先只是希望获取物之所以构成的内在关联性。如中国古人言：一尺之锤，日取其半，万世不竭。便是向物的微观反向去寻求物的构成的一种推论。后来的物理学依然如此跟进，在精准的实验室的各种实验和测试中，物的结构一路被反向分解，由组织体而元素，而分子，而原子，而原子核和电子，而质子、中子，而夸克，而超弦。当然，夸克以下还没有实验证实，只是推论。说为反向分解，是因为实在之物正是顺着如此的构成复合而来的，物理学，包括其实验，不过是反逆而为，向它们的由来之源倒溯回去而已。如此的反逆后果是什么呢？人们发现，千差万别的实在世界，异彩纷呈的品物种类，原来均是由相同的材料单元构成的。它们就是分子、原子，还不要说再往下的更单元性的材料了。于是，很难不有更一步的设问了：实在世界的差异，究竟是物本身的叠加的不同结果呢？还是别有他解呢？实在世界的构成单元完全相同，那么，如果继续深究，是否有更真实的答案隐藏在了所有的物之后，没有被我们理解、把握呢？

至此，理智已把问题推到了极致。说白了，它是世界的因为与所以问题，是世界的有与无的问题，也是世界之果与因的关系问题。

　　毋庸置疑，理智施于物与在的探察，其结果是穿过了若干物形的边界，由果及于了因的境地。一路走来，原初只是为了寻找此物所以是此物，彼物所以是彼物的因由所以，结果却发现，所有的物都有着共同的因为所以的秘密。而此所共者，正是物之善所在。可以说，物只是这原与因的显现状态，而善恰正是此原与因的本意。至于说这些因是什么，那恐是物理学或理智之能所难以说清道明的，它们只能用一些模糊的概念予以象征，如空间维、隐变量、暗物质、暗能量之类。这其中的障碍来之于，有界域拖赘的理智无法步入无限之境，是以无解。

　　物是果，它们由诸因同构成立，而此同构亦即是诸因的禁锢和各自化，有限便是此禁锢和各自的表达。公共之善本为诸因所秉，也因为有了各自的禁锢，便致使这样的善难以自行放溢，只能依各自所需而有选择地释放，这即是凡物均有亲恐二致性的原由。理智是解物、化物的智慧，可她却是带着物，或说是由着物本身去解物、化物的，所以，她一直有着物的各自与形固之限，无法逾界域和各自而作为。理智她亦擅长用超越的界域去化解所属的界域，以求得更大的公共之善，可无穷的具体界域被化解之后，她依然会面临着物的终极界域而无法破解，这即是有限之困。原和因具有无限性，其实是说，她们没有界域的困限，所以无限。

　　当然，若要深究则知，原的无限与因的无限还是有差别的。原的无限是混元的无限，无有任何别致和条件，是只能用无所无处、无时无空、无是无非、无彼无此来形容的无限。因的无限则不然。它是分殊别致后的无限。因是多因或诸因的统称，每种因源于原的分殊别异，即职能化、专门化的领摄、庋藏，所以，依此论，它们实是把原的无限分殊了。而分殊后的任何因虽是无限的，可它们不过是专门

化、职能化的无限。比若 0 是无限的，0 分殊为了 1、2、3、4、5、
6、7，此后的 1、2、3、4、5、6、7 是分殊别异的，即它们分别具有
0 的专门性、职能性，分殊别异的 1、2、3、4、5、6、7，各自依然
有着自身的无限性，或即说，1、2、3、4、5、6、7 是分别无限的。

依此即知，理智依由物性而解物、化物，的确卓有成效，只是，
物理或物性的有限，终难以让理智放弃物的界域终极，实现真正的超
果逐因、透物还原。所以，理智所求的公共之善，都是界域条件下的
公共善，而非全义、完整之善。换一思路言，理智的如此之解与探
求，必然导致两种善意。其一是，还原探究、研究之法，可最大限度
地认知物性，这为人类利用物性实现功利的摄取，提供了保障，是
以，人类终将会解除养源的有限之困；其二是，穷极至物的终极界
域，这便为智慧理解和把握实在世界，获得了全息和全景的别致，也
就为性智的还原自我和化解各自铺展了通途。

三、理解和解释之善

理智是导出和养育公共善的主导者。无论自我之善，还是物之
善，经由理智的引诱和培育，均能生成、拓展，直至蔚为大观，成为
实在世界的广普化现象。

自我之善，诱发于己我之私欲。理智正是利用了此己我的彻底性
和强势的驱力，使相互之间抗衡互制，从而形成公共的共利。这种方
式叫以恶制恶。它是人世间法治与宪政体制生成与发展的根基。如此
抗衡而形成的自我之善，可以一直跨越许多可预见界域的制限，向着
可能的善好之境进发。这其中，欲望始终有着驱力的功能和作用，理
智的制法则是，用理性的抗衡去删减暴力的可能性。结果如我们所
见，自我和它的善意不断地获得了提升，也不断地被超越。

　　物之善，同样源发于智慧者的生存欲求。为了从物中获取更多更好的养源，智慧者必得去关注和探究物之为物的道理，结果获知了物性，进而形成了物理。理智的诱导在于，好的物理可以摄取更多的物利。积久之后，物理探究本身变成了智慧的志业，是以物理学出现。专门化的物理研究，必然离开功利和实用的窠臼，直奔物之所以为物、之所以有物之类的实在主题，最终形成超果逐因、透物还原的世界观。这里，我们看到了技术和科学为什么会分离的真正理由，也看到了物的本质并不是物之形固。形成物的因，或说物所承载的相，才是物之所以为物、物之所以是物的本质。而物之形态与功能价值之所差，完全是这些相因的量维和相互作用方式有别的结果。相因之功正是物之有善的根本原由。以此，理智捕获的概要性结论便是，若冀获得物之善，必得由相因之善入毂。相因之善，才是物之为物的最高善。

　　理智之于公共善的养育和诱导，可谓抽丝析茧，亦是集腋成裘，其所依凭的法式和程规，本身也包含了无尽的善意。如此的法式、程规及善意，是异常殊奇和特性化的，为感觉智不曾有，亦为性智所不为。所以，有必要提要挈领，说说理智之理解和解释世界时所内具的善意。这种善可称为理解和解释之善。

　　理解和解释之善的第一个关注者，可究至古希腊的巴门尼德斯。这位希腊哲学家为了保证理智的效率和明晰性，他果断地将实在从世界的完整中切割下来，宣称哲学只能关注和研究 onto，即实在，余此之外，一概无需过问。他的意思是告诉人们，哲学只能就确定性、明晰性、稳定性的事物，提出见解，而此种事物只存在于实在之中。亦即说，实在与神秘、模糊、不确定性等事项无关。

　　巴氏的意见当非个人之见，他实代表了文明带西段社会中，强者精英人士的主流看法。表面看，他只是在限定哲学的边界，亦可说为真理的边界，而其实，他是奋力切割了实在世界与原、因世界的关联关系，即断裂了自然本根。不过，他的这种切割正好符合了理智的效域，是以可说为理智解释法则的第一规定。

接下来非常重要的另一个人物，当然是亚里斯多德。人们如果要谈论本根、本原之话题，一般不会涉及到他，而若要说实在、论理智，则无他似乎难以成说。他写过一本《形而上学》，这本书看似神秘，其实并没有论及本原的内涵。他所说的形而上，是就形物的抽象物性或形式而言的说法，如他的"四因说"。然而，相关实在本身的讨论，还有相关如何理解和解释实在的问题，他确实有开创性建构。这些可名之为理智解释之善。或即说，他第一个告诉人们，知识应当如何形成。对此，他做了两项主要工作。第一是建立了分类学，即他将实在世界进行了分类，然后依类型建构知识体系；第二是建构了逻辑学，他认为，一个知识是否为真理，当符合一定的规则，只有按规则形成的知识，才能称为知识，如著名的三段论。他的逻辑也叫形式逻辑，与后世再发展出的数理逻辑、辨证逻辑等相区别。可以说，自亚里斯多德之后，知识便有了确定的范式，它们可以明确告诉人们是非对错，也便于学习、传承。这正好符合了理智之需。不过，这样建立起来的知识一般不能跨界，一旦跨界，其效必失。

第三个必须要提及的人物是笛卡尔。笛卡尔时代的欧洲，科学勃发，理智奔涌，知识日新月异，知识群体更是兴奋激昂，人人得为弄潮儿，结果出现了怀疑风潮。人们从怀疑神学、上帝开始，进而怀疑一切。面对如此格局，笛卡尔奋力排众，高呼一切均可怀疑，但怀疑必须有规则。这个规则就是：用理性来思考。此规则被他分述为 4 条具体规则：a. 绝不承认任何事物为真，对于我完全不怀疑的事物才视为真理；b. 必须将每个问题分成若干个简单的部分来处理；c. 思想必须从简单到复杂；d. 我们应该时常进行彻底的检查，确保没有遗漏任何东西。

笛卡尔的《方法论》是此怀疑规则的集大成之作，其中的名言是："我思故我在"。这句话的主语我，其实并非肉体的自己，而是理智。字面意思即是，理智在思考，所以理智是实在。其延伸意思是说：当理智怀疑一切事物的实在性时，理智不能怀疑理智本身的思考，因为，理智唯一可以确定的事，就是自己在思考本身。这个表达，首先是彰明了理智的绝对性，因为理智是上帝的属性，上帝通过理智而有了实在性，所以理智是实在的；其次是说明了怀疑的标准，只有理智（理性）才可以怀疑一切，并且，理智通过怀疑去确认世界的真理，而此怀疑必须排除怀疑理智的怀疑本身。

笛卡尔的贡献在于，他用规则尽可能地排出了理智运行中的非真理成分，让怀疑成为了真理追求的动力。

最后我们要谈及的康德，也是一位立法者。他给思维本身立法。他认为，凡人都有思维能力，但世人只具有经验感觉的思维，所以，其经验所得并不具有普遍性，只是感性的知识。一般的职业人士，包括学者在内，可形成高于感性的思维及其知识，这种思维通常由分析、判断、逻辑主导，是为知性思维。知性思维可有效于某一领域，或时空环境中，却也不具有普遍性。具有普遍必然性的知识是理性思维的结果。它是由先天综合判断所形成的知识，是超越在经验和分析判断之上，追求终极、完备、绝对的理性理念，即不受任何条件限制，可以由现象前进至物自体，具有最高统一性的知识。

由此即知，康德所论说的思维和知识，并非常言的形态，他其实是在为理智的最完备形态设定准则。这个最完备形态即，实在世界中最具有普遍必然性的东西，他命名为纯粹理念。几乎可以说，康德的纯粹理性与柏拉图的理念并无本质差别，有差别的是，理念来之于另一个世界，而纯粹理性就在此实在世界之中。理智即是执此认识使命的主体。

总成上意，这些节点人物分别就理智作业的不同方式和方向、路径，提出了相应的规则，可说为相关理智如何解释、理解实在世界之规则的发明与发现，亦是相关理解和解释之善意的不同揭示。再往后，相关规则和章法的各种说法，多流入了技术操作和琐碎的俗流，不足为论。

理智，是成就公共善的智慧，其所成就的法式如上述，是以自我之己我为缘起，又带领自我渐进还原的智慧，是依由物性、物理去知物、逐物、用物，而终又解物、化物，使物归于所以是、所以为的大思路的智慧；也是其知、其解、其领、其化本身，同态地充满着善意和必然性的智慧。内中的玄奥与精妙，性相之能可乎！

第三节　性　智

性智是智慧的第三形态，也是智慧坎陷的最高级形态。自始以来，性智并不在一般人的观念和视野之内，她只是圣哲们的特出。并且，这样的特出还有地域的分差，即，她只出现在有根文化和文明形态中，断根文化则少见其有。当然，成熟以后的断根文化，也会假借和学习性智之觉，形成某种寄生现象，还会有极个别的主流哲人受有根文化的引诱，在其断根体系之中，嫁接上有根的节链，不过结果已如所见，并不理想。

寄生者难入主流，一直只能潜流暗涌，难以形成为断根文化域认同和接受的意识形态。比如奥尔弗斯学派、柏罗丁、伪狄奥尼修斯、爱留根纳、艾克哈特、库萨的尼古拉、阿拉比、波墨等人，他们在文明带西段的文明和文化体系中，一直被称为神秘主义者，公众对其所知几于无。像阿拉比，流行的哲学史著作中，连他的名字都不会出现。

主流中个别哲人的嫁接与假借，效果也不佳，如柏拉图和黑格尔，也许还有斯宾诺莎，他们的名气的确很大，但其制作中，有东方文化倾向和质量的部分，或是被放置高阁，或是遭遇群殴。柏拉图最后只有放下《理想国》，去写了《法律篇》，而黑格尔几乎被现代"普世主义"者视为了公敌。

如此之态表明，性智之智，难乎其难。

所幸，东方智慧中，不乏其觉。印度和中国的圣哲中，不能及于性智者，几乎难以入列。甚至可以说，人类解释哲学的开启，便是伏羲的八卦说。解释哲学的主打内涵当然是理智作为，可其缘起却依赖了性智觉，这或许有其隐意备具其中。

论及性智，其实不易。因为她不是凭借感觉而有的智慧，也不是参照、比较、分析、归纳、推演、实验、逻辑所能形成的智慧，其所出，完全依赖智慧对其所本的记忆与觉悟，而此记忆和觉悟，也是自我对自我的还原，还是智能对形固和各自的化解。如此之意，非有本原根柢的缀系和追究，万难成立，是以断根文化难投其好。

断根不过是一种假象。智慧虽可分述为三态，可智慧就是智慧，她们内部的同一性、同质性不可失缺。以此故，为了更好地理解性智，我们还得从理智说起。

理智是解释哲学的主打成就。解释哲学自伏羲开启以来，已有5000余年的历程。其间，理智渐以超越感觉智，终得以显山露水，成博大宏阔之势。不过，人类的性智也几乎同步启动，悄然作为于解释的流变中。在东方，她几乎与理智难分伯仲，且交割不清，共同致力于道德理想和人情世故、政治统合、实用技术、产业流程等领域，尽情追逐，延绵不息。

何为解释哲学呢？它是指人类用义理的方式、原则、概念、逻辑、模式，对世界做出相关思考，从而形成判断、知识、学理，进而借助这些知识、学理、判断去解释世界、改造世界、利用世界。强调用义理的方式、原则、概念、逻辑、模式，乃因为，解释哲学之前，人类的智慧曾创造过另一种思维形态，它叫猜测哲学。猜测哲学的特征，是它首先承认有绝对的主宰者，主宰着世界，此被称为神，人类也是它的主宰对象。人和万物的存在以及在下去，都是神意安排和决定的，因此，人应当如何生存、生活才能更好，取决于人对神意的把握和领会。可是，神并不会将这样的意志直接告诉人们，人们只能通过猜测之法去把握和领会神意。当然，这样的把握和领会非人人可为，它只属于群体中的特别人士，他们是通神者，如巫师，其术有专攻。

靠着这样的猜测，人类渡过了其早期的历程，它长达几万年之久。猜测哲学是智慧坎陷之后的第一个思维和观念形态，它的主要贡献有二，一是用原始的方法实现了人类的生存，使人与动物渐以区别开来；二是智慧做功伊始，就将自己的纲绳缀系在了本根上，只是因为载体埋压所致，这个相关本根的感觉和理解有误，它被误判为了外在的神秘者，即神。撇开此感觉和把握的错觉不论，仅就世界有主宰之立意言，它其实是盲然中的正确。后世东方文化之所以没有断裂自然本根，除去地理环境等客观因素有利之外，就主观而论，便是此域之中，人们一直沿着自然神的理路向前运动，最终得以用义理之网，勾联和解释了整个世界。

此即表明，智慧坎陷之初，的确做了载体的俘虏，几乎失去了她本身，但一丝本根的缀系，却能扭转乾坤，最终成为真正的控制者，能够率分裁之自我回还本原自我。

智慧的确有其必然性和愿力，且不可更改。可以曲变和调节的是，不同的环境和条件下，不同的时空状态中，她会改变表达方式，更会因诱随缘。比如她在表达的中前期，其愿力与执意就非常浅谈，更多是因循且过。依此而论，感觉智和猜测哲学，作为智慧表达的不同称谓，它们的功能、价值的有限，就十分地好理解了。说到底，猜测的动机和目的，几乎与感觉智同一不二：群自我的生存和延续。

解释哲学是接续而起的智慧形态，它大体上可与理智联袂同台。或说，解释哲学的主角当即理智。说虽如此，若要分判清晰明了，应当说，解释哲学的肇起与理智的盛装登台，那还要另当别论。或说，理智的盛装出场，与解释哲学肇起的时、空之间，有太大的错位和量差。

可明确视为解释哲学肇起的时间，距今约 5400 年左右，其地点是中国的西北地方。彼时彼域中的一位著名哲人伏羲，他制造出了一套概念和义理原则，后世称之为"八卦"。八卦，即是用 8 个象征符号（与 8 种自然现象对应）代表 8 条基本原理或原则，然后，它们之间相互交错关联，形成不同的结论，以此，世界便有了解释和理解的结果。这个结果是：天地为纲，山谷成形，风雷鼓动，水火致变。此语亦可表述为：乾坤为纲，艮坎成形，巽震鼓动，兑离致变。

八卦说脱胎于先前的自然神论，其义理的性质和价值直观厚重。它开创了东方自然义理神论之意识形态的先河，同时也是人类解释哲学肇起的标志。自此之后，荒凉的人类意识场景中，开始有了零星的接续者，如黄帝－颛顼创立的绝地天人通的帝道形态，及天下帝国，还如距今约 3600 年左右，印度仙人们创造的吠陀哲学（奥义书义理）。不过，这些思想和解释与真正的理智思维当有重大差别。它们或是太过东方色彩，一步登天，几乎跨过理智之思，而直接步入了性智之境，或是确为理智之思考，却重心不在物性的理解和探究，而是锐入了政治大一统的能动之思，为人类的向善还原共同体做出政治性、伦理性的安排与设计。后来更有继起的《周易》阳动哲学，则直奔政治道德化的主题，竖起了新的道统大旗：王道，明确为继承伏羲之皇道、黄帝之帝道的道统新意识形态。

真正的理智主角，晚至距今约 2700 年前后才姗姗登场。这便是古希腊的自然哲学及其后续。从此以后，虽有中世纪的曲折，可其强劲的进起和勃发，让智慧别开天地，亦让解释哲学淋漓尽致。

理智的强长之处是，她寻由物性（包括人性）游走，解物、知物、识物、用物，从而获得相关的物理、学说、理论、思想、观念、模式，这样既可以解释世界，也可以利用世界。

理智的主要贡献可从两域定论。

第一论域，是物的论域。其所探究的结果，我们已称为物之善。理智擅长析物、解物，从而获取物之构成、结构、功能、价值、属性之类的知识。这个本来受功利、欲望驱使的析物、解物行为，最后竟成就了科学和技术体系，演成为了相关世界本身的物理解。当然，这个世界只是物的世界，或实在世界，所以物理还不能及于真正的完整世界。以此，我们亦知道了物形世界的构成和相互关系，知道了物的善意和可能性，也知道了凡物均来源同一，故物有相同的本质等物理思想。

第二论域，是自我的论域。其所解释的结果，我们已称之为自我之善。一开始，理智貌似不知自我为何，她上场后的第一个动作，具有强烈的反向性，径直将群我解析为了肉体单元的己我，然后再来修饰和改造己我。在这样的修饰和改造过程中，我们终于发现了一个秘密：自我越宏大，己我获利的可能性越大。正是如此的驱力，推动着自我（观念和体态）的不断跨越：群自我、熟人群、地域群、契约群、职业或信仰群、国家群、人域群、人际群……

自我的不断超越，说明自我只是变项，它不能固定不移。此便印证了东方哲理：本原是神我大梵，个体是分殊之己我，通过以智去智、转识成智之法，让己我还原为神我本身。据此，我们不难理解，理智终究还是在走着自证还原的必由之路，只是她太会伪装，以满足己我的欲望开启；也太会把持，悠游相与，渐入佳境。

如前所言，自我之善+物之善，合为公共之善。此善正是世界自有和固备的善，只因形在之故，此善无力自行释放，必得外力引诱、破析而后方能具呈，智慧便是此种外力。此外是相对于实在和形物而言的外，非指世界之外。理智的担当在于，她假物性游入，假欲求驱使，通过识物、解物，而至化物。其所化者，亦即去各自、去形固、去亲恐，亦包括去载者们多层包裹着的自我。或即说，智慧坎陷之后，她不只是控制者，更是滋养者、引导者。她通过有形的理解和认知，致使了载者自我的自足，也提升了载者的能力，开拓了载者的视野，让自我成长了、宏阔了。如此之类，正是理智的愿力和志业。

然则，理智虽有无量功德，亦是智慧的重要形态，可她毕竟还不是完整智慧本身。她有着被承载者拖赘的包袱。与感觉智相比，她无疑可说是高大上，此是不刊之论。若以完整、全义为据，则知，理智的不充分依然明显。这些不充分主要有：她不能失去界域的前提；她始终保留着己我的尾巴；她不能去物性立论。

　　理智思维中，善是有边界的，如若超出边界，善便无法通行，除非改变善的质量和内涵。面对守界与完整的选择，理智更多的是倾向前者，她会尽其所能去固守界域的有效，而很难去改变善的内质和内涵。这种现象在社会科学和己我至善的固持中特别突出，比较而论，自然科学方面则要好很多。造成此现象的根本原因，还是自我作怪。一个自我生成之后，它会立即展现其固、滞、碍、定的必然性，而且，所用的方式、手段几乎全都为理智所供给。于是，自我边界的固守不仅必然，而且其所能所向，可说无所不用其极。我们过往历史中的己我、种族之我、国家之我、信仰之我、人类中心，等等的自我现象，均是此种必然和其理智力能共造之果，其隐忧之重，已令人类不堪所负。正因为有此固执，所以理智之于善的自足与完善，常常乏力疲软。

　　非惟界域和既成自我的固持，是理智乐于作为的特定，就是物之善的探究中，非物性不能有真理的观念及定则，亦为理智所趋。依常情论，科学是物理的真理化集聚，而物理又依物性成立，进而亦知，理智恰是科学成立的根本因由。问题是，物性只是物之性，而物，甚至于在，却并非世界的完整和全部，它们只是世界因果链条中的结果，理智之思只及于此链条中的结果，几乎不及于因，更不及于原，即使某些特别的触觉及于了世界之因，如隐变量、暗物质、暗能量、大爆炸之前等论题，可其解，几乎还是物性思维和物理结论。还有，理智以物性为对象，而物性会因形固而各异，这也必会出现物性的对抗、冲突，即，形物几乎没有存在取向的同一性，相反更易于各自为政。这些便致使了理智无法求证真正的真理，只能有相对的道理、事理、物理。结果如经验所示，理智具有相对性，一切由此而形成的观念、知识，均因此相对性之困而不能无限，无法成为真理。

　　评价至此，却也无法不承认理智不停歇的超越之功德。或可以说，理智有相对性，可不是被动者，她不会完全迁就物的各自和智慧者的自我，即使她有所迁就，那也是为了引诱智慧者上路之计。通常的做法是，先迁就其所欲、所定，然后再行否定、扬弃、异化之法，将此前建构的观念、知识体系和意识形态悉数解构，进而重新立说。这样的故事我们已有太多的经历。如主体、主权、人权、自由、法治、宪政、地心说、日心说、牛顿力学、热力学定律，等等。可说如此之诱，正是理智的表达方式。

　　如此之说，亦可应证于西方的现代性现象。现代性危机是断根文化和知识体系的必然表达，也是理智作为的常态。因为无根，一切凭据尽是自我原发，其参照也不过是理智所知和必须应对的环境、条件及压力之类。这些确可以形成见解、观念，甚至于知识体系、意识形态体系，可场景一变，环境转移，欲望提升，立马会出现依凭的坍塌，观念的断裂。这说明，如此的自我观念、积习与物性的双重作用，不但无法建构真正的真理，反而会加剧知识和观念的断裂、再断裂。其表现就是不停地造反，反叛已有的观念形态和意识形态，出现整体性的群体心性失衡现象。甚至于，就使有人为建构的他因化的背景外援，也不足以阻挡这样的断裂、再断裂冲动，于是就有了一而再、再而三的现代性危机。

　　英国人波普尔曾提出过一个概念：证伪。他认为科学的过程就是不断地证明错误，以此，"真理"获得了发展和成立。这个科学哲学的著名论题，的确见证了理智思维的常态：在发现错误中追求真理。不过，更有必要问一句，理智为什么要不间断地犯这种以错纠错的错误呢？其根本原因就是，理智被物性（包括人性）所拘，在只及于一，不及于二，只及于偏，不及于全的思维方式和过程中，犯错肯定是必然的。即使所有的具体之物全部被探究之后，物或在本身所构筑的最后界域，亦足以让理智不知所措。因为突破就意味着物与物性之依凭的丢失，无物性所据的理解和解释，的确非理智之能。所以，前说超果逐因、化物还原，此说于理智实只是运动方向的标识，而要成为真实，那还是难以跨越的。

非止于此，科学研究并非只是理智独自完成的作业，它得由具有理智的人，即智慧者去执操。这表明，不仅理智的对象是物性，而且理智的载体也受物性（人性）掣肘，这必然平添理智作为的主观性干扰，此主观性即己我及其观念和所欲。于是，一些非常前沿的物理研究者，一些非常超常的研究者，都有可能在理智的精明中表达出同样的己我精明。比如著名的天体物理学家霍金，他关于黑洞、白洞、视界水平事件等论题，都有很好的贡献，成为了 20 世纪最有影响的物理学家之一。然而，同样是他，却有公元 2600 年地球资源将耗尽，人类因此灭亡，不要同外星人联系，他们会掠夺地球和人类，不要发展人工智能，人类会因此被奴役，等等的见解和忠告。其中的隐含似乎与他的物理研究无关，完全是基于己我、自我，甚至于文明带西带的强盗逻辑在说事。足见理智在物性和自我的双重拖赘之下，会有如何的表现。如此情态，正好印证了成玄英之语："横论万物，莫不我然彼不然，竖说古今，悉皆自是他不是。"①

理智的诸般症结和缺损，是理智自身无法解决的。当然，理智的价值和意义亦毋庸置疑。理智的价值和意义是企望在实在世界，或万有之中寻找到最具广普性的解释，为此，它除却提出相关实在和事物的近似真理解之外，更致力于探究如此真理解的方法、路径、机巧诸

---

① 郭庆藩辑：《庄子集释》卷一下，中华书局 1961 年版，第 103 页。

般领域，实在可说用心良苦。设若没有理智相关物性和物理、自我与己我的开展、探究、建构、铺陈，她的后续性智，便很容易沦为空疏和跳闪，东方文化中早已具足了这样的事实和教训。可以说，经过理智的展呈、铺垫之后，性智之为更会脚踏实地、意气勃发。然而，理智解释所必依赖的界域和各自，又根本性地自限了它的广普性和本然性，如此之缺，只能俟待后续而有的性智。

性智是化解界域和各自的智慧，亦是自我还原，证成本原自我之完整和全义的智慧。依其完整和全义言，说性智是智慧本身，当为至论。

性智之思，由觉悟和化解两厢同构成立。

觉悟之说，是东方文化的主导话题。中国人说乾坤不二、有无不二、诚明尽性、自然而然、道法自然、体用不二、一体之仁、理气不二、心理一体、致良知，印度人说智识不二、转识成智、色空不二、以智去智、梵我不二，如此之类的命题，其实都是在讲觉悟。大要归属，觉悟的含意可说为如下诸义。

1. 世界是内部的，没有外部和他者。

2. 世界由体、相、在三界同构成立，实在是本体的显现与展开。

3. 本体亦称原意志，她分殊变相，而后又同构成在，是以构成了世界的原、因、果的关系链，原意志是原，诸相是因，实在是果。

4. 原意志亦自我分裁，坎陷于特定实在，是为智慧。智慧以坎陷之法，降临诸在中的特定者，于是，世界上便有了智慧者，亦即本类群。

5. 诸相因具有二重性，一面成就实在、养育实在，这即是世界本有的善意；另一面又因其专门化、职能化和殊异化，促成了实在的形固，导致了诸在的各自与亲恐二致性，亦即实在具有了固、滞、碍、定的负性，是为恶。

6. 世界的显现与展开，依果的立场言，是一种被动和使动现象，其负性和恶意并非原意志自显与展开的本意，据此，世界便有了化解各自、自证还原的必然性，即消解各自的负性和善恶二致性，让善完整和全义。

7. 然而，实在本身已被相因的负性锁制，无法自己化解和还原，即，单向的显现与展开不能表达完善和全义，必得有实在之外的势能介入，方有化解，所以就有了智慧坎陷的再必然，智慧通过融入实在，而与实在同化同流，变实在的被动、使动为智慧的主动和能动，让世界由单向展开而复为自证还原。

8. 原意志自我分裁而有智慧，她亦以同态之法分裁了自我本身，于是，智慧者也就成为了自我的担负者，故本类群中有了己我、群我、主权者、我们、共同体、同构体诸多自我的变称。所谓自证还原，其义有二，一是各自之负性和善恶二致性的化解，二是智慧向原意志的还原，也即是，己我向本原自我的回归与履复。

9. 智慧坎陷，必出现因与肉体结合而有的扭曲、假显现象，首当其冲者，便是自我的塑造和陈列。这表明，智慧虽是原意志本身，可其假态不可避免，正是因由于此，所以智慧本身便有了自身觉悟与开发的志业，她会经历两个假显态方能至于完全态，这两个假显态是：感觉智、理智，而完全态则是性智，以此言，也称性智为性智觉。

10. 世界的本意是善，只因为诸相同构之时，这样的善已被形物、各自所固，反而表现出了它的负性恶，或说，善只能有限、有条件地释放，智慧之愿与其所能，便是要化解此各自、形固之恶，让善意完全释放，亦引诱自我向真我的还原。此即世界的完整与全义。其本意是，以其实自证其真，真即自我的完整与全义。

化解之说，已在理智的套路中备述大要。这里复述其意，设列以据。

1. 化解所指，是各自和亲恐二致性的化除、消解，亦即固、滞、碍、定的化除与解脱，或说为去各自、去形固、去亲恐。

2. 化解亦是智慧之于物性和物理的超越、解放。此意即前述的超果逐因、化物还原。物只是果，它们由其所以构成的因，即相所决定，所以，物的全部问题，是物自身无法解决的，必须进入所由之因，方得有解。此表明，物之所以的因或相的认知与探究，是智慧必为的主业，它必致我们对诸因，如时相、空相、性相、形相、质相、能相、法相的充分理解和把握，以此方能化解物的各自和固滞。

3. 理解了物之所以，就不难反向理解，实在世界之所以充满了摄养的冲突、竞争、矛盾、对抗，实乃因为诸相的互养之善被形物、各自、界域禁锢，反致只能以亲恐二致之法表达其意。在摄养必然会发生的逻辑（所谓必然发生是说，因为有形固之碍，相之养几乎不能自发实现，如是就必有以在养在之为）之下，改变实在和物的摄养方式、能力，即是智慧的本分功能与价值。这样的改变，可视为实在世界摄养之所由来之路径的反逆。此摄养的由来路径，已如本书第四章摄养图所示，它由应然的摄相养在，变为了受困厄的以在养在，再变为更狭隘的以生命养生命，而至于本类群，在感觉智的修饰和塑造下，激变为了以利益养利益，其中之绝极者，是以恶养恶。以此故知，人类已将实在之恶推至了极致。所以，性智，外加理智之功的反逆之法，便是利用物性，而后超越物性和物理，扭转摄养下行流变的恶化，反推以在养在，终至以相养在。由此可成就诸相互养之善意的流行与完善。

4. 以相养在是破解亲恐二致性的根本制法。惟其以相养在，原意志的显现、展开的善意，才能真实表达，否则，善之为说，只能是空谈。常言体用不二，其实，用之为用，并非仅指智慧的觉悟与自我的还原，还应该包括本体即原意志之善意的流行与释放、完善，若诸实在不能尽数受领此互养的善意，不二之说，也只是空中论道，疏阔无蕴。故知，超越物之形固、各自，化解善恶二致性，实现以相养在，让本原之善意广普流行，即是性智的必为之愿。

5. 化解各自和形固，亦让自我还原本真，于智慧者言，当是双重的使命和追求。依载体言，我们是物，当然难免形固、各自之困，亦无法解脱善恶二致之难；以智慧分裁论，己我或自我又是本原自我自身，故必得还原本原自我。由此即知闻，实在世界中，惟人有此二重的执命与实践。性智之为性智，正是此二重执命与践履的负担者，亦是自证其真的负担者。至此，我们已然知晓，说我们是智慧者，说智慧因坎陷而与我们同一，说我们是万物之灵秀，那多是表象之言，其内隐的密妙，恰正是原意志自证还原的必然和其实践。我们的特定，是在此必然和实践过程中，有幸成为了参与者、引领者、领袖者。这样的引领与领袖，惟智慧成为了她本身，即性智之时，才真实有效。我们智慧了吗？

结语　世界的完善与全义

本论至此，已将智慧之因为所以，来龙去脉，予以了概要分疏。智慧之为智慧，或说开化智慧的渊机全在于：惟智慧方能寻找到实在或各自、自我的最大公约数，或说为终极公约数，她已被东方哲理命名为道，亦即我所说的原意志。此公约数实即诸在、各自、自我本身，只因形固、界域之畛，让她隐而不发。智慧的寻找、探究，本质上即智慧逆向原意志的还原，或说是智慧记忆出了她本身的完整与全义。当然，其过程中她需得化除界域、消解各自、拓展自我。如此，智慧之真便会渐以展开。

义宏旨高，而论说有度，言不尽意，辞不达义，此既是言辞之短，更是我能限之疾。我奋力妄作，无非是明其心志，亦诱引同道、同类有此企向和执愿。孔子曰：人能弘道。当今之道，非只本原觉悟之一域，亦有实在之善意的释放和恢弘。自我之善与物之善两厢并致，才是达道之所蕴。当然更是原意志自我显现、展开，又自我分裁坎陷之本意所在。来、复双善，构筑了阴本阳动、自证还原的逻辑与必然性，也自然是世界之完善与全义的实践与成真。我们之为我们，便是此实践和成真的自觉者、主动者、能动者、领袖者。

　　自我就是自我本身，我们要做的工夫，便是要不停地弘阔其义，然后方能化解形物之困、各自之困、善恶二致之因。

　　说论至此，自证还原之义，已然简单明了，无非即：善的还原，自我的还原，智慧的还原，物性的还原，养育的还原；而化解之义亦即：各自的化解，二致性的化解，固碍的化解。此即世界的完整，亦是体用不二的全义。

责任编辑：江小夏
封面设计：王欢欢

图书在版编目（CIP）数据

善恶论·智慧论/江山 著. —北京：人民出版社，2021.6（2021.7 重印）
ISBN 978－7－01－022868－6

Ⅰ.①善… Ⅱ.①江… Ⅲ.①善恶-研究 Ⅳ.①B82

中国版本图书馆 CIP 数据核字（2020）第 251849 号

善恶论·智慧论
SHAN'E LUN ZHIHUI LUN

江 山 著

人民出版社 出版发行
（100706 北京市东城区隆福寺街 99 号）

北京虎彩文化传播有限公司印刷 新华书店经销

2021 年 6 月第 1 版 2021 年 7 月北京第 2 次印刷
开本：710 毫米×1000 毫米 1/16 印张：25.5
字数：300 千字

ISBN 978－7－01－022868－6 定价：99.00 元

邮购地址 100706 北京市东城区隆福寺街 99 号
人民东方图书销售中心 电话 （010）65250042 65289539